GESCHICHTE FÜR ALLE
4. KLASSE

Monyk, Schreiner, Mann

Olympe Verlag GmbH
www.olympe.at

Dieses Buch ist laut Bescheid des Bundesministeriums für Unterricht, Kunst und Kultur vom 13. April 2010 (GZ BMUKK-5.000/0050-Präs.8/2009)) gemäß § 14 Abs. 2 und 5 des Schulunterrichtsgesetzes, BGBl. Nr. 472/86 und gemäß den geltenden Lehrplänen als für den Unterrichtsgebrauch in Hauptschulen und an allgemein bildenden höheren Schulen für die 4. Klasse im Unterrichtsgegenstand Geschichte und Sozialkunde/Politische Bildung geeignet erklärt.

Schwierige und neue Wörter sind im Text orange hervorgehoben und werden in der Spalte daneben erklärt.

Wichtige Begriffe sind im Text **dick hervorgehoben**, du siehst also mit einem Blick, was in jedem Kapitel besonders wichtig ist.

Aufgaben und Arbeitsaufträge, die du während des Unterrichts – alleine oder mit der ganzen Klasse – lösen kannst, sind in der seitlichen Spalte angegeben.

Am Ende jedes Kapitels sind die wichtigsten Punkte in einem kurzen SMS-Text zusammengefasst. Du kannst also noch einmal wiederholen, was in dem Kapitel vorgekommen ist.

Nun geht's los – Aufgaben für schlaue Köpfe!
Unter diesem Motto findest du an vielen Stellen in diesem Buch Arbeitsblätter, die du ausfüllen kannst. Du wiederholst damit das, was du zuvor gelernt hast. Die Aufgaben sind mit Sternchen gekennzeichnet, je mehr Sternchen du findest, desto schwieriger ist die Aufgabe. Du kannst diese Arbeitsblätter auch heraustrennen und in deiner Portfolio-Mappe sammeln.

Nach den vier Hauptkapiteln des Buches haben wir für dich spannende Geschichten über den Zeitabschnitt, den du zuvor kennen gelernt hast, zusammengestellt. In Form einer Zeitung erzählen wir dir über interessante Ereignisse. Wenn dich diese Zeit besonders interessiert, dann kannst du darüber mehr in den Büchern erfahren, die wir dir dort vorschlagen.

Umschlagbilder: Mitte: C. Monyk, Schloss Belvedere (Wien)
Von oben nach unten: E. Monyk, Heeresgeschichtliches Museum (Wien)
C. Monyk, NÖ Landesausstallung „geteilt – getrennt – vereint" 2009
C. Monyk, Parlament (Wien)
E. Monyk, EU-Wahl 2009

Schulbuchnummer: 150.149

1. Auflage (2010)

Lektorat: Mag. Krista Satzke, Wien

Umschlaggestaltung, Satz, Layout: Raoul Krischanitz, Wien, transmitterdesign.com
Grafik: Raoul Krischanitz, transmitterdesign.com
Druck, Bindung: Druckerei Berger, Horn

ISBN: 978-3-9502632-9-9

INHALTSVERZEICHNIS

1. VON DER MONARCHIE ZUR REPUBLIK

Zerfall der Monarchie – Ausrufung der Republik – erste Wahlen – Regierungsbildung

Die Habsburgermonarchie zerfällt

1916 starb Kaiser Franz Joseph I. nach 68-jähriger Regierungszeit. Sein Nachfolger **Kaiser Karl I.** konnte die **Auflösung des Habsburgerreiches** nicht mehr aufhalten. Durch den Kriegseintritt der USA im Jahre 1917 waren die Mittelmächte in eine aussichtslose Lage geraten. So bemühte sich Kaiser Karl I. noch kurz vor Kriegsende, **Friedensverhandlungen** mit den Entente-Mächten aufzunehmen, um den drohenden Zerfall des Vielvölkerstaates Österreich-Ungarn abzuwenden. Doch die Friedensverhandlungen scheiterten ebenso wie sein Versuch, die Monarchie in einen **Bundesstaat** umzuwandeln.

Bundesstaat: Staat, der aus mehreren Bundesländern besteht

Wie beurteilst du den Versuch Kaiser Karls, mit diesem Manifest die Monarchie zu retten?

Quelle: Manifest Kaiser Karls I. an die Völker der Österreichisch-Ungarischen Monarchie vom 16. 10. 1918
Österreich soll, dem Willen seiner Völker gemäß, zu einem Bundesstaat werden, in dem jeder Volksstamm auf seinem Siedlungsgebiet sein eigenes staatliches Gemeinwesen bildet. ... An die Völker, auf deren Selbstbestimmung das neue Reich sich gründen wird, ergeht Mein Ruf ...

Kaiser Karl I. mit seiner Frau Zita und seinem Sohn Otto 1916

Welche Symbole der Macht sind auf dieser Fotografie zu sehen?

Dieses Manifest des Kaisers nahmen die Völker der Monarchie zum Anlass, um **eigene Regierungen** zu bilden und die endgültige Abspaltung von der Donaumonarchie einzuleiten.

Vor allem in den Grenzgebieten der neuen Staaten lebte eine gemischtsprachige Bevölkerung, ein Umstand, der die Bildung von Nationalstaaten erschwerte. Folgende Staaten entstanden nach dem Zerfall Österreich-Ungarns:

Nachfolgestaaten der Österreichisch-Ungarischen Monarchie

Welche Nationalitäten gab es in der Donaumonarchie? Tipp: Verwende dazu das Buch der 3. Klasse.

Zähle die Nachfolgestaaten auf!

provisorisch: vorläufig; vorübergehend
Staatskanzler: Kanzler und Präsident in einer Person

Was ist der Unterschied zwischen einem Verzicht auf die Staatsgeschäfte und der Aufgabe des Thronanspruches?

Was ist mit „Restösterreich" gemeint?

Nationalrat: alle gewählten Abgeordneten (Vertreter des Volkes) im Parlament

Forsche nach, wann die Frauen in den USA, England und der Schweiz das Wahlrecht bekamen! (Internet)

Mandat: Sitz oder Amt eines Abgeordneten

Deutschnationale: Anhänger einer nationalistischen Bewegung der deutschsprachigen Bevölkerung Österreich-Ungarns

Koalition: zwei oder mehrere Parteien regieren gemeinsam
Opposition: nicht an der Regierung beteiligt

Nach dem Ersten Weltkrieg zerfiel die Habsburgermonarchie. Am 12. 11. 1918 wurde die **Republik Deutschösterreich** ausgerufen. Die ersten **Wahlen** fanden im Februar1919 statt.

Die Ausrufung der Republik

Am 21. Oktober 1918 bildeten die Abgeordneten des Reichsrates eine **Provisorische Nationalversammlung**. Diese wählte einen **Staatsrat**, der mit voller Regierungsgewalt ausgestattet war. Ende Oktober nahm die erste deutsch-österreichische Regierung unter Führung des sozialdemokratischen **Staatskanzlers Karl Renner** ihre Arbeit auf.

Aufgrund dieser Entwicklung verzichtete Kaiser Karl I. am 11. November 1918 auf jeden Anteil an den Staatsgeschäften. Er weigerte sich aber, seinen Thronanspruch aufzugeben. Im März 1919 wurde der letzte österreichische Kaiser mit seiner Familie des Landes verwiesen.

Ausrufung der Republik vor dem Parlament

Am 12. November 1918 kam es vor dem Parlament zur Ausrufung der **Republik Deutschösterreich**. Zur gleichen Zeit beschloss die Provisorische Nationalversammlung auch den Anschluss an das Deutsche Reich, da sich alle Parteien einig waren, dass dieses **„Restösterreich"** alleine nicht lebensfähig wäre. Damit war die Gründung der Republik vollzogen.

Die neuen Staatsfarben waren rot-weiß-rot. Eine provisorische Verfassung sowie eine neue Wahlordnung wurden von Staatskanzler Renner ausgearbeitet.

Die ersten Wahlen

Mit der neuen Wahlordnung vom 27. November 1918 wurde das **allgemeine**, **gleiche** und **geheime Wahlrecht** auch auf die **Frauen** ausgedehnt. Die erste **Nationalrat**swahl fand am 16. Februar 1919 statt. Diese Grafik zeigt dir das Wahlergebnis:

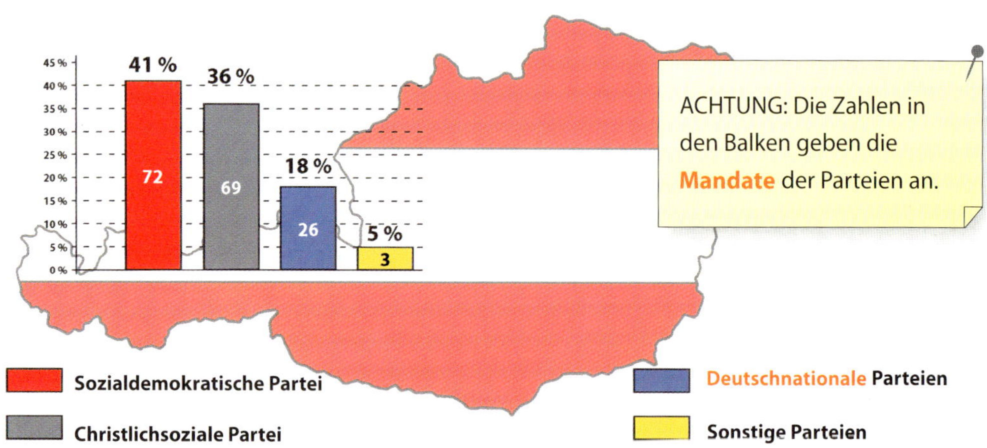

Aufgrund dieses Wahlergebnisses bildeten die Sozialdemokraten mit den Christlichsozialen eine **Koalition**. Doch bereits 1920 gab es Neuwahlen, bei denen die Sozialdemokraten die Mehrheit verloren. Bis 1934 bildete die Christlichsoziale Partei Koalitionen mit anderen Parteien, während die Sozialdemokratische Partei in **Opposition** war.

Nun geht's los – Aufgaben für schlaue Köpfe!

1) **Trage die Nachfolgestaaten der Habsburgermonarchie in die freien Felder ein und male jedes Land mit einer eigenen Farbe an!** ★

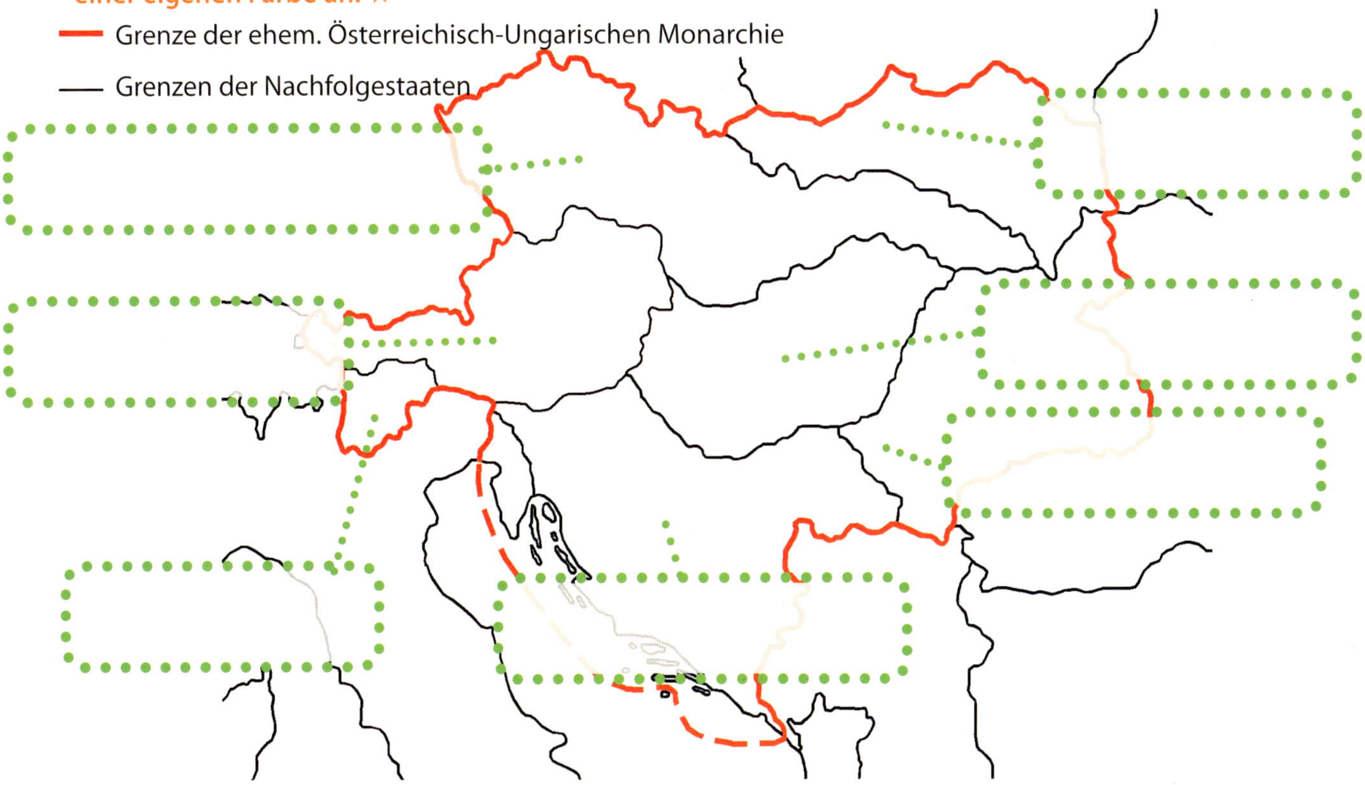

2) Hier ist einiges durcheinander gekommen! **Ordne die Textstellen in der richtigen Reihenfolge! Dann musst du immer den Buchstaben im Alphabet danach einsetzen, dies ergibt das Lösungswort!** ★★

M Karl Renner ihre Arbeit auf. Kaiser Karl I. verzichtete am 11. November 1918 auf jeden Anteil an den Staatsgeschäften, doch weigerte er sich, seinen Thronanspruch aufzugeben. Im ...

D mit voller Regierungsgewalt ausgestattet war. Ende Oktober nahm die erste deutsch-österreichische Regierung unter Führung des sozialdemokratischen Staatskanzlers ...

M März 1919 wurde der letzte österreichische Kaiser mit seiner Familie des Landes verwiesen. Am 12. November 1918 kam es vor dem Parlament zur Ausrufung der ...

Q Am 21. Oktober 1918 bildeten die Abgeordneten des Reichrates eine Provisorische Nationalversammlung. Diese wählte einen Staatsrat, der ...

D Republik Deutschösterreich. Zur gleichen Zeit beschloss die Provisorische Nationalversammlung auch den Anschluss an das Deutsche Reich, da sich alle Parteien einig waren, dass dieses ...

Q „Restösterreich" alleine nicht lebensfähig wäre. Damit war die Gründung der Republik vollzogen.

LÖSUNGSWORT: . . . . . .

3) **Erkläre in deinem Heft folgende Begriffe mit eigenen Worten!** ★★★

Nun geht's los – Aufgaben für schlaue Köpfe!

4) Diese Plakate wurden bei der ersten Nationalratswahl verwendet. Ordne die Namen der Parteien den Plakaten zu! ★★

5) Verfasse in Stichworten eine kurze Beschreibung dieser Plakate in deinem Heft! ★★★★ Beachte dabei folgende Punkte:

Welche Personen sind auf den Plakaten zu sehen? ★ Welche Symbole sind dargestellt? ★ Wie hängen Bild und Schrift zusammen? ★ Welche Menschen sollen angesprochen werden? ★ Welche gestalterischen Elemente werden bei diesen Plakaten verwendet?

6) Welche Plakate wurden bei der letzten Nationalratswahl eingesetzt? Mach dich schlau im Internet! ★

7) Du möchtest Klassen- oder Schulsprecher werden. Entwirf einen Wahlslogan für dich, damit die anderen dich wählen! ★★★

8) Beschrifte folgende Grafiken! ★★★

a) In dieser Grafik mit den Ergebnissen der Nationalratswahl 1919 fehlen die Prozentsätze und die Anzahl der Mandate! Trage diese ein!

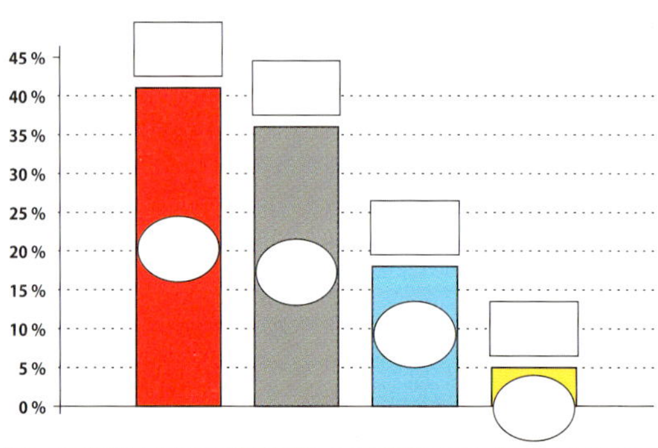

b) Trage nun in der zweiten Grafik die Ergebnisse der Nationalratswahl von 2008 mit Balken ein! ★★

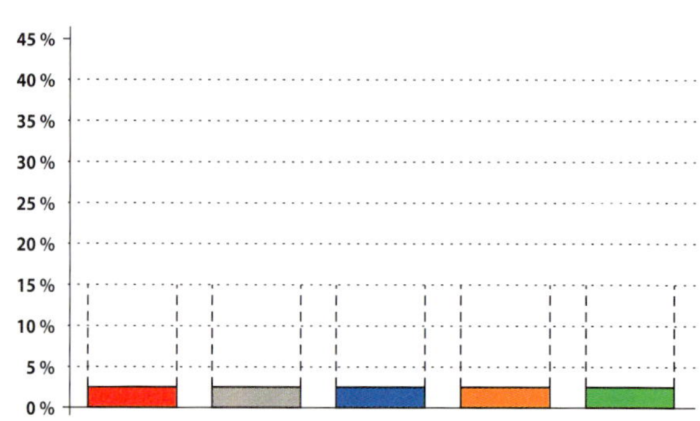

Ergebnisse 2008: SPÖ = 29%/57 ★ ÖVP = 26%/51 ★ FPÖ = 18%/34 ★ BZÖ = 11%/21 ★ Grüne = 10%/20

c) Welche Parteien bilden derzeit eine Regierung? Welche sind in Opposition? ★★

REGIERUNG: ______________________ **OPPOSITION:** ______________________

2. DIE JUNGE REPUBLIK

Gebietsverluste – Ernährungsfrage – Unruhen – Verfassung – Sozialgesetzgebung – Anschlussgedanke

Probleme der neu gegründeten Republik

Not und Hunger
Aus Maismehl wurde Brot gebacken, aus Brennnesseln wurde Suppe gekocht. Die Schweizer, aber auch das schwedische Rote Kreuz schickten Lebensmittel und Medikamente nach Österreich. 80% aller Kinder waren schwer unterernährt. So wurden 30 000 Kinder zu Erholungsaufenthalten ins Ausland geschickt.

Holzsammeln im Wienerwald 1919

Die Menschen hungern ...
In Österreich gab es nach dem Ersten Weltkrieg kaum Nahrungsmittel. Vor allem in den Städten hungerte die Bevölkerung. Stundenlanges **Anstellen vor den Lebensmittelgeschäften** ließ die Menschen verzweifeln. Da es keine Kohle gab, zogen **z. B.** hunderte Wiener und Wienerinnen in den Wienerwald, um dort Holz zum Heizen zu schlägern. Nur mit Hilfe des Auslandes und privater Hilfsorganisationen konnten die Menschen überleben.

z. B.: zum Beispiel

... die Grenzen sind umkämpft ...
Gegen Ende des Krieges hatte der amerikanische Präsident **Wilson** ein 14-Punkte-Programm veröffentlicht, von dem er sich einen dauerhaften Frieden für Europa erhoffte. Einer der 14 Punkte enthielt die Forderung nach dem **Selbstbestimmungsrecht der Völker** Österreich-Ungarns. Unter Berufung auf diesen Artikel rechnete Österreich mit dem Verbleib der deutschsprachigen Gebiete bei der jungen Republik.

Gebietsansprüche der Republik Deutschösterreich Ende 1918

Quelle: **Aus dem 14-Punkte-Programm Wilsons**
10. Den Völkern Österreich-Ungarns, deren Platz unter den Nationen wir geschützt und gesichert zu sehen wünschen, sollte die freieste Gelegenheit zu autonomer Entwicklung zugestanden werden.

Überlege: Was ist mit „autonomer" Entwicklung gemeint?

Selbstbestimmungsrecht der Völker: Jedes Volk soll unabhängig über seinen politischen Status, seine Staats- und Regierungsform und seine wirtschaftliche, soziale und kulturelle Entwicklung entscheiden können.

Welche Gebiete waren umstritten?

Der Einmarsch jugoslawischer Truppen in Südkärnten führte zum **Abwehrkampf in Kärnten**. Bei einer **Volksabstimmung** sprach sich die Bevölkerung von Südkärnten für einen Verbleib bei Deutschösterreich aus. Insgesamt brachte aber der Friedensvertrag für Österreich große Gebietsverluste. So gingen Südtirol, das Sudetenland (Deutschböhmen und Deutschmähren) und die Untersteiermark ohne Volksabstimmung verloren, während Westungarn (Burgenland) 1921 zu Österreich kam. Nur die Stadt Ödenburg blieb nach einer Volksabstimmung bei Ungarn. Neue Hauptstadt des Burgenlandes wurde Eisenstadt.

Volksabstimmung: verbindliche Abstimmung aller wahlberechtigten Bürger zu einem Gesetzesentwurf, einer Verfassungsänderung oder zur Absetzung des Bundespräsidenten

Wie heißt Ödenburg heute? (Atlas)

... es kommt zu Unruhen im Staat ...

Hungersnot und hohe Arbeitslosigkeit führten zu zahlreichen Demonstrationen und **Plünderungen**. Aber auch politisch war eine unruhige Zeit angebrochen. So wollten die Kommunisten eine **Räterepublik** nach ungarischem Vorbild errichten: Im April 1919 stürmte die **Volkswehr** das Parlament. Dieser **Putschversuch** scheiterte aber.

Besetzung des Parlaments durch die Volkswehr

Räterepublik: Herrschaft wird vom Volk über direkt gewählte Räte ausgeübt

Volkswehr: provisorisches Heer der Republik

Putsch: gewaltsamer Umsturz

... eine Verfassung wird beschlossen ...

Am 1. 10. 1920 wurde eine **Verfassung** beschlossen. Diese stellte einerseits einen Kompromiss zwischen den Ansprüchen der Länder und des **Bundes** dar. Andererseits war die Verfassung ein Ausgleich zwischen den Interessen der Regierung und denen des Parlaments. Im Wesentlichen gilt die Verfassung von 1920 bis auf wenige Abänderungen noch heute.

Bund: alle Bundesländer gemeinsam

Quelle: Österreichische Bundesverfassung 1920

Art. 1: Österreich ist eine demokratische Republik. Ihr Recht geht vom Volk aus.
Art. 2: Österreich ist ein Bundesstaat.
Art. 3: Alle Bundesbürger sind vor dem Gesetz gleich.

... die Sozialgesetze werden ausgebaut ...

Unter dem Staatssekretär Ferdinand Hanusch wurden im Zeitraum von 1918 bis 1920 viele wichtige Sozialgesetze beschlossen.

Verbot der Nachtarbeit von Frauen und Jugendlichen ★ Verbot der Kinderarbeit unter 12 Jahren ★ Gesetz über den 8-Stunden-Tag ★ bezahlter Urlaub für Arbeiter (14 Tage) ★ Arbeitslosenversicherung ★ Kollektivverträge ★ Errichtung von Kammern für Arbeiter und Angestellte (Interessensvertretung)

Ebenso wurden der Krankenschutz und die Unfallversicherung verbessert und eine Altersversicherung ausgearbeitet. Mit dieser umfassenden Sozialgesetzgebung war Österreich Vorbild für viele andere Staaten.

Kollektivvertrag: ist eine Vereinbarung zwischen Vertretern von Arbeitnehmern und Arbeitgebern über ein Arbeits- und Lohnabkommen für eine ganze Berufsgruppe

Überlegt gemeinsam: Was bedeuteten die einzelnen Sozialgesetze für die Menschen?

... der Anschluss an Deutschland wird angestrebt

Die Menschen in Österreich, aber auch die Großparteien, fanden, dass dieses **„Restösterreich"** alleine wirtschaftlich nicht überlebensfähig wäre. Aufgrund der Gebietsverluste mangelte es in der jungen Republik an Rohstoffen und an Agrarland. Von einem **Anschluss an Deutschland** versprach man sich Abhilfe. Doch der Friedensvertrag von St. Germain-en-Laye verbot diesen Anschluss ausdrücklich, ebenso musste der Name Deutschösterreich auf **Republik Österreich** umgeändert werden. Der Wunsch nach einem Anschluss an Deutschland blieb aber weiter bestehen.

Die neugegründete Republik hatte mit folgenden **Problemen** zu kämpfen: Ernährung, Grenzstreitigkeiten und Unruhen. Eine Verfassung wurde ausgearbeitet. Der **Anschluss** an Deutschland wurde verboten, der Name Deutschösterreich musste auf **Republik Österreich** geändert werden.

Nun geht's los – Aufgaben für schlaue Köpfe!

1) **Male die Republik Deutschösterreich rot an und alle deutschsprachigen Gebiete, die verloren gingen, grün!** ★

2) **Weißt du noch?** ★★
Wie heißt das jüngste österreichische Bundesland?

____

Wann kam es zu Österreich?

____

In welchen Gebieten gab es eine Volksabstimmung?

____

3) **Welche Gebiete, die von deutschsprechenden Österreichern bewohnt wurden, sprach man folgenden Ländern zu?** ★★

Tschechoslowakei: ______________________ Italien: ______________________

Jugoslawien: ______________________ Ungarn: ______________________

4) Hier fehlt einiges! **Ergänze die fehlenden Bereiche in Stichworten!** ★★★★

Probleme der Republik Deutschösterreich (seit 1919 Republik ______________________)	
Ernährung	
Verfassung	
	14-Punkte Programm Wilsons; Selbstbestimmungsrecht der Völker Österreich-Ungarns; Volksabstimmung in Kärnten und in Westungarn (Burgenland)
Unruhen	
	Verbot der Nachtarbeit von Frauen und Jugendlichen; Verbot der Kinderarbeit unter 12 Jahren; Gesetz über den 8-Stunden-Tag; bezahlter Urlaub für Arbeiter

Nun geht's los – Aufgaben für schlaue Köpfe!

5) Welche 4 Missstände werden im autobiografischen Roman von Alfons Petzold „Das raue Leben" (1920) angesprochen? Welche Lösungen brachte die Sozialgesetzgebung? **Setze ein!** ★★★★★

Betriebsräte – Vertreter der Arbeiter und Angestellten in einem Betrieb ★ ungesunde Arbeitsbedingungen ★ Gesundheitsschäden ★ Verbesserung im Gesundheitssystem ★ Arbeitslosenversicherung ★ Arbeitsunfähigkeit ★ Entlassung wegen Krankheit ★ Invalidenentschädigungsgesetz ★

Romanauszug	Missstand	Lösung durch Sozialgesetzgebung
Es gab eine riesige Menge von Arbeitern, die ihre Gesundheit infolge der furchtbaren unhygienischen Fabriksräume für immer ruiniert hatten.		*Betriebsräte Vertreter der Arbeiter und Angestellten in einem Betrieb*
Besonders der Tuberkulose fiel eine große Anzahl zum Opfer.		
Eine Versorgung der im Dienst arbeitsunfähig gewordenen Leute gab es nicht.		
Wenn der Kranke längere Zeit nicht arbeiten konnte, wurde er eben entlassen.		

6) **Teste dein Wissen!** ★★★

senkrecht:
1. Grundgesetze eines Staates
2. gewaltsamer Umsturz
3. Woraus wurde Suppe gemacht?
6. Er forderte das Selbstbestimmungsrecht der Völker.

waagrecht:
4. Vertreter der Arbeiter und Angestellten in einem Betrieb
5. Abstimmung aller Wahlberechtigten
7. An welches Land sollte Österreich angeschlossen werden?

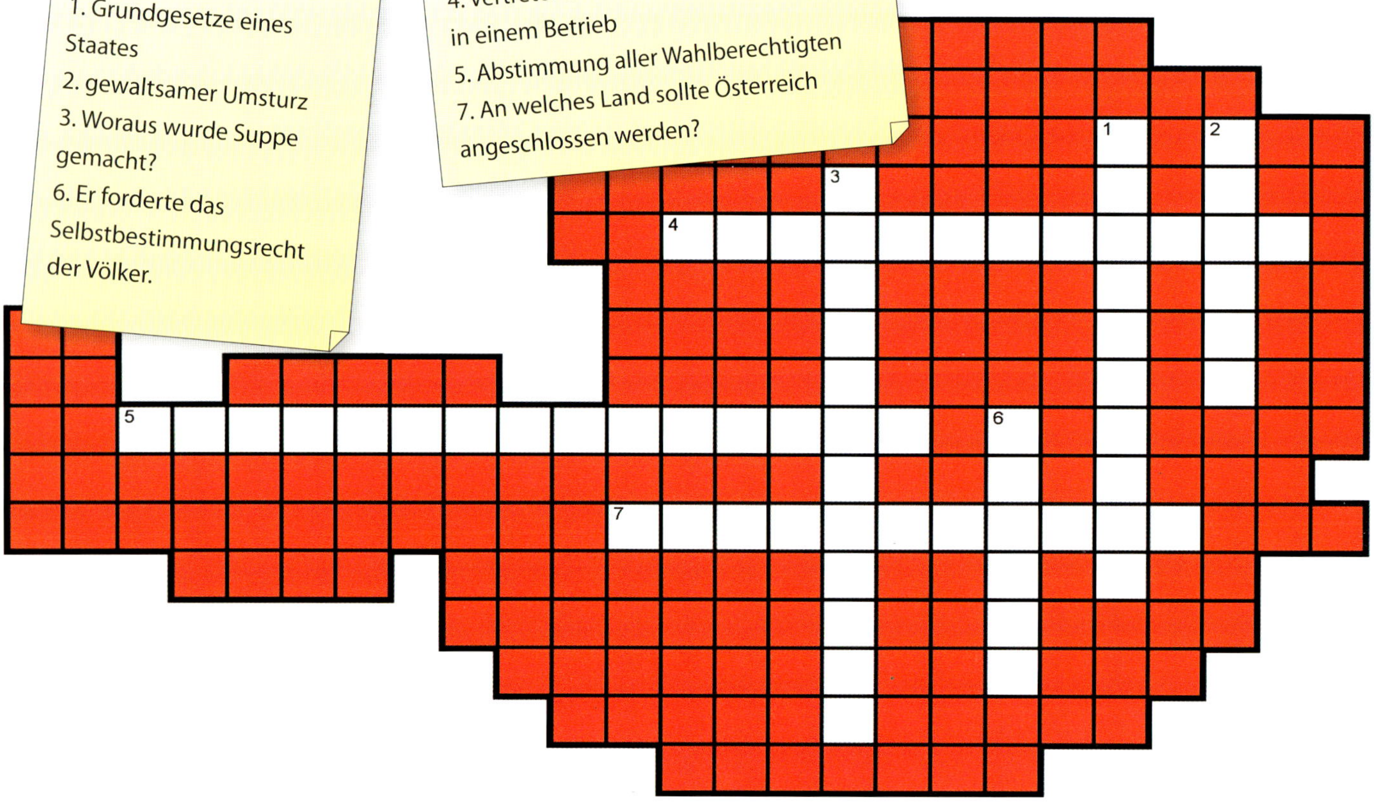

3. WIRTSCHAFT IN DER ZWISCHENKRIEGSZEIT

Reparation – Inflation – Völkerbundanleihe – Währungsreform

Wirtschaft zu Beginn der Republik: Reparation und Inflation (1918 – 1923) ...

Im Friedensvertrag von St. Germain-en-Laye wurde bestimmt, dass Österreich die verursachten Kriegsschäden in Form von Waren und Geld wieder gutmachen musste (**Reparation**). Die wirtschaftliche Situation in Österreich war aber so katastrophal, dass Österreich diese Zahlungen nicht leisten konnte. Daraufhin gewährten die Siegermächte Österreich Hilfslieferungen und Kredite.

Nach dem Krieg gab es zu wenig Arbeit für die vielen zurückgekehrten Soldaten. Da der Großteil der landwirtschaftlichen Gebiete in den ehemaligen **Kronländern** lag, kam es auch zu einem Engpass bei der Versorgung mit landwirtschaftlichen Produkten. So mussten noch zu Beginn der Ersten Republik Lebensmittelkarten ausgegeben werden. **Schleichhandel**, **Wucher** und Plünderungen waren an der Tagesordnung.

Kinder spielen mit Geldbündeln 1923

Schon während des Krieges hatte der Staat zu viel Geld drucken lassen. Auch in den ersten Jahren der neuen Republik wurde Geld gedruckt, ohne dass die entsprechenden **Sachwerte** wie z. B. Gold und Waren zur Abdeckung vorhanden waren. So verlor das Geld rasch an Wert, dies nennt man **Inflation**.

Wer zu dieser Zeit Sachwerte besaß, profitierte von dieser Entwicklung. Wer aber sein Vermögen in **Kriegsanleihen** oder auf der Bank in Sparbüchern angelegt hatte, verlor alles.

Im August 1922 erreichte die Inflation in Österreich ihren Höhepunkt. Als Lohn bekamen die Österreicher und Österreicherinnen zwar Säcke voll Geld, doch konnten sie sich dafür nicht einmal ein Stück Brot kaufen.

1914	 Brot 1 Kilo	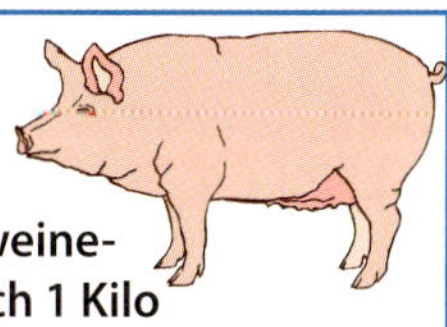 Schweinefleisch 1 Kilo	Illustrierte Kronen Zeitung Kronenzeitung
	46 **Heller**	8 **Kronen**	30 Heller
1922	5 700 Kronen	40 000 Kronen	300 Kronen
heute	________ €	________ €	________ €

In dieser schwierigen Situation appellierte 1922 der österreichische **Bundeskanzler** **Ignaz Seipel** an den **Völkerbund**, Österreich wirtschaftliche Unterstützung zu gewähren.

Quelle: Appell Seipels an den Völkerbund in Genf am 6. 9. 1922
…, ehe das Volk Österreichs in seiner Absperrung zugrunde geht, wird es alles tun, um die Schranken und Ketten, die es beengen und drücken, zu sprengen.

Kronländer: Länder der Österreichisch-Ungarischen Monarchie

Schleichhandel: heimlicher, verbotener Handel mit Gütern zu überhöhten Preisen

Wucher: das Verlangen überhöhter Preise

Kriegsanleihen: Der Staat nimmt bei der Bevölkerung im Krieg Geld auf, indem er Wertpapiere ausgibt und dafür Zinsen zahlt.

Wie legt man heute sein Vermögen möglichst sicher und gewinnbringend an?

Krone: österreichische Währung von 1892 bis 1924; 1 Krone entsprach 100 **Heller**

Bundeskanzler: Vorsitzender der Bundesregierung

Der Völkerbund (Vorläufer der UNO) wurde 1919 gegründet und vermittelte bei Streitigkeiten zwischen einzelnen Staaten. Zunächst gehörten ihm nur die Siegermächte an, später auch neutrale Staaten sowie Österreich und Deutschland. Ende der 1930er Jahre verlor der Völkerbund durch die Nichtteilnahme der USA sowie die mangelnde Umsetzung seiner Beschlüsse in den Mitgliedsstaaten an Bedeutung.

Was meinte Seipel mit diesem Appell?

Der Völkerbund gewährte Österreich eine Anleihe (einen Kredit) über 650 Millionen Goldkronen. **Bedingungen** für den Erhalt dieser **Völkerbundanleihe** waren:

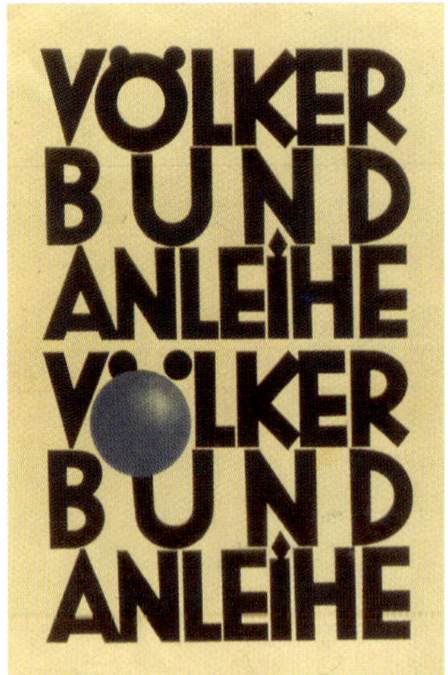

- **10% Zinsen**
- **Kontrolle der Wirtschaft durch einen Kommissär des Völkerbundes**
- **Stilllegung der Notenpresse (keine weitere Produktion von Geldnoten)**
- **eine neuerliche Bestätigung des Anschlussverbots an Deutschland**

Plakat Völkerbundanleihe

Diese Forderungen wurden in Österreich nun streng umgesetzt. Der **Staatshaushalt** wurde **saniert** und neue Steuern wurden eingeführt. Als Folge dieser Maßnahmen mussten viele Betriebe schließen, die Arbeitslosigkeit stieg.

... es kommt zu einer teilweisen wirtschaftlichen Erholung (1924 – 1929)

Die Umstellung der Wirtschaft auf **Friedensproduktion** ging nur langsam vor sich. Mit der Zeit konnte aber die **Landwirtschaft** ihre Produktion erhöhen. So wurde 1929 sogar mehr produziert als vor dem Krieg und es gab damit genügend Lebensmittel, um die Bevölkerung ausreichend zu versorgen.

Auch die **Industrie** stellte vermehrt Artikel des täglichen Gebrauchs her und bald waren wieder genügend Waren auf dem Markt. Da mehr produziert wurde, entstanden neue Arbeitsplätze und die Zahl der Arbeitslosen nahm anfänglich ab. Die breite Masse der Bevölkerung hatte einen bescheidenen Lebensstandard erreicht, konnte sich aber nichts ansparen.

1924 kam es aufgrund von **Spekulationen** zu einem Bankenkrach in Österreich. Die verunsicherten Sparer stürmten die Banken, um ihr Geld in Sicherheit zu bringen. Die Banken hatten aber nicht genügend Bargeld zur Verfügung, um alle Spareinlagen auszuzahlen. Zur Stabilisierung der Lage führte die Regierung eine neue Währung – den **Schilling** – ein. Für 10 000 Papierkronen erhielt man damals 1 Schilling. Damit war nun weniger Geld im Umlauf und die Inflation ging zurück.

Geldschein 1925 zum Umwechseln

Schillingmünze 1924

Was ist auf dieser Schillingmünze vorne und hinten zu sehen?

Doch in den folgenden Jahren wurden mehr Waren produziert, als verkauft werden konnten. Die Kaufkraft der Bevölkerung war zu gering und die Industrie musste ihre Produktion senken. Damit stieg die Zahl der Arbeitslosen erneut an (1929 fast 600 000 Arbeitslose) und es kam zur Kündigung von Krediten. Die Banken brachen zusammen.

Staatshaushalt: alle Einnahmen und Ausgaben eines Staates (Budget)

sanieren: wieder in Ordnung bringen

Sanierung des Staatshaushaltes (1922 – 1924):
- 100 000 Beamte wurden entlassen oder zwangspensioniert
- Einführung der Umsatzsteuer
- Erhöhung der Schulgelder
- Auflösung der Invalidenheime

Welche Maßnahmen werden heute getroffen, um den Staatshaushalt zu sanieren? Überlege: Wo wurde in den letzten Jahren im öffentlichen Bereich gespart?

Spekulation: Geschäft, das aufgrund von Preisschwankungen gewinnträchtig ist

Schilling: Währung in Österreich von 1925 bis 2002; Wert: 13,1763 Schilling=1€

In den Nachkriegsjahren gab es eine hohe **Inflation**. Der **Völkerbund** gewährte Österreich eine **Anleihe**. Der Staatshaushalt wurde saniert. Es wurden mehr Waren produziert. Die Einführung des **Schillings** ließ die Inflation zurückgehen. Bis 1929 kam es zu einer Überproduktion und die **Arbeitslosenrate** stieg.

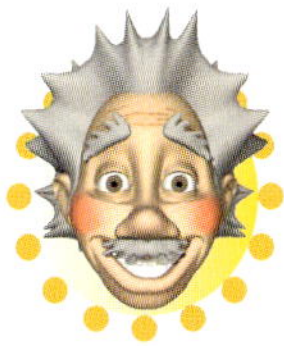

Nun geht's los – Aufgaben für schlaue Köpfe!

1) Hier siehst du verschiedene Geldscheine und Geldmünzen aus unterschiedlichen Zeitabschnitten. **Versuche, die Jahreszahlen den Scheinen zuzuordnen! ★★★★**

15 v. Chr.
1760
1881
1924
1925
1998
2011

2) **Etwas zum Schmunzeln** – Dieser Kriminalfall hat sich 1925 wirklich in Österreich zugetragen. **Versuche trotz der Flecken, die im Laufe der Zeit entstanden sind, diese lustige Geschichte zu lesen! ★**

1925 versuchten zwei Schwindler mit „falschem Falschgeld" reich zu werden. Ein ehemaliger Offizier und ein Kaufmann hatten die Geschäftsidee, in Wien „Banknotenfälschermaschinen" zu verkaufen. Bei diesen Geräten handelte es sich aber um gewöhnliche Inhalationsapparate, die bei Hals- oder Kehlkopferkrankungen verwendet wurden.
Der Trick der Betrüger war einfach, aber effektiv: Sie holten echte Banknoten aus dieser Maschine und redeten ihren Kunden ein, dass es sich um perfekte „Blüten" handelte, die in dieser Qualität nur mit ihrem Apparat herzustellen wären. Die beiden Betrüger wurden von der Polizei verhaftet.

3) **Teste dein Wissen** - **Auf dieser Liste sollst du die Begriffe den entsprechenden Zeitabschnitten zuordnen! ★★★**

Wirtschaft von 1918 – 1923	Wirtschaft von 1924 – 1929

Schleichhandel ★
Schilling ★
Bankenkrach ★ Wucher ★
Lebensmittelkarten ★
bescheidener Lebensstandard ★
Völkerbundanleihe ★
Rückgang der Inflation ★
weniger Geld im Umlauf ★
Krone

Nun geht's los – Aufgaben für schlaue Köpfe!

4) **Was gibt es Neues?** Hier findest du interessante Geschichten aus den Jahren 1919 bis 1929. **Erfinde reißerische Schlagzeilen dazu! Dann ordne die Artikel der Reihe nach, indem du die Nummern von 1 bis 6 einsetzt! ★★★** ACHTUNG: Nicht immer sind Jahreszahlen angegeben!

CHRONIK 1919 – 1929

Das Amalienbad in Wien wurde eröffnet. Es besitzt ein 33,5 m langes Becken, sodass gleichzeitig bis zu 8 Schwimmer trainieren können. Dieses „Tröpferlbad" wurde 1926 um 10 Mill. Schilling erbaut. Der Eintritt beträgt nur 20 Groschen.

In Wien leben in Elendsquartieren zehntausende Flüchtlinge. 1920 werden sie sogar in den Schulen und Kasernen untergebracht. Auch der Milchpreis wurde über Nacht um 200% erhöht. Es kommt zu zahlreichen Streiks.

Ex-Kaiser Karl verließ am 23. März 1919 Österreich und begab sich mit seiner Familie ins **Exil**. Wenige Tage später verkündete die Nationalversammlung die Landesverweisung und die Enteignung des Hauses Habsburg. Auch die Adelstitel wurden in Österreich verboten.

Exil: außerhalb des Heimatlandes leben müssen

„Gute Nacht meine Damen, gute Nacht meine Herren" – Mit diesen Worten verabschiedete sich gestern wie jeden Abend der Hörfunksprecher der RAVAG (österreichischer Rundfunk). Doch dann hörte man noch: „Und jetzt könnt's mich alle noch ...!" Der Techniker hatte vergessen, das Mikrofon abzuschalten. Damit hatte Österreich 1928 seinen ersten Radioskandal. Der Sprecher wurde zwar entlassen, aber zehntausend Hörer verlangten die Rücknahme der Kündigung.

Österreichs letzter Kaiser stirbt am 1. April 1922 im Exil auf der Insel Madeira an Lungenentzündung. Er wurde nur 34 Jahre alt. Seine Frau Zita und seine acht Kinder trauern um ihn.

Mit der Einführung des Schillings 1925 ist das Ende der Inflation gekommen. 1 Mill. Kronen entspricht jetzt nur mehr 100 Schilling.

5) In vielen österreichischen Haushalten gibt es heute noch alte Schillingmünzen und Schillingscheine. Stell dir vor, du findest welche und willst sie bei der Österreichischen Nationalbank umtauschen. **Wie viele Euro bekommst du für folgende Schillingbeträge? Runde auf eine Kommastelle! ★★★★★**

1 Euro = 13, 7603 Schilling

5 000 Schilling = 363, 4 €	152 Schilling = __________ €
1 000 Schilling = __________ €	132 400 Schilling = __________ €
43 Schilling = __________ €	4 Schilling = __________ €
7 032 Schilling = __________ €	2 497 Schilling = __________ €

4. DAS „ROTE WIEN"

Wohnbau – Sozial- und Fürsorgepflege – Bildung

Modell des „Sozialismus in einer Stadt"

Nach dem Ausscheiden aus der Koalition (1920) setzten die Sozialdemokraten ihre Reformvorstellungen in Wien um, das ab 1922 selbstständiges Bundesland war. In Wien besaßen die Sozialdemokraten die Mehrheit in der Stadtregierung und konnten ihr **Modell des „demokratischen Sozialismus"** verwirklichen. Für dieses Modell gab es zwar international viel Lob, es brachte aber auch Anfeindungen von Seiten der politischen Gegner.

Sozialer Wohnbau: Gemeindebauten

Anfang der 1920er Jahre hatte ein Drittel der Menschen in Wien keine eigene Wohnung. Jene, die eine Wohnung mieten konnten, lebten auf engstem Raum zusammen. So mussten im Durchschnitt 5 Personen mit 30 m² Wohnfläche – ohne Klosett und fließendes Wasser – auskommen.

Unter den sozialdemokratischen Bürgermeistern Wiens, **Jakob Reumann** und **Karl Seitz**, sollten Wohnungen keine Ware mehr sein. Jeder Wiener und jede Wienerin, die bedürftig waren, sollten eine menschenwürdige Wohnung bekommen. Um die nötigen Mittel für diesen **sozialen Wohnbau** aufzutreiben, führte die Gemeinde Wien unter Finanzstadtrat **Hugo Breitner** neue Steuern für die Reichen ein.

Sozialdemokratisches Wahlplakat 1927

In den Jahren 1923 bis 1934 baute die Gemeinde Wien an die 64 000 neue Gemeindewohnungen. Diese waren zwischen 38 und 48 m² groß, besaßen Wasser-, WC-, Strom- und Gasanschlüsse und hatten Vorraum, Wasserklosett, Küche, Wohnzimmer mit Klappbetten für die Kinder und ein Elternschlafzimmer. Die Anlagen waren mit Gemeinschaftswaschküchen, großen Innenhöfen, Gartenanlagen und Kinderspielplätzen ausgestattet. Ebenso wurden eigene Kindergärten, Kinderhorte und Planschbecken in unmittelbarer Nähe errichtet.

Der erste 1925 fertiggestellte **Gemeindebau** war der Metzleinstaler Hof im 5. Bezirk. Das größte und berühmteste Beispiel für sozialen Wohnbau ist der Karl-Marx-Hof im 19. Bezirk.

Gemeindebauten – Steuern für die Reichen:

- 4% Steuer auf den Konsum von elektrischem Strom
- Hauspersonalabgabe ab der zweiten **Hausgehilfin**
- Nahrungsmittel- und **Genussmittelabgabe** in Luxuslokalen
- Abgabe auf höhere Mietzinse

Hausgehilfin: Hilfskraft im Haushalt

Genussmittelabgabe: Steuer auf besonders teure Speisen, Getränke und Tabak

Woran erkennt man heute, dass jemand reich ist?

Quelle: Karl Seitz bei der Eröffnung des Karl-Marx-Hofes am 12. 10. 1931
Wenn wir einst nicht mehr sind, werden diese Steine für uns sprechen.

Wenn du in Wien bist, besuche doch einen der alten Gemeindebauten! Welche „Neuerungen" aus den 1920er Jahren sind noch erhalten?

Metzleinstaler Hof 1925

Karl-Marx-Hof 1931

Kinderfreibad im Gemeindebau

Sozial- und Fürsorgepflege

Im „Roten Wien“ setzten die Sozialdemokraten aber noch viele andere soziale Vorhaben um, die für die damalige Zeit revolutionär waren. So wurden unter Stadtrat **Julius Tandler** das **Fürsorgewesen**, die **Altersversorgung** und die **Krankenpflege** verbessert. Besonderes Augenmerk richteten die Sozialdemokraten auf das Wohl aller Kinder und Jugendlichen: Vorsorgeuntersuchungen für Schwangere und Säuglinge senkten die Säuglingssterblichkeit, mit gratis Säuglingswäschepaketen unterstützte man die Eltern nach der Geburt. Schulzahnkliniken, Kinderfreibäder und Sportplätze wurden errichtet und das Schularztwesen eingeführt. Durch all diese Maßnahmen konnte die Krankheit der „armen Leute“, die **Tuberkulose**, zurückgedrängt werden.

Konzession: Genehmigung für ein Handwerk/Gewerbe

Lustbarkeiten: Veranstaltungen zur Unterhaltung der Besucher wie z. B. Tanzveranstaltungen, Filmvorführungen

Für diese Reformen benötigte die Gemeinde Wien viel Geld. **Neue Steuern** wurden eingeführt, die vor allem die Reichen trafen.

Welche dieser Steuern gibt es heute noch?
Was gilt heute als Luxus?

Steuern auf

- Halten eines Pferdes
- Vermietung von Fremdenzimmern
- Besitz von Grund und Boden
- Ankündigung von Veranstaltungen
- Erteilen von Konzessionen
- Halten eines Hundes
- Werbung in Zeitschriften
- Besitz eines Autos
- Lustbarkeiten
- Zuwachs des Vermögens

In welchem Gegenstand wurde in deiner Volksschulzeit fächerübergreifend unterrichtet?
Überlege: Welche Vor- und Nachteile bringt die Koedukation?

Wissen ist Macht: Ein „Tor der Zukunft“

Unter **Otto Glöckel**, dem Präsidenten des neu gegründeten Wiener Stadtschulrates, kam es ab 1922 in Wien zu einer **umfassenden Schulreform**, die ein „Tor der Zukunft“ sein sollte:

Schulklasse in Wien in den 1920er Jahren

- Der verpflichtende Religionsunterricht wurde abgeschafft.
- In der Volksschule wurde fächerübergreifend gearbeitet.
- Reformpädagogische Ansätze (Montessori) wirkten sich auf die Klassenraum- und Unterrichtsgestaltung aus.
- Mädchen und Burschen wurden zum ersten Mal gemeinsam unterrichtet (Koedukation).

Um allen Schülern und Schülerinnen die gleiche Chance auf Bildung zu geben, wurde in Wien eine **„Einheitsschule“** für alle 10- bis 14-Jährigen eingeführt. Diese Einheitsschule konnte aber aufgrund des Widerstands der Christlichsozialen Partei nicht in ganz Österreich umgesetzt werden. 1927 wurde stattdessen die **Hauptschule** eingeführt, die die Schüler und Schülerinnen auf das praktische Leben vorbereitete.

Aber auch in der **Erwachsenenbildung** schlug man in Wien neue Wege ein. Städtische Büchereien und Volkshochschulen ermöglichten den einfachen Menschen, kostenlos Bücher auszuborgen und Zusatzbildung zu erwerben. Daneben gab es aber auch ein reichhaltiges Kulturangebot wie Theateraufführungen und Arbeitersymphoniekonzerte.

In Wien kam es unter den **Sozialdemokraten** zu zahlreichen Reformen. **Gemeindebauten** wurden errichtet und es kam zu Neuerungen und Verbesserungen im **Sozial- und Fürsorgewesen**. **Otto Glöckel** reformierte das Schulwesen in Wien. Volkshochschulen und Städtische Büchereien ermöglichten eine **breite Volksbildung**.

Nun geht's los – Aufgaben für schlaue Köpfe!

1) **Gemeindebau früher und heute!** Hier siehst du zwei Folder von Gemeindebauten, die 1925 und 1985 gebaut wurden. **Welche Unterschiede und Gemeinsamkeiten fallen dir beim Lesen auf! ★★**

Wohnpark Alterlaa (1968–1985) – Wohnglück für alle!

Allgemein: 3172 Wohnungen; 3400 Tiefgaragenplätze; 2 Ärztezentren; 3 Schulen; 2 Kindergärten; ein Kindertagesheim; eine Rundturnhalle; 33 Freizeitklubs; mehrere Tennishallen; eine Kirche; ein Verwaltungsgebäude; ein Einkaufszentrum; Anbindung an die U6; 170 m Grünfläche zwischen den Wohnblöcken; bis zum 13. Geschoß Terrassen; vom 15. bis zum 27. Geschoß Loggia; 7 Schwimmbäder auf den Dächern; eigene Medien wie Monatszeitung und eigener TV-Sender

Wohnungseinheiten: 35 verschiedene Grundrisstypen; 1-5 Zimmer-Appartements; Maisonetten

Metzleinstaler Hof (1925) – der erste Gemeindebau!

Allgemein: 244 Wohnungen; eine zentrale Bade- und Wäschereianstalt; eine Bibliothek; Klubräume; Lehrlingswerkstatt, Kindergarten im Erdgeschoß, großer Innenhof

Wohnungseinheiten: 38 m² große Wohnungen mit Wohn- und Schlafraum, Vorraum, WC innen und Küche; direkte Belichtung aller Räume

2) **Plane nun deine eigene moderne Wohnsiedlung! ★★**

NAME: ____________________

Allgemein: ____________________

____

____

Wohnungseinheiten: ____________________

____

3) Als neuer Finanzminister/neue Finanzministerin der Republik Österreich hast du die schwere Aufgabe, das Budget zu sanieren. **Überlege, welche Steuern du einführen könntest! ★★★★** ACHTUNG: Viele gibt es schon!

Meine Steuervorschläge:

____

____

____

____

____

Nun geht's los – Aufgaben für schlaue Köpfe!

4) Du bist Stararchitekt/Stararchitektin in den 1920er Jahren und bekommst den Auftrag, für die Gemeinde Wien Gemeindewohnungen zu planen. **Hier siehst du einen Grundriss, in dem du folgende Räume beschriften sollst! ★★★**

Vorraum ★ Wasserklosett ★ Küche ★ Wohnzimmer mit Klappbetten für die Kinder ★ Elternschlafzimmer

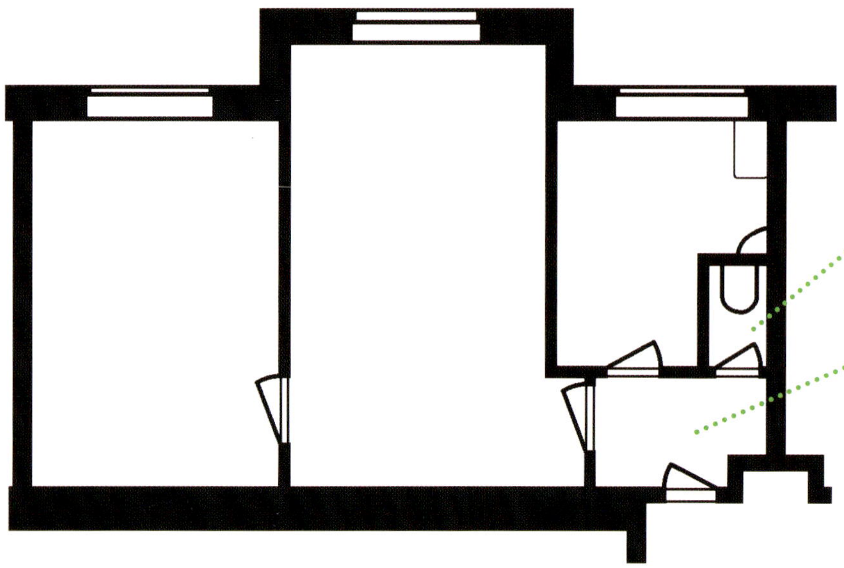

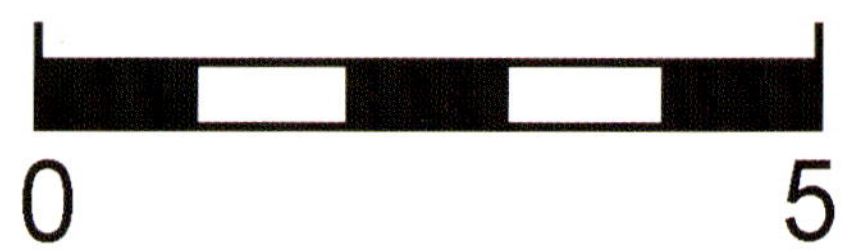

5) **Wer sagt was?** – **Ordne richtig zu, indem du die Nummern einsetzt! ★★**

1. Breitner
2. Glöckel
3. Seitz
4. Tandler

Die Schule ist das Tor der Zukunft!

Die Tuberkulose muss aussterben!

Wenn wir einst nicht mehr sind, werden diese Steine für uns sprechen!

Die Reichen sollen Steuern zahlen!

6) Hier siehst du eine Volksschulklasse in den 1930er Jahren! **Vergleiche diese mit deiner eigenen Volksschulklasse! ★**

Was ist anders? ______________________

____

____

____

____

7) Auch heute noch ist die „Einheitsschule", von der man jetzt als „Gesamtschule" spricht, ein Thema, das heftig diskutiert wird. **Sammelt in Gruppenarbeit Argumente für und gegen die Einführung einer Gesamtschule für alle 10- bis 14-Jährigen und diskutiert eure Ergebnisse! ★★★★★**

8) Welche aktuellen Themen werden in der Schulpolitik derzeit diskutiert? **Erstelle eine Liste! ★★★★**

5. POLITISCHE ZUSAMMENSTÖSSE

Politische Gegensätze – Wehrverbände – Schattendorf – Justizpalastbrand

Politische Gegensätze verschärfen sich

Im Friedensvertrag von St. Germain-en-Laye war es Österreich untersagt worden, die allgemeine Wehrpflicht einzuführen. Stattdessen durfte Österreich nur ein **Berufsheer** von 30 000 Mann aufstellen. Bei der Bestellung von **Soldatenräten** kam es zu heftigen Auseinandersetzungen zwischen den Koalitionspartnern. Diese Streitigkeiten in der Wehrgesetzfrage führten 1920 zum **Bruch der Koalition**.

Warum glaubst du, durfte Österreich keine allgemeine Wehrpflicht einführen?

Berufsheer: besteht aus Soldaten, die unbefristet beim Heer ihren Dienst leisten

Soldatenräte: vertreten die Interessen der Soldaten

Die Kluft zwischen den beiden Großparteien nahm zu. Misstrauen, Hass und Gewalt prägten den Umgang der Parteien. Sehr deutlich zeigte sich dieses vergiftete Klima an den **bewaffneten Parteiverbänden**.

Bildung von Wehrverbänden

Nach Kriegsende hatten sich zum Schutz der Grenzen zunächst überparteiliche **Heimatschutzverbände** gebildet. Aus diesen entstanden die **christlichsozialen Heimwehren**. In den Betrieben bildeten sich gleichzeitig **Arbeiterwehren**, aus denen sich der sozialdemokratisch unterstützte **Republikanische Schutzbund** entwickelte.

Heimatschutzverbände: bewaffnete Einheiten zum Schutz der Grenzen

HEIMWEHREN

MAI 1920: erste Heimwehr in Tirol gebildet
ZIELE: Verteidigung der Landesgrenzen, Kampf gegen die Sozialdemokraten und den Parlamentarismus

REPUBLIKANISCHER SCHUTZBUND

FEBRUAR 1923: Gründung am Parteitag der Sozialdemokraten
ZIELE: sich gegen die Kampforganisationen der besitzenden Klasse, wie z. B. die Heimwehren zu wehren

Quelle: Abgeordneter zum Nationalrat Julius Deutsch am Parteitag der Sozialdemokraten, Oktober 1922

In den wirtschaftlichen Krisen, die die Republik Deutschösterreich durchzumachen hatte, haben die besitzenden Klassen unseres Landes immer wieder versucht, sich besondere Kampforganisationen zur Niederwerfung der Arbeiterklasse zu schaffen ... Da die besitzenden Klassen sich immer mehr zu den Methoden der Gewalt bekennen, bleibt dem **Proletariat** nichts anderes übrig, als seinerseits zu rüsten, um der drohenden bewaffneten Gewalt der Besitzenden die Verteidigungsfront der Arbeiterklasse entgegenzustellen.

Proletariat: besitzlose Arbeiterschaft

Auf welche wirtschaftlichen Krisen bezieht sich Julius Deutsch in dieser Rede?

Wer ist mit besitzender Klasse gemeint? Was bedeutet „Niederwerfung der Arbeiterklasse"?

Die Schüsse von Schattendorf führen ...

Die hohe Arbeitslosigkeit ließ viele Männer verzweifeln. Um ihr Selbstwertgefühl zu heben, schlossen sie sich den Wehrverbänden an, denn dort bekamen sie Uniformen, Mahlzeiten und eine Aufgabe zugewiesen.

Aufmarsch: gemeinsames Auftreten einer Gruppe

Frontkämpfer: Teilorganisation der Heimwehr

Schutzbündler: Anhänger des Republikanischen Schutzbundes

Heimwehr und Schutzbund standen einander von Anfang an feindlich gegenüber. Stänkereien, Raufereien und kleinere Konflikte bei den **Aufmärschen** der Wehrverbände prägten die kommenden Jahre. Die Gefahr eines bewaffneten Zusammenstoßes stieg von Tag zu Tag.

1927 kam es im kleinen burgenländischen Ort **Schattendorf** zu einem blutigen Zusammenstoß zwischen **Frontkämpfern** und **Schutzbündlern**, der zwei Todesopfer forderte.

Wer saß im Gasthaus? Wer veranstaltete eine Demonstration? – Unterstreiche mit zwei Farben im Text!

Wodurch fühlten sich die Frontkämpfer provoziert?

Woran erkennt man, dass die Frontkämpfer schon auf eine Auseinandersetzung vorbereitet waren?

Quelle: Vereinfacht und gekürzt nach Hellmut Andics „Fünfzig Jahre unseres Lebens"

Am Nachmittag des 30. Januar 1927 saßen im Gasthaus Tscharmann in der kleinen burgenländischen Ortschaft Schattendorf einige Männer beim Kartenspiel. Sie waren Angehörige der örtlichen Frontkämpfervereinigung und das Gasthaus war ihr Vereinslokal. ... Angehörige des Republikanischen Schutzbundes hatten für diesen Sonntag eine Versammlung im nahegelegenen Gasthaus angesetzt. ... Sie zogen am Gasthaus Tscharmann vorbei. Einige Schutzbündler drangen in die Wirtsstube ein und riefen: „Kommts außi, wenns euch trauts!" ...
Drei Frontkämpfer stürmten in den ersten Stock, griffen nach den bereitgestellten Gewehren und begannen auf die Straße zu feuern.
Endergebnis: zwei Tote und fünf Verletzte. Die Todesopfer waren ein kriegsinvalider Hilfsarbeiter und ein achtjähriges Kind.

Schwurgericht: Gericht, in dem Geschworene unter Aufsicht eines Richters urteilen

... zum Brand des Justizpalasts

Dieser blutige Zusammenstoß führte zu **Proteststreiks** in Wien, Wiener Neustadt und Neufeld. Am Tag des Begräbnisses der Opfer von Schattendorf kam es zum Generalstreik in ganz Österreich. Als die Beschuldigten aber am **15. Juli 1927** von einem **Schwurgericht** wegen Notwehr freigesprochen wurden, stürmten empörte Demonstranten den **Justizpalast** in Wien und steckten diesen in Brand. Der Wiener Bürgermeister **Karl Seitz** versuchte vergeblich, die bewaffnete Menge zu beschwichtigen. Um 14:30 Uhr erfolgte der **Schießbefehl**, die Polizei ging bewaffnet gegen die aufgebrachte Menge vor. Die Bilanz dieses Polizeieinsatzes war erschreckend: 89 Tote und hunderte Verletzte.

Brand des Justizpalastes in Wien 1927

Quelle: Hugo Portisch „Österreich I: Die unterschätzte Republik"

Unter den Verwundeten ist nur die Zahl der Polizisten feststellbar, viele der verwundeten Demonstranten suchen weder Krankenhäuser auf noch Ärzte, da sie befürchten, angezeigt und bestraft zu werden.

Bewaffnete Wehrverbände – **Heimwehr** und **Republikanischer Schutzbund** - standen sich feindlich gegenüber. In **Schattendorf** kam es 1927 zu einer blutigen Auseinandersetzung. Nach dem Freispruch der Beschuldigten wurde der **Justizpalast** angezündet und es gab **89 Tote**.

6. DIE WEIMARER REPUBLIK

Friedensbestimmungen – Krisenjahre – Stabilisierung – Aufstieg der Nationalsozialisten

Der Vertrag von Versailles

Am 9. November 1918 erfolgte in Berlin die Ausrufung der **Republik**, die man später Weimarer Republik nannte. Deutschland hatte 1919 im **Friedensvertrag von Versailles** harte Bedingungen zu akzeptieren, denn es musste gemeinsam mit seinen Verbündeten die alleinige Schuld am Ersten Weltkrieg übernehmen und **hohe Reparationszahlungen** in Form von Geld- und Sachwerten leisten. So wurden die großen deutschen Schifffahrtswege wie Elbe, Oder und Donau zu internationalen Gewässern erklärt. Auch durfte Deutschland nur mehr eine Berufsarmee mit maximal 100 000 Mann unterhalten, schwere Waffen (U-Boote, Panzer, Schlachtschiffe) und chemische Kampfstoffe (Giftgas) waren verboten.

Quelle: Art. 231 Friedensvertrag von Versailles
Die alliierten und **assoziierten Regierungen** erklären, und Deutschland erkennt an, dass Deutschland und seine Verbündeten als Urheber für alle Verluste und Schäden verantwortlich sind, die die alliierten und assoziierten Regierungen und ihre Staatsangehörigen in Folge des Krieges, der ihnen durch den Angriff Deutschlands und seiner Verbündeten aufgezwungen wurde, erlitten haben.

Der **Verlust zahlreicher Gebiete** wie Elsass-Lothringen an Frankreich und Westpreußen an Polen, aber auch die Besetzung des Rheinlandes durch die Siegermächte und die Abtretung aller Kolonien trafen Deutschland schwer.

Die Weimarer Republik

assoziierte Regierungen: verbündete Regierungen

Suche Elsass-Lothringen, Westpreußen und das Rheinland auf dieser Karte!

Viele Menschen in Deutschland bezeichneten diesen Friedensvertrag als **„Friedensdiktat von Versailles"**. Die unversöhnlichen Gegensätze zwischen Deutschland und Frankreich verstärkten sich in den nächsten Jahren.

Friedensdiktat: Friedensordnung ohne Zustimmung der Besiegten

Zeit der Krisen: 1919 bis 1923

Die Jahre zwischen 1919 und 1923 waren von zahlreichen politischen und wirtschaftlichen Krisen geprägt. So musste Deutschland 132 Milliarden Goldmark (700 Milliarden Euro) als Reparationszahlung an die Siegermächte leisten. Schwere wirtschaftliche Probleme wie die **hohe Inflation** und **innenpolitische Unruhen** waren die Folge.

Im Jänner 1919 unternahm der **Spartakusbund** einen Umsturzversuch, um eine Räterepublik nach russischem Vorbild zu errichten. Die beiden führenden

Spartakusbund: politische Gruppierung von Linksradikalen, aus der die Kommunistische Partei Deutschlands entstand

Kommunisten, **Rosa Luxemburg** und **Karl Liebknecht**, wurden nach dem Scheitern des Spartakusaufstandes ermordet.

Der Oberösterreicher **Adolf Hitler** war bereits kurz nach Kriegsende der **Deutschen Arbeiterpartei (DAP)** beigetreten, aus der 1920 die Nationalsozialistische Deutsche Arbeiterpartei (NSDAP) hervorging. 1921 übernahm Hitler die Führung der NSDAP. Nach einem **Putschversuch** in München im November 1923 wurde Hitler für ein Jahr in Festungshaft genommen. Während seiner Haft schrieb er das Buch **„Mein Kampf"**, in dem er seine politischen Ziele und die **Ideologie** des Nationalsozialismus festhielt.

Zeit der Stabilisierung: 1924 bis 1929

In der Zeit von 1924 bis 1929 trat eine wirtschaftliche **Stabilisierung** ein. Durch eine **Währungsreform** konnte die Inflation gestoppt werden. Statt der Mark wurde die **Reichsmark** eingeführt. Hohe Kredite wurden im Ausland aufgenommen. Mit dem **Beitritt zum Völkerbund** erreichte Deutschland auch außenpolitische Anerkennung. Diese Jahre – auch **„Goldene Zwanziger Jahre"** genannt – waren eine Phase der wirtschaftlichen, aber auch der politischen Entspannung. Der im Ersten Weltkrieg hoch ausgezeichnete Generalfeldmarschall **Paul von Hindenburg** wurde 1925 zum Reichspräsidenten gewählt.

Geldschein: 100 Billionen Mark

Zeit des Niederganges: 1929 bis 1933

1929 kam es ausgehend von den USA zu einer **Weltwirtschaftskrise**. Diese traf Deutschland besonders hart, da die USA ausstehende Kredite einforderten. Innenpolitisch brachten die Wahlen 1930 den **Nationalsozialisten** große Stimmenzuwächse. Durch die hohe Arbeitslosigkeit lebten viele Menschen am Rande des **Existenzminimums**. Die Nationalsozialisten versprachen den Massen Arbeit und Brot. Viele Kleinbürger, Bauern und Arbeitslose sammelten sich im Lager der Nationalsozialisten, da sie bereits das Vertrauen in die Demokratie verloren hatten. Die deutsche Industrie unterstützte die NSDAP, weil ihnen die antikommunistische Haltung der NSDAP entgegenkam und sie sich von der NSDAP große Rüstungsaufträge und damit auch wirtschaftlichen Aufschwung versprachen.

Im **November 1932** wurde die NSDAP bei den **Reichstagswahlen** mit 33,1% der Wählerstimmen zur stärksten Partei Deutschlands.

Quelle: Reichspräsident Hindenburg, 27. 1. 1933
Sie werden mir doch nicht zutrauen, meine Herren, dass ich diesen österreichischen Gefreiten zum Reichskanzler berufe!

Hitler am Parteitag in Nürnberg 1933

Doch schon am 30. 1. 1933 beauftragte Hindenburg Hitler mit der Bildung einer Koalitionsregierung und ernannte ihn zum Reichskanzler.

Um einen Brief aufzugeben, benötigte man 1923 sogar eine Briefmarke im Wert von 5 Milliarden Mark.

136 Druckereien waren ausschließlich mit dem Druck von Papiergeld beschäftigt. Die Massen an Papiergeld mussten in Wäschekörben verpackt und mit Möbelwagen zu den einzelnen Banken gebracht werden.
Im November 1923 hatte eine Billion Papiermark den Wert einer Goldmark.

Ideologie: Weltanschauung

Stabilisierung: Beruhigung der Situation

Existenzminimum: zum Leben unbedingt notweniges Mindesteinkommen

Der **Vertrag von Versailles** brachte für Deutschland harte Bedingungen. Die **Weimarer Republik** hatte mit großen wirtschaftlichen und politischen Schwierigkeiten zu kämpfen. Zwischen 1924 und 1929 kam es zu einer **Stabilisierung**. Die **Weltwirtschaftskrise** und der Aufstieg der **Nationalsozialisten** bedeuteten das Ende der Weimarer Republik.

Nun geht's los – Aufgaben für schlaue Köpfe!

1) Notiere auf diesem Notizzettel die 5 wesentlichen Bestimmungen des Friedensvertrages von Versailles! ★★★

Friedensvertrag von Versailles

1 ______________________________

2 ______________________________

3 ______________________________

4 ______________________________

5 ______________________________

2) **Was geschah wann?** Trage diese Schlagzeilen in die entsprechenden Felder ein! ★★★

Weltwirtschaftskrise ★ Spartakusaufstand ★ USA stellen Kredite fällig ★ Rosa Luxemburg ★ „Goldene Zwanziger Jahre" ★ Putschversuch in München ★ Hindenburg wird Reichspräsident ★ Beitritt zum Völkerbund ★ NSDAP erreicht 44% der Stimmen ★ Reparationszahlungen ★ Hitler wird Reichskanzler ★ Währungsreform ★ hohe Inflation ★ Arbeit und Brot ★ Reichsmark

Zeit der Krise: 1919 – 1923	Zeit der Stabilisierung: 1924 – 1929	Zeit des Niedergangs: 1929 – 1933
1. ____________	1. ____________	1. ____________
2. ____________	2. ____________	2. ____________
3. ____________	3. ____________	3. ____________
4. ____________	4. ____________	4. ____________
5. ____________	5. ____________	5. ____________

Nun geht's los – Aufgaben für schlaue Köpfe!

3) Dieses Bild wurde 1932 als Schulwandbild im Unterricht eingesetzt. **Beantworte die Fragen dazu in deinem Heft!** ★★★

1. Wer ist der Mann am Rednerpult?
2. Wie wirkt er auf dich?
3. Was versprechen die Nationalsozialisten mit diesen Transparenten den Menschen?
4. Woran erkennt man die Nationalsozialisten?
5. Wie verhalten sich die Zuhörer?
6. Weshalb könnte dieser Mann, der rechts im Bild zu sehen ist, abgeführt werden?
7. Wie reagieren die anderen Zuhörer darauf?
8. Das Hakenkreuz war das Symbol der Nationalsozialisten. Wo überall auf dem Bild ist dieses Symbol zu sehen?

4) **Lies dir die folgenden Merkmale des Nationalsozialismus aufmerksam durch! Dann male deine Hand auf ein Zeichenblatt! Nun formuliere Argumente gegen den Nationalsozialismus und schreibe diese in die Hand!** ★★★★

Nationalsozialismus

- Demokratie, Sozialismus und Kommunismus wurden abgelehnt und bekämpft.
- Nationalismus und Militarismus herrschten vor.
- Ablehnung jeder Opposition, Verfolgung von Andersdenkenden
- Der Einzelne war zu absolutem Gehorsam verpflichtet – Führerkult!
- Der Hass auf Minderheiten wurde geschürt.
- Mit Propaganda und Terror wurden diese Ziele verfolgt.

Propaganda: politische Werbung

5) Rechtsextreme Parteien und Gruppierungen erhalten in den letzten Jahren wieder verstärkt Zulauf. **Gestaltet in Gruppen Plakate gegen Ausländerfeindlichkeit und Rechtsextremismus!** ★★★★

7. DIE GOLDENEN ZWANZIGER JAHRE

Musik und Tanz – Massenmedien – Frauen – Architektur – Theater und Literatur

In den 1920er Jahren versuchten die meisten Menschen, die Schrecken des Ersten Weltkrieges zu vergessen. Als es ab 1924 zu einem wirtschaftlichen Aufschwung und zu einer politischen Stabilisierung kam, entwickelte sich gerade in den Großstädten ein neuer **Lebensstil**. In den Großstädten, die als Inbegriff der Modernität galten, amüsierten sich die Menschen in Nachtklubs, in **Kabaretts**, in Theatern und beim Tanzen. Vor allem die Jugend stürzte sich ins Vergnügen. Von Amerika ausgehend verbreitete sich dieser neue Lebensstil schnell über Europa.

Der Charleston war ein moderner Tanz, den man mit Partner oder auch alleine tanzen konnte.

Kabarett: Kleinkunstbühne

Jazz: überwiegend von Afroamerikanern hervorgebrachte Musikrichtung, die sehr rhythmisch ist

Jazz und Charleston

Jazzmusiker

Der Ursprung des **Jazz**, einer neuen Musikrichtung der Zwanziger Jahre, ging auf die afroamerikanische Bevölkerung in New Orleans um 1900 zurück. Von dort aus eroberte der Jazz in den nächsten Jahren zunächst die Klubs und Tanzsäle anderer amerikanischer Städte wie New York und Chicago, ehe er seinen Siegeszug um die Welt antrat. **Louis Armstrong** wurde zum berühmtesten Trompeter der Jazzszene. Der **Charleston**, ein neuer Tanz, verwandelte die Tanzpaläste in brodelnde Hexenkessel. In Europa machte ihn 1925 die Tänzerin **Josephine Baker** populär.

1920 wurde in Amerika die Herstellung, der Verkauf und sogar der Transport von Alkohol verboten (**Prohibition**). Überall im Land entstanden Schwarzbrennereien, es wurde geschmuggelt und in sogenannten „Flüsterkneipen" Alkohol ausgeschenkt.

Agenten des FBI nach der Aushebung einer Schwarzbrennerei

Massenhysterie: gemeinsame Panik einer Menschenmasse

Welche Beispiele für Massenhysterie bei heutigen Stars kennst du?

Neue Medien

Ab 1911 entwickelte sich **Hollywood** zum Mittelpunkt der amerikanischen Filmindustrie. Der bekannteste Filmstar des Stummfilms war **Rudolpho Valentino**. Er verkörperte in seinen Filmrollen stets den romantischen Liebhaber. Als er 1926 überraschend starb, brach unter seinen Anhängerinnen eine **Massenhysterie** aus, die zu einigen Selbstmorden führte.

Rudolpho Valentino

Filmplakat 1928

1926 erfand der Trickfilmzeichner Walt Disney mit der Mickey Mouse die wohl berühmteste Trickfilmfigur aller Zeiten. Der erste vertonte Trickfilm „Steamboat Willie", in dem Disney seiner Mickey Mouse die Stimme lieh, machte diese Trickfilmfigur weltberühmt.

Slapstick: Körperkomik

Frankfurter Küche 1926

Was bedeutet bezogen auf die Frankfurter Küche die Feststellung „Jeder Millimeter macht Sinn?"

Art-déco-Stil: Kunstrichtung, die sich nach dem Jugendstil entwickelte

Satire: literarische Gattung, die mittels Spott und Ironie etwas kritisiert

Doppelconference: lustiger Dialog zweier Schauspieler

In den **Zwanziger Jahren** entwickelte sich ein neuer **Lebensstil**. Jazz und Charleston wurden populär, Filme für die Massen wurden gedreht. In der Architektur wurden neue Wege beschritten. Theater und Kabaretts waren sehr beliebt. Frauen bekamen das **Wahlrecht** und erlangten mehr Freiheiten.

Charlie Chaplin und **Buster Keaton** waren große Stars der **Slapstick**-Komödie. In diesen Filmen wurden auch soziale Probleme behandelt. In Europa schuf der österreichische Regisseur **Fritz Lang** mit seinem Science-Fiction-Film „Metropolis" ein Meisterwerk der Filmgeschichte.

Architektur – neue Formen für eine neue Zeit

In den USA entstanden die ersten Hochhäuser aus Beton, Glas und Stahl. Das im Zeitraum von 1926 bis 1930 erbaute Chrysler Building in New York war mit 319,4 m das höchste Gebäude der Welt. In Deutschland prägte **Walter Gropius** den sogenannten **Bauhausstil**, bei dem klare, einfache Elemente verwendet wurden. Auch die Einrichtung der Wohnungen sollte einfach und funktional sein. So entwarf die Wiener Architektin **Margarete Schütte-Lihotzky** 1926 den Urtyp der modernen Einbauküche, die **Frankfurter Küche**, in der alles praktisch mit einem Handgriff zu erreichen war. Die Küche war für eine Person ausgerichtet und sollte den Arbeiterfrauen die Hausarbeit erleichtern.

Chrysler Building im Art-déco-Stil

Ablenkung mit Theater, Literatur und Kabarett

Illustration Schwejk 1921

Die Menschen besuchten auch verstärkt das Theater, das mit neuen Aufführungsweisen und modernen Bühnentechniken das Publikum anzog. Ein großer Regisseur der damaligen Zeit war der Österreicher **Max Reinhardt**, der schon 1917 gemeinsam mit **Hugo von Hofmannsthal** die Salzburger Festspiele ins Leben rief. Die Literaturszene war immer stärker von der **Satire** geprägt. **Karl Kraus** veröffentlichte 1918/19 das Theaterstück „Die letzten Tage der Menschheit", **Jaroslav Hašek** schrieb „Die Abenteuer des braven Soldaten Schwejk" und **Joachim Ringelnatz** verfasste satirische Gedichte. Im 1912 gegründeten Kabarett Simpl in Wien entwickelten die beiden Kabarettisten **Fritz Grünbaum** und **Karl Farkas** ihre berühmt gewordenen **Doppelconferencen**, bei denen immer einer den Dummen und der andere den Gescheiten spielte.

Rollenwandel und neue Freiheiten

Zu den positiven Veränderungen jener Jahre gehörte der grundlegende Wandel im Rollenverständnis der Frau. Nach dem Krieg waren vor allem in den Großstädten viele Frauen als Sekretärin, Telefonistin oder Stenotypistin angestellt. Auch die Zahl der Studentinnen war gestiegen. Die Situation der Frauen auf dem Land und in den Fabriken blieb jedoch unverändert. In den meisten europäischen Staaten aber setzte sich das **Wahlrecht für Frauen** durch.

Das neue Selbstbewusstsein der Frauen drückte sich auch in der Mode aus: Das Korsett verschwand, die Frauen trugen einen Kurzhaarschnitt – auch „Bubikopf" genannt –, verwendeten Nagellack sowie Lippenstifte, und die Röcke wurden kürzer. In einigen Bundesstaaten in Amerika versuchte man sogar, die „anrüchige" kurze Rockmode zu verbieten.

Mode und Frisur

Nun geht's los – Aufgaben für schlaue Köpfe!

1) Hier siehst du einige berühmte Slapstick-Szenen aus den Filmen von Charlie Chaplin und Buster Keaton. **Welche Szenen sind zu sehen? Auf welche soziale Probleme wird hingewiesen? Warum wirken manche dieser Szenen auf den Betrachter trotzdem komisch? Notiere deine Überlegungen auf dem Notizzettel! ★★**

Nun geht's los – Aufgaben für schlaue Köpfe!

2) Das Gedicht „Der Briefmark" schrieb der Dichter Joachim Ringelnatz. **Verfasse doch selbst ein ähnliches Gedicht wie z. B. „Der E-Mail" oder „Der Schallplatt" usw.! ★★★★**

3) **Was ist was?** In den Zwanziger Jahren gab es viele neue Kunstrichtungen. **Ordne die Kunststile richtig zu! ★★★**

Im **Dadaismus** wurde die Technik der Fotomontage zum ersten Mal verwendet. Aber auch Collagen, bei denen Zeitungsausschnitte oder Reste von Schachteln, Stoff- und Papierfetzen verwendet wurden, waren beliebt.

Die Bilder im **Surrealismus** hatten oft traumhafte und abstrakte Motive. Es kam zu Verfremdung und der Kombination unmöglicher Dinge, welche es in der Wirklichkeit nicht gibt.

Im **Konstruktivismus** gab es einfache geometrische Formen. Es herrschte ein geometrisch-technisches Gestaltungsprinzip vor.

8. DIKTATUREN IN EUROPA

Autoritäre Regime – Gewaltherrschaft Stalins – Faschismus

Autoritäre Parteien errichten Regime

In vielen europäischen Ländern errichteten politische Gruppierungen oder Parteien nach dem Ende des Ersten Weltkrieges nach und nach **autoritäre Regime**. Viele Menschen waren mit den neu gegründeten Demokratien unzufrieden. Politische und wirtschaftliche Krisen förderten den Aufstieg von **Demagogen**, die gegen die Demokratie auftraten, Gewalt predigten und dem Volk eine glänzende Zukunft versprachen.

autoritäres Regime: gewaltsame Herrschaft einer Gruppe

Demagogen: Volksverführer, Aufwiegler

Stelle fest, welche Staaten von 1922 bis 1937 zu Diktaturen wurden!

Die Gewaltherrschaft Stalins

Seit der Oktoberrevolution im Jahre 1917 regierten in Russland die **Bolschewiken**. Ihr Führer, **Wladimir Iljitsch Lenin**, gründete 1922 die **Union der Sozialistischen Sowjetrepubliken (UdSSR)**. Als Lenin 1924 starb, übernahm **Josef Stalin** die Führung der UdSSR. Eine der ersten Maßnahmen Stalins war die **Zwangsenteignung** privaten Landbesitzes. Landwirtschaftliche Großbetriebe, sogenannte **Kolchosen** und **Sowchosen**, wurden gegründet. In den Kolchosen bewirtschafteten alle Bauern und Bäuerinnen eines Dorfes gemeinsam den Boden. Die Sowchosen waren im Staatsbesitz und stellten Lohnarbeiter an. Alle Betriebe, aber auch Grund und Boden gehörten dem Staat, sie waren **verstaatlicht**.

Josef Stalin

Die Herstellung von Kleidern, Schuhen und Hausrat wurde zugunsten der Produktion von Maschinen und dem Bau von Kraftwerken zurückgestellt. Innerhalb von 15 Jahren entstand so aus dem Agrarland Russland die **Industrienation UdSSR**. Millionen von Menschen, die mit den Maßnahmen der Regierung nicht einverstanden waren, verschleppte man in **Arbeitslager** nach **Sibirien**, um dort die Schwerindustrie aufzubauen. Viele verloren dabei ihr Leben.

In der UdSSR gab es nur eine einzige Partei, die kommunistische Partei, die alles im Staat bestimmte. Seit 1936 führte Stalin **„Säuberungswellen“** durch. Er ließ viele seiner Rivalen und Widersacher verhaften und nach Schauprozessen hinrichten. Stalin galt als unfehlbar und durfte nicht kritisiert werden.

Bolschewiken: Anhänger der Lehren von Karl Marx

verstaatlichen: Privatbesitz in staatlichen Besitz überführen

Fünfjahrespläne:
Um die Wirtschaft nach dem Krieg wieder anzukurbeln, wurden Fünfjahrespläne erstellt. In diesen legte man genau fest, wie viel von jeder Ware der Staat für das ganze Land produzieren sollte.

Wonach richtet sich heute die Produktion einer Ware?

Sibirien: asiatischer Teil Russlands

Faschisten: Anhänger einer antidemokratischen und nationalistischen Bewegung

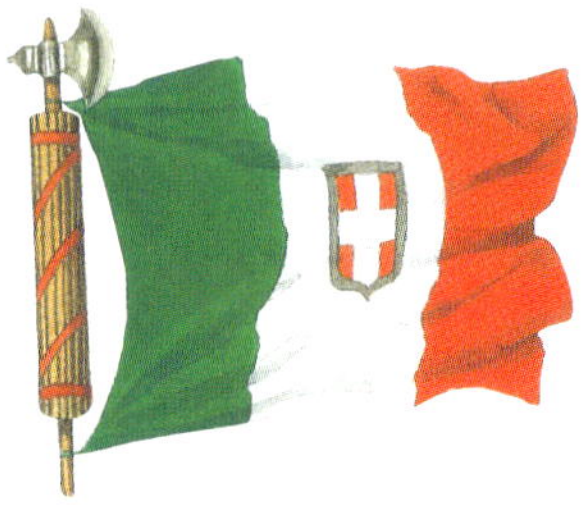

Rutenbündel (ital. „fascio") sind ein Symbol für Macht und Ordnung

Duce: Führer

nationale Minderheit: Minderheit, der bestimmte Rechte wie z. B. Schulbildung in der Muttersprache rechtlich zugesichert sind

imperialistisch: Ausdehnung des Herrschaftsbereichs

Brigade: größere Truppeneinheit

Zivilist: kein Soldat

Welche Bildelemente setzte Picasso ein, um die Schrecken des Krieges auszudrücken?

Guerillakrieg: Kleinkrieg ohne offene Schlachten

Unter **Lenin** wurde Russland 1922 zu einer kommunistischen Diktatur. 1924 übernahm **Stalin** die Führung der **UdSSR**. **Mussolini** errichtete 1922 in Italien ein faschistisches Regime. **General Franco** siegte 1939 im **Spanischen Bürgerkrieg** und regierte bis 1975 faschistisch.

Das faschistische Italien

Benito Mussolini 1940

Italien gehörte zwar zu den Siegermächten, doch war man mit den Ergebnissen des Friedensvertrages nicht zufrieden. Wachsende Bevölkerungszahlen und geringe Erträge der Landwirtschaft führten zu Hungersnöten und verstärkten noch die bestehende Unzufriedenheit. Dies nützte der Führer der **faschistischen** Bewegung, **Benito Mussolini**, aus. Er stellte sich selbst als „Retter" der Nation dar, wollte aber mit seinen Anhängern die Macht in Italien an sich reißen.

Als die Faschisten 1922 bei den Wahlen nicht die Mehrheit erreichten, traten sie zum **Marsch auf Rom** an, um die Regierung zu stürzen. Mussolini nötigte den italienischen König, ihm die Regierungsgeschäfte zu übertragen und ihn mit besonderen Vollmachten auszustatten. Nach und nach führte Mussolini, der **„Duce"** genannt wurde, in Italien eine Diktatur ein. So wurden die Grundrechte der Bürger und Bürgerinnen aufgehoben, alle anderen Parteien verboten, politische Gegner verfolgt, eine Einheitsgewerkschaft eingerichtet und **nationale Minderheiten** unterdrückt.

Mussolini beschloss, ein italienisches Großreich zu schaffen, um von den innenpolitischen und wirtschaftlichen Schwierigkeiten abzulenken. Er begann mit der Aufrüstung von Marine und Heer, um seine **imperialistischen** Ziele zu verwirklichen. Als Mussolini 1935 Abessinien (Äthiopien) überfiel, fiel der Protest von Seiten des Völkerbundes nur schwach aus. Dies ermutigte auch andere Diktatoren zu ähnlichen Angriffen.

Der Spanische Bürgerkrieg

Nachdem in Spanien bei der Wahl im Februar 1936 eine Gruppe aus Kommunisten und der linken Volksfront die Mehrheit erreicht hatte, putschte ein Teil der spanischen Armee unter **General Francisco Franco** gegen die gewählte Regierung. Es kam zum Bürgerkrieg. Auf Seiten Francos kämpften deutsche und italienische Freiwillige mit Unterstützung Hitlers und Mussolinis. Die Republikaner (Regierungstruppen) wiederum wurden von einer internationalen **Brigade** unterstützt und auch die UdSSR lieferte Waffen. Im Spanischen Bürgerkrieg griffen auch **Zivilisten**, sowohl Männer als auch Frauen, zu den Waffen.

Auf diesem Gemälde stellte der Maler Pablo Picasso, der für die Anliegen der Republikaner eintrat, den Bombenangriff auf die nordspanische Stadt Guernica dar.

Der erbitterte **Guerillakrieg** endete 1939 mit dem Sieg Francos. Er schuf eine faschistische Verfassung und ließ alle Gegner verfolgen. Bis zu seinem Tod 1975 war Spanien eine Diktatur, in der jede Opposition unterdrückt wurde.

9. DIE WELTWIRTSCHAFTSKRISE UND IHRE FOLGEN

Überproduktion – Arbeitslosigkeit – Spekulationen – Schwarzer Freitag – New Deal

Überproduktion und Aktienspekulationen ...

Nach dem Ersten Weltkrieg steigerte die Industrie in **Europa** mit Hilfe neuer Maschinen die Produktion von Gütern des täglichen Lebens. Obwohl die Lagerhäuser und Geschäfte voll mit Produkten waren, erzeugte man weiterhin mehr Waren als verkauft werden konnten. Die Preise sanken, aber der Absatz konnte trotzdem nicht gesteigert werden. Die Industrie musste ihre Produktion wieder senken. Arbeiter und Arbeiterinnen wurden entlassen und viele Betriebe mussten schließen.

Werbeplakat für einen elektrischen Kühlschrank 1928

In den 1920er Jahren ergriffen viele Frauen einen eigenen Beruf. Die Einführung von zahlreichen elektrischen Geräten erleichterte den Frauen die Haushaltsführung, die trotz Berufstätigkeit ausschließlich von Frauen geleistet wurde.

Die Zahl der Arbeitslosen stieg und die **Kaufkraft** der Bevölkerung ging zurück. Da die Unternehmer immer weniger Produkte verkauften, konnten sie ihre aufgenommenen Kredite nicht mehr zurückzahlen. Dies führte dazu, dass die Banken die Spareinlagen der Kunden nicht mehr auszahlen konnten.

Radio 1922

In den **USA** produzierte die Industrie zwischen 1923 und 1929 viele Konsumgüter wie Radioapparate und elektrische Haushaltsgeräte. Die Arbeitslosigkeit war gering und es wurde weitaus mehr konsumiert als in Europa, denn die Werbung weckte Bedürfnisse nach Produkten, die „man einfach haben musste". Der steigende Wohlstand brachte aber immer mehr Amerikaner dazu, ihr Geld in **Aktien** und **Wertpapieren** anzulegen. Statt das Geld für Konsumgüter auszugeben, wurde an den **Börsen** spekuliert, um hohe Gewinne zu erzielen. Diese Entwicklung zwang die Industrie, ihre Produktion zu senken. Amerikanisches Kapital stützte nicht länger die Wirtschaft anderer Länder.

Waschmaschinenwerbung 1928

Kaufkraft: das für Konsumzwecke verfügbare Einkommen der Privathaushalte

Aktien: Anteilsscheine an einer Firma

Wertpapier: Urkunde, die bestätigt, dass man einem Staat oder einer Firma Geld gegen Zinsen geliehen hat

Börse: Ort, an dem Wertpapiere und Aktien gehandelt werden

Wall Street: Straße in New York; Zentrum der Börsen

Kurssturz: schneller Wertverlust von Aktien

Auch 2008 kam es zu einem Börsenkrach. Versuche herauszufinden, warum dies geschah! (Internet/Zeitungen)

... führen zum großen Börsenkrach

Am **24. Oktober 1929** kam es in der **Wall Street** in New York, dem Zentrum der amerikanischen Finanz, zu einem noch nie da gewesenen **Kurssturz** an den Börsen. **Spekulanten**, die versuchten, aus jeder Kursschwankung Gewinne zu erzielen, hatten die Kurse der Aktien in unrealistische Höhen getrieben, sodass der Wert der Aktien höher war als der tatsächliche Wert der Betriebe. Auch hatten die Banken Kredite für den Ankauf von Aktien an viele Menschen vergeben, ohne ausreichende Sicherheiten einzufordern.

Als am 24. Oktober 1929 plötzlich die Wertpapiere und Aktien binnen weniger Stunden den Großteil ihres Wertes verloren, versuchten viele Menschen ihre Aktien zu verkaufen, um wenigstens einen Teil ihres Geldes zu retten.

Kursverlauf der Aktien: 1926 –1936

Quelle: Wiener „Neue Freie Presse", 26. 10. 1929
In den Büros der Börsenmakler löste eine aufregende Szene die andere ab. Zahlreiche Personen, besonders weibliche Spekulanten, fielen in Ohnmacht, als sie erfuhren, dass sie ihr Kapital verloren hatten. Verzweiflungs- und Wutausbrüche waren an der Tagesordnung.

d. h.: das heißt

So wurden am 25. Oktober – dem sogenannten **„Schwarzen Freitag"** – an einem einzigen Tag 13 Millionen Aktien zu einem Spottpreis verkauft, **d. h.** weit unter ihrem Wert. Der Gesamtverlust des Kursverfalls betrug insgesamt 15 Milliarden Dollar.

Arbeitsloser 1931

Versuche herauszufinden, wie lange heute jemand in Österreich Arbeitslosengeld bekommt! (Internet/Arbeitsamt)

Viele Amerikaner waren gezwungen, ihre Luxusgüter zu verkaufen. Sie inserierten in den Tageszeitungen ihre Autos und ihren Schmuck. Leute, die noch am Vortag Millionäre gewesen waren, hatten nun nicht mehr genug Geld, um das Notwendigste zu kaufen. Die Krise der Wirtschaft griff binnen weniger Tage auf alle Industriestaaten der Welt über, deshalb sprach man von einer **Weltwirtschaftskrise**.

Autoverkauf 1929

Die Not greift um sich

Auch österreichische Banken gingen bankrott und mit ihnen viele Firmen. So bezogen Ende 1929 bereits 226 567 Menschen eine Arbeitslosenunterstützung, die pro Woche nur 12,60 Schilling betrug. Dies reichte kaum für den Kauf der Grundnahrungsmittel einer Familie aus. Die tatsächliche Zahl der Arbeitslosen war jedoch wesentlich höher, da nach 20 bis 30 Wochen der Anspruch auf Arbeitslosenunterstützung erlosch. Die **„Ausgesteuerten"** konnten zwar noch eine Notstandshilfe beantragen, diese endete aber nach 20 bis 52 Wochen. Für all jene, die noch Arbeit hatten, gab es oft nur mehr Kurzarbeit und Lohnkürzungen.

Die Auswirkungen der Arbeitslosigkeit waren verheerend. Nachdem in den Steyr-Werken (OÖ) 6 000 Arbeiter entlassen worden waren, herrschte in der ganzen Stadt Hunger. Die Menschen froren, viele Kinder hatten keine warme Kleidung und keine Schuhe und alle fünf bis zehn Minuten klingelten Bettler an den Haustüren. Teilweise waren es ganz junge Menschen, die nicht mehr wussten, wie sie überleben sollten. Viele Österreicher und Österreicherinnen suchten Arbeit, indem sie sich Plakate umhängten, auf denen sie um Arbeit baten. Film, Theater und viele Sportveranstaltungen dienten der Ablenkung und wurden von jenen besucht, die es sich noch leisten konnten. Viele Menschen verloren den Glauben an die Demokratie und schlossen sich radikalen Parteien an. Der Ruf nach einem „starken Mann", der den Staat mit strenger Hand führen sollte, wurde immer lauter.

Österreichische Frauen suchen auf einem Marktplatz nach Resten von Nahrung.

Überproduktion führte zu vollen Warenlagern. Die Absatzschwierigkeiten ließen die **Arbeitslosenzahlen** steigen. An den Börsen wurde spekuliert. Am 25. Oktober 1929, dem **Schwarzen Freitag**, brach die Börse zusammen. Aktien und Wertpapiere verloren ihren Wert. Die Menschen litten große Not. In den USA bekämpfte Präsident **Roosevelt** die Krise mit der Politik des **New Deal**.

Die Politik des New Deal

1932 versuchte Präsident **Franklin D. Roosevelt** mit vielen Reformen, die Krise der Wirtschaft in den USA zu beseitigen. Mit seinem Wirtschaftsprogramm **„New Deal"** bekämpfte er die Arbeitslosigkeit durch Bauprojekte des Staates, zahlte den Farmern Prämien für die Reduktion der Produktion und verbesserte das Bank- und Kreditwesen. Nicht alle Amerikaner waren aber mit den Maßnahmen Roosevelts einverstanden, da sie darin eine Verschwendung öffentlicher Gelder sahen.

Nun geht's los – Aufgaben für schlaue Köpfe!

1) Anfang der 1920er Jahre begann in den USA die Übertragung von Rundfunkprogrammen. In Österreich startete am 1. Oktober 1924 das Zeitalter des Rundfunks. Welche Radionachrichten stammen aus dieser Zeit und welche von heute? **Ordne sie und schreibe sie in das Radioprogrammheft! ★★**

"Hallo, hallo, hier Radio Wien"

- Christina Stürmer auf Tour!
- Polarforscher Amundsen verschollen!
- Google ist Marktführer!
- EU-Wahl in Österreich!
- Der EURO kommt!
- Österreich feiert ersten Muttertag!
- New Deal zeigt erste Erfolge!
- Neuer Laptop entwickelt!
- Geburtsstunde des Schillings
- Schwarzenegger wird Gouverneur von Kalifornien
- Lindbergh fliegt über den Ozean
- BAWAG muss verkauft werden!
- Seilbahn auf die Rax eröffnet
- "Schwarzer Freitag" an der New Yorker Börse

Nun geht's los – Aufgaben für schlaue Köpfe!

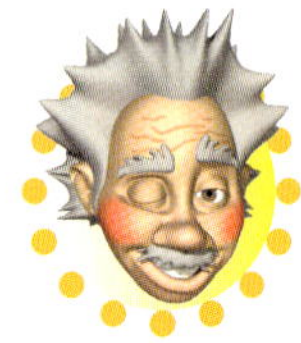

2) Gehe der Frage nach, wie sich heute Arbeitslosigkeit auf die Alltagsgewohnheiten der Menschen auswirkt. **Lies dazu diese Artikel und beantworte anschließend die Fragen! ★★★**

KURIER: 2. 2. 2009
Immer mehr Arbeitslose in Österreich
Mehr als 300 000 Personen waren im Jänner ohne Job gemeldet. Besonders betroffen sind Jugendliche und Leiharbeiter.

KURIER: 9. 1. 2009
Arbeitslosigkeit in USA auf Rekordstand
Seit fast 16 Jahren hat es in den USA nicht mehr so viele Arbeitslose gegeben. 2,6 Mill. verloren 2008 ihren Job. Das ist der größte Anstieg seit dem Ende des 2. Weltkrieges.

DER STANDARD: 23. 1. 2009
Zu wenig Bildung macht arbeitslos
AMS: Fast die Hälfte aller Arbeitslosen hat nur Pflichtschulabschluss.

DER STANDARD: 8. 10. 2008
Das Gespenst 1929
In der Medienwelt geht ein Gespenst um: die drohende Gefahr einer Wiederholung der Weltwirtschaftskrise von 1929, des Zusammenbruchs der Wall Street und in der Folge der gesamten Weltwirtschaft. Bereits jetzt betragen die weltweiten Verluste der Wirtschaft 1,4 Billionen Dollar.

DER STANDARD: 4.2.2009
Arbeitslose stürmen Blogs und Social Networks
Die zunehmende Arbeitslosigkeit treibt immer mehr Menschen ins Internet. Jobsuchende, die unfreiwillig über deutlich mehr Freizeit verfügen, stürmen Blogs, soziale Netzwerke und Online-Games, um sich Ablenkung zu verschaffen. Die Jobsuchenden versuchen Frustrationen aus dem realen Leben auszugleichen bzw. für bestimmte Zeiträume der Wirklichkeit zu entfliehen.

Wer ist besonders von Arbeitslosigkeit betroffen? ______________________________

____

Wie viele Arbeitslose gab es 2008 in den USA? ______________________________

Wie viele 2009 in Österreich? ______________________________

Was machen die Arbeitslosen mit ihrem „Zuviel" an Zeit? ______________________________

____

3) **Suchrätsel** - Die richtigen Antworten findest du im Radio. **Markiere diese! ★★**

R K H S P E K U L A N T E N W V
E F B T R A D I O B Ö R S E H X H G E L
M C R F T D B Q Z D J C M Q A Q J N V K
W Z A U S G E S T E U E R T E R U Z R L
N O W I A K T I E N O N W Z T H H K W I
I K Y J E Z Z P S J I N B T O J A U G
B W A L L S T R E E T Y Y L A T R X
T V M X K A T B R T S Z U Z F Q S T
S C H W A R Z E R F R E I T A G S I
Z H B X C F N X X O Y D O W D A T
A Z J U Z N H A U D B Z R S C U
Z C S G O F Z B R X V G Q E U R
V X E N E W D E A L R R S H G Z
K S U D Y Q H Q W V U F Z I X Z
R S K K F M A K I N N F U V Q E

1. Anteilscheine an einer Firma:
☐ Aktien ☐ Anleihen ☐ Kurs

2. Ort, an dem mit Wertpapieren gehandelt wird:
☐ Finanzamt ☐ Börse ☐ Kaufhaus

3. Aktien verlieren schnell an Wert:
☐ Geldsturz ☐ Kreditsturz ☐ Kurssturz

4. Machen mit dem An- und Verkauf von Aktien schnell Gewinne:
☐ Statistiker ☐ Schaffner ☐ Spekulanten

5. Straße in New York mit Banken:
☐ Wood Street ☐ Window Street ☐ Wall Street

6. Wie nennt man den 25. Oktober 1929?
☐ Schwarzer Feiertag ☐ Blauer Montag ☐ Schwarzer Freitag

7. Arbeitslose, die kein Arbeitslosengeld mehr bekommen:
☐ Eingesteuerte ☐ Ausgesteuerte ☐ Umgesteuerte

8. Politik Roosevelts:
☐ Old Deal ☐ Young Deal ☐ New Deal

9. Gerät zum Nachrichtenempfangen:
☐ Play Station ☐ Radio ☐ Gameboy

10. DEUTSCHLAND WIRD NATIONALSOZIALISTISCH

Aufstieg des Nationalsozialismus – Nürnberger Rassengesetze

Wie kam es zum Aufstieg der NSDAP?

Rechts- und linksradikale Parteien, welche die Demokratie beseitigen wollten, verzeichneten nach dem Ausbruch der Weltwirtschaftskrise einen starken Zustrom, denn sie versprachen den enttäuschten und verbitterten Menschen eine Lösung des Arbeitslosenproblems.

Wahlplakat der Nationalsozialisten 1932

Durch geschickte **Propaganda** gelang es Adolf Hitler, dem Führer der rechtsradikalen NSDAP, 1932 bei der Wahl zum deutschen Reichstag die **relative Mehrheit** zu erreichen. Adolf Hitler verlangte eine Änderung des Friedensvertrages von Versailles und eine Rückgabe der ehemaligen deutschen Kolonien. In seinen Reden griff er die kommunistische UdSSR und die demokratischen **Westmächte** scharf an. Auch den politischen Parteien in Deutschland warf er Unfähigkeit vor.

relative Mehrheit: Eine Partei bekommt bei einer Wahl mehr Stimmen als jede andere Partei.

Westmächte: England und Frankreich

Unterstreiche die Forderungen Hitlers in der Quelle! Wofür traten die Nationalsozialisten ein? Was konnte man von der NSDAP erwarten, wenn sie die Macht ergriff?

Quelle: Hitler in einer Rede am 23. 9. 1928
Erstens muss unser Volk von dem wirren Internationalismus befreit und bewusst zum fanatischen Nationalismus erzogen werden. … Zweitens werden wir unser Volk von dem Unsinn des Parlamentarismus losreißen. Es muss wieder die Notwendigkeit von Autorität und Führertum einsehen. Drittens werden wir den jämmerlichen Glauben an Völkerversöhnung, Weltfrieden, Völkerbund und internationale Solidarität zerstören. Es gibt nur ein Recht in der Welt, und dieses Recht liegt in der eigenen Stärke.

Die NSDAP erhielt Unterstützung sowohl von der deutschen Schwerindustrie als auch von amerikanischen Unternehmern, da sich diese große Gewinne von der geplanten Aufrüstung für einen Krieg versprachen. Nach der Wahl am 5. März 1933 bildete Hitler zuerst eine Koalitionsregierung, doch mit Hilfe eines vom Reichstag beschlossenen **Ermächtigungsgesetzes** gelang es Hitler, Schritt für Schritt die Diktatur in Deutschland einzuführen. Der Tod von Reichspräsident Hindenburg 1934 ermöglichte es Hitler, auch das Amt des Reichspräsidenten zu übernehmen. Er trat als „Führer" des deutschen Volkes auf und traf alle Entscheidungen alleine. So hatte Hitler die Demokratie zwar für seinen Aufstieg benutzt, diese dann aber rücksichtslos ausgeschaltet.

Ermächtigungsgesetz (24.3.1933): Die Regierung konnte Gesetze ohne Parlament erlassen; Gesetze konnten auch der Verfassung widersprechen.

Welche Folgen hat ein solches Gesetz für eine Demokratie?

Karikatur: Hitler und die Demokratie

Die Nationalsozialisten lösten alle Parteien auf, verboten die Gewerkschaften und hoben das Streikrecht auf. Auch gegen die katholische und evangelische Kirche gab es ein rücksichtsloses Vorgehen. Katholische Schulen und Jugendvereine wurden aufgelöst, die evangelische Kirche zu einer Reichskirche umgestaltet und Geistliche verfolgt. Mit Hilfe der **Geheimen Staatspolizei** (GESTAPO) und der **SA** ließ Hitler alle Staatsbürger überwachen und Gegner rücksichtslos ausschalten.

SA: Sturmabteilung der Nationalsozialisten

Quelle: Goebbels „Wesen und Gestalt des Nationalsozialismus", 1934
Wir Nationalsozialisten haben niemals behauptet, dass wir Vertreter eines demokratischen Standpunkts seien, sondern wir haben offen erklärt, ... dass wir nach der Machtergreifung unseren Gegnern alle die Mittel rücksichtslos versagen werden, die man uns in Zeiten der Opposition zubilligt.

Was gaben die Nationalsozialisten in dieser Rede unverhüllt zu?

Was hatten sie mit ihren Gegnern vor?

Aufruf zum Boykott jüdischer Geschäfte 1933

Nationalsozialistische Ideologie

Hitler vertrat eine wirre Rassenlehre, nach der die Deutschen als **„Arier“** dazu bestimmt waren, über andere Menschenrassen zu herrschen. In seinen Reden wetterte Hitler hauptsächlich gegen Deutsche jüdischer Abstammung, die er für die politischen und wirtschaftlichen Schwierigkeiten der Nachkriegszeit verantwortlich machte und zu Staatsfeinden erklärte.

Überlege! Welche Maßnahmen ergriffen die Nationalsozialisten gegen die Juden?

Was bezweckte die NSDAP damit?

Quelle: Aufruf der Reichsleitung vom 30. 3. 1933
In jeder Ortsgruppe der NSDAP sind sofort Aktionskomitees zu bilden zur Durchführung des **Boykotts** jüdischer Geschäfte, jüdischer Waren, jüdischer Ärzte und jüdischer Rechtsanwälte.

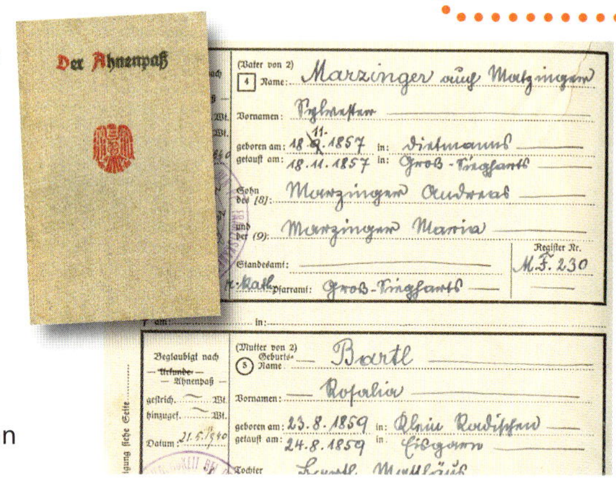

Arierpass

Dabei ging es Hitler nicht um die Religionszugehörigkeit, sondern sein Hass richtete sich gegen alle Menschen mit jüdischer Abstammung. Mit den **Nürnberger Rassengesetzen** von 1935 verboten die Nationalsozialisten Eheschließungen zwischen Nichtjuden und jüdischen Frauen und Männern. Auch bestehende Ehen mussten aufgelöst werden. Das Gesetz kannte zwar Ausnahmebestimmungen für Ehen zwischen sogenannten „Halbjuden“ und „Vierteljuden“, doch wurden diese so gut wie nie genehmigt. Jeder Deutsche und jede Deutsche mussten einen **Arierpass** besitzen, in dem alle Vorfahren bis ins Jahr 1800 vermerkt waren. Damit wollte das Regime sicherstellen, dass nur Deutsche ohne jüdische Vorfahren in den Besitz aller **Bürgerrechte** kamen.

Einen weiteren Aspekt der nationalsozialistischen Ideologie stellte die **„Volksgemeinschaft“** dar. Diese bedeutete bei den Nationalsozialisten die vollständige Gleichschaltung aller privaten und beruflichen Lebensbereiche. Wer sich aber nicht anpasste und Kritik übte, galt als Verräter an der Gemeinschaft. Hitler forderte unter der **Parole** „Ein Volk – ein Reich – ein Führer“ dazu auf, ihm blind zu vertrauen und seine Entschlüsse nicht infrage zu stellen. In Massenveranstaltungen wurden die Menschen auf Hitler und die Ziele der NSDAP eingeschworen.

Auf dem Weg zur offenen Gewalt

Sofort nach der Machübernahme erklärte Hitler den Austritt Deutschlands aus dem Völkerbund. Er führte für Jugendliche den **Arbeitsdienst** ein und für Männer den **Militärdienst**. Die Schwerindustrie erhielt den Auftrag, große Mengen an Waffen und Kriegsmaterial herzustellen. Mit Hilfe von **Vierjahresplänen** wurde der Krieg vorbereitet. Deutschland sollte wirtschaftlich unabhängig werden und militärisch so stark aufrüsten, dass es auf einen Krieg vorbereitet war.

Quelle: Hitler im Gespräch, 1934
Kein sogenanntes Völkerrecht, keine Abmachung wird mich davon abhalten können, einen Vorteil zu benutzen, der sich mir bietet. Ich will den Krieg. Mir wird jedes Mittel recht sein.

Welche Diktatoren gibt es auch heute noch, die internationale Abmachungen nicht einhalten, um ihren Machtbereich zu vergrößern?

Es war nur mehr eine Frage der Zeit, wann Hitler den „Weg der offenen Gewalt“ beschreiten würde.

Arier: Die Nationalsozialisten verstanden darunter einen Deutschen ohne jüdische Vorfahren.

Boykott: wirtschaftliches, soziales oder politisches Druckmittel

Bürgerrechte: Dazu zählt man Wahlrecht und Staatsangehörigkeit.

Parole: einprägsamer Leitspruch

Vierjahrespläne: Die Rüstungsproduktion wird für vier Jahre vorausgeplant.

Überlege: Welche Maßnahmen wurden gesetzt, um den Krieg vorzubereiten?

Mit der Machtübernahme der **Nationalsozialisten** wurde Deutschland in eine **Diktatur** umgewandelt. Die **Nürnberger Rassengesetze** leiteten die Verfolgung der Juden ein. Der **Krieg** wurde vorbereitet.

Nun geht's los – Aufgaben für schlaue Köpfe!

1) **Trage die Ergebnisse der NSDAP bei den Wahlen in Deutschland von 1924 bis 1933 in die Grafik ein, indem du die Balken ergänzt!** ★★

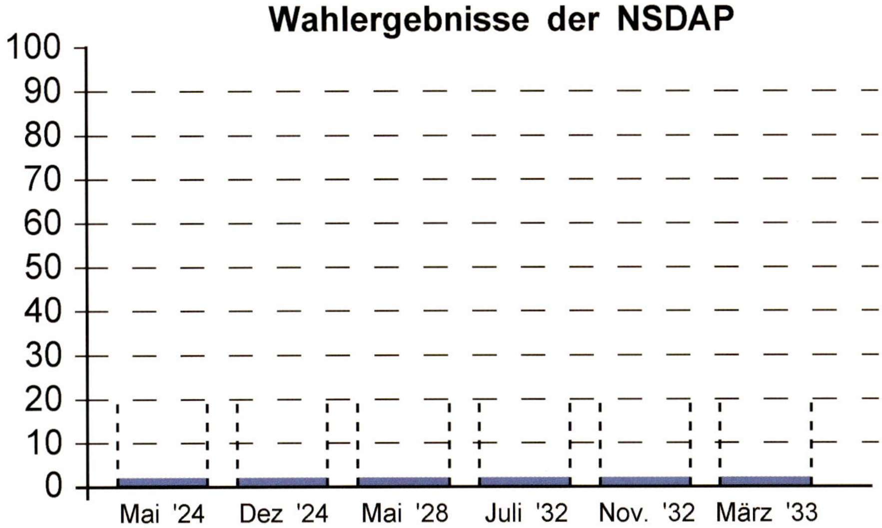

04. 05. 1924:	6,6 %
07. 12. 1924:	3 %
20. 05. 1928:	2,6 %
31. 07. 1932:	37,3 %
06. 11. 1932:	33,1 %
05. 03. 1933:	43,9 %

2) **Welche Rückschlüsse lassen sich aus diesen Wahlergebnissen ableiten?** ★★★★

____

3) **Studiere diese Wahlpropaganda genau! Dann trage die Zielgruppen, an die sich diese Plakate richten, in die Spalten ein** (Arbeitslose, Kriegsveteranen, Gegner der Kommunisten). **Zum Schluss begründe in einem Gespräch mit deinem Nachbarn deine Entscheidung!** ★★

______________ ______________ ______________

4) **Verfasse in Stichworten eine kurze Beschreibung dieser Plakate in deinem Heft!** ★★★★★ Beachte dabei folgende Punkte!

Welche Gefühle werden durch diese Plakate bei dir ausgelöst? ★ Wodurch werden diese ausgelöst? ★ Welche Symbole werden verwendet? ★ Wie hängen Bild und Schrift zusammen? ★ Was wollten die Nationalsozialisten damit erreichen?

Nun geht's los – Aufgaben für schlaue Köpfe!

5) **Ordne die folgenden Ansichten nach demokratisch (D) und nationalsozialistisch (N), indem du die Abkürzungen einsetzt! ★★★**

6) **Leserätsel** – Im Reichstagsgebäude sind viele Wörter zu lesen. Beginne ganz oben und lies von links nach rechts. **Suche jene 9 Begriffe heraus, die demokratische Inhalte ausdrücken, und schreibe sie auf! ★★**

									R									
								E	C	H								
							T	S	R	A	D							
						I	K	A	L	V	E	R						
						F	A	S	S	U	N	G						
E	R				M	Ä	C	H	T	I	G	U	N				G	S
G	E				S	E	T	Z	A	U	T	O	R				I	T
Ä	T	G	E	W	E	R	K	S	C	H	A	F	T	E	N	R	A	S
S	E	N	G	E	S	E	T	Z	E	M	E	I	N	U	N	G	S	F
R	E	I	H	E	I	T	S	T	R	E	I	K	R	E	C	H	T	V
O	L	K	S	G	E	M	E	I	N	S	C	H	A	F	T	P	R	O
P	A	G	A	N	D	A	D	E	M	O	K	R	A	T	I	E	A	R
B	E	I	T	S	D	I	E	N	S	T	W	A	H	L	E	N	O	P
P	O	S	I	T	I	O	N	F	Ü	H	R	E	R	K	U	L	T	P
A	R	L	A	M	E	N	T	A	R	I	S	M	U	S	G	E	S	T
A	P	O	N	S	D	A	P	S	O	L	I	D	A	R	I	T	Ä	T

1. ____________________
2. ____________________
3. ____________________
4. ____________________
5. ____________________
6. ____________________
7. ____________________
8. ____________________
9. ____________________

11. DAS AUTORITÄRE ÖSTERREICH

Ausschaltung des Parlaments – Bürgerkrieg – Ständestaat – Anschluss

Die Ausschaltung des Parlaments

In Österreich forderten der christlichsoziale Bundeskanzler **Engelbert Dollfuß** und die Heimwehr eine Auflösung der politischen Parteien und die Einführung einer **autoritären** Regierung nach italienischem Vorbild. Die Sozialdemokraten widersetzten sich dieser Politik und dadurch verschärften sich die Spannungen zwischen den beiden Großparteien.

autoritär: Autorität ausüben; diktatorisch herrschen

Engelbert Dollfuß

Am 4. März 1933 brachte die Opposition im Parlament einen **Misstrauensantrag** gegen die Regierung ein. Die **Mandatare** konnten sich über einen Formfehler bei der Abstimmung nicht einigen. Daraufhin traten alle drei Nationalratspräsidenten zurück, um selbst als Abgeordnete abstimmen zu können. Da nun niemand mehr das Abstimmungsergebnis festhalten konnte, verließen die Abgeordneten den Saal. Als 11 Tage später, am 15. März, der dritte Nationalratspräsident das Parlament erneut einberufen wollte, ließ Dollfuß die Zugänge durch Kriminalbeamte sperren. Ab nun regierte die Regierung Dollfuß ohne gewähltes Parlament.

Sperre des Parlaments durch Kriminalbeamte 1933

Misstrauensantrag: Antrag, um die Regierung abzusetzen

Mandatar: Abgeordneter

Mit Hilfe des **kriegswirtschaftlichen Ermächtigungsgesetzes** von 1917 hatte die Regierung schon ab dem 12. März 1933 eine Reihe von Verordnungen erlassen, mit denen demokratische Grundrechte wie z. B. das Versammlungsrecht, das Streikrecht usw. eingeschränkt worden waren. Die Sozialdemokraten verzichteten nach der Auflösung des Schutzbundes jedoch auf offenen Widerstand, da sie aufgrund der Entwicklungen in Deutschland eine nationalsozialistische Machtübernahme befürchteten. Im Mai 1933 gründete Dollfuß die **Vaterländische Front**, die ab nun die einzige zugelassene politische Organisation war. Dollfuß wollte so einen Einparteienstaat errichten, in dem es nur mehr eine politische Ausrichtung gab.

Kruckenkreuz – Symbol der Vaterländischen Front

1 000 Mark: entspricht heute in etwa 10 000 €

Nach der Machtergreifung Hitlers in Deutschland strebten die Anhänger der Nationalsozialisten in Österreich den „Anschluss" an das Deutsche Reich an. Von Deutschland unterstützt, verbreiteten sie Angst und Schrecken in Österreich, indem sie Brücken, Telefonleitungen und Eisenbahnschienen sprengten. Diese terroristischen Aktivitäten führten im Juli 1933 zu einem **Verbot der NSDAP** in Österreich.

Ab Mai 1933 musste jeder Deutsche, der nach Österreich reisen wollte, **1 000 Mark** zahlen. Mit dieser **„1 000 Mark Sperre"** wollte Hitler dem österreichischen Fremdenverkehr schaden. Da Italien Unterstützung gegen die Nationalsozialisten versprach, schloss Dollfuß ein **Bündnis mit Mussolini**. Für die Wahrung der Selbstständigkeit Österreichs verlangte Mussolini aber ein hartes Vorgehen gegen die Sozialdemokraten.

Treffen Mussolinis mit Dollfuß in Riccione (Italien) 1933

Die Arbeiterschaft erhebt sich

Ab Oktober 1933 wurden geheime Treffpunkte des Schutzbundes in ganz Österreich ausgeforscht und nach Waffen durchsucht. Im Februar 1934 kam es zur **Eskalation**.

Eskalation: Steigerung

eskalieren: eine Situation wird nicht mehr kontrollierbar

Als am **12. Februar 1934** die Linzer Polizei das Hotel Schiff (Parteiheim des Republikanischen Schutzbundes) kontrollierte, leistete der Linzer Schutzbundführer **Bernaschek** mit seinen Männern Widerstand. Das Signal zum Aufstand war gegeben.

Quelle: Heimwehrführer Emil Fey am 11. 2. 1934
Wir werden morgen an die Arbeit gehen und ganze Arbeit leisten.

Polizei und Heimwehr stürmen das Hotel Schiff

Quelle: Hellmut Andics „Fünfzig Jahre unseres Lebens“
Um 7 Uhr früh, am 12. Februar, umzingelte Polizei das Linzer Arbeiterheim im Hotel Schiff und schlug mit Gewehrkolben das versperrte Tor ein. Die Sozialdemokraten erwiderten mit Schüssen. Der Bürgerkrieg war da.

Was meinte Fey mit „ganze Arbeit leisten"?

Was suchten die Polizei und die Heimwehr im Hotel Schiff?

Es kommt zum Bürgerkrieg in Österreich

Generalstreik: alle Arbeiter/Arbeiterinnen eines Landes legen die Arbeit nieder

Schüsse im Schlingenhof Februar 1934

In allen Industriegebieten des Landes kam es zu Kämpfen und die Sozialdemokraten riefen den **Generalstreik** aus, dem aber nur die Arbeiter des Wiener Elektrizitätswerkes folgten. Viele andere fürchteten, wegen der hohen Arbeitslosenzahlen ihre Arbeit zu verlieren. In Wien verschanzten sich die Mitglieder des Schutzbundes in den Gemeindebauten wie z. B. dem **Karl-Marx Hof** und dem **Schlingenhof**. Das Eingreifen des Bundesheeres und der Beschuss der Gemeindebauten brachte eine rasche Entscheidung. Nach drei Tagen war der **Bürgerkrieg** zu Ende. Die **Zahl der Opfer** lautete: 118 Tote und 486 Verwundete bei Polizei und Armee; 196 Tote und 319 verwundete Zivilisten. Inoffiziell ging der Schutzbund aber von weitaus höheren Zahlen aus.

Die sozialdemokratische Parteiführung flüchtete in die Tschechoslowakei. Neun Schutzbundführer wurden verhaftet und hingerichtet. Den schwer verwundeten Wiener Schutzbundkommandanten **Karl Münichreiter** trug man sogar auf einer Bahre zum Galgen. Dollfuß ließ die Sozialdemokratische Partei verbieten. Dies bedeutete auch das **Ende des Roten Wien**.

proklamieren: verkünden

ständisch: nach Berufsgruppen organisiert

Kammer: Interessensvertretung

Die ständische Verfassung

Am 1. Mai 1934, dem Tag der Arbeit, **proklamierte** Dollfuß den **„christlich-deutschen Ständestaat“** auf Basis einer **ständischen Verfassung**. In diesem Ständestaat ging die Staatsgewalt von berufsständisch organisierten **Kammern** aus. Dies bedeutete aber auch das Ende der demokratischen Republik Österreich. An ihre Stelle trat ein **autoritär** geführter Bundesstaat.

Quelle: Österreichische Bundesverfassung 1929
Art.1: Österreich ist eine demokratische Republik. Das Recht geht vom Volk aus.

Quelle: Ständische Verfassung 1934
Art.1: Im Namen Gottes, des Allmächtigen, von dem alles Recht ausgeht, erhält das österreichische Volk für seinen christlichen deutschen Bundesstaat auf ständischer Grundlage diese Verfassung.

Vergleiche beide Verfassungen!
Welche Unterschiede fallen dir auf?

Merkmale des Ständestaates:
- kein Parlament
- keine Parteien
- keine Wahlen
- Berufsstände; bildeten Kammern, die nur beratende Funktion hatten
- katholisch ausgerichtet
- starkes Österreich-bewusstsein

Im **Austrofaschismus** wurden politisch Andersdenkende verfolgt und in **Arbeitslagern** inhaftiert. Das erste Arbeitslager entstand in Wöllersdorf (NÖ). In diesem mussten rund 900 politische Häftlinge – vor allem Sozialisten und Kommunisten, aber auch Nationalsozialisten – Strafarbeit leisten.

Austrofaschismus: Bezeichnung für das ständestaatliche Herrschaftssystem unter Dollfuß

Putschversuch der Nationalsozialisten

Die **Nationalsozialisten** verstärkten nun ihre Aktivitäten in Österreich, um die Macht an sich zu reißen. Am **25. Juli 1934** drangen 154 als Bundesheersoldaten verkleidete SS-Männer in das Bundeskanzleramt ein. Sie nahmen einige Minister und Beamte fest und erschossen Bundeskanzler Dollfuß. Zur gleichen Zeit besetzten Mitglieder der **illegalen** österreichischen SA und SS den Radiosender RAVAG in Wien, um den Aufständischen in den Bundesländern **Losungen** zu senden. In Kärnten, in Oberösterreich und in der Steiermark kam es zu Aufständen. In dieser schwierigen Lage ernannte **Bundespräsident** **Miklas** Unterrichtsminister **Schuschnigg** zum Bundeskanzler.

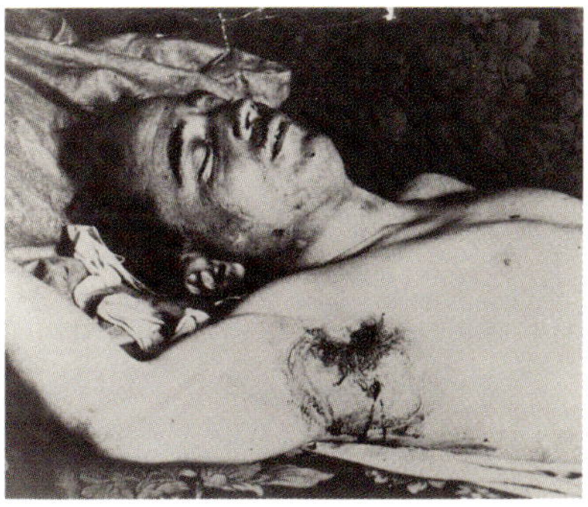

Der ermordete Dollfuß 1934

illegal: verboten, im Untergrund tätig

Losung: geheime Botschaft

Bundespräsident: Oberhaupt des Staates

Als Italien an der Brennergrenze die Truppen verstärkte und auch Hitler vorgab, von nichts gewusst zu haben, war der Putsch gescheitert. Großbritannien, Frankreich und Italien traten in einer Erklärung für die Unabhängigkeit Österreichs ein.

Bundeskanzler Schuschnigg führte den autoritären Kurs seines Vorgängers weiter. Er erneuerte zum Schutz vor dem nationalsozialistischen Deutschland das Bündnis mit dem faschistischen Italien. Ab 1936 änderte sich aber Mussolinis Außenpolitik: Es kam zu einer Annäherung Italiens an Deutschland.

Bundeskanzler Kurt Schuschnigg

Militärattaché: militärischer Vertreter an der Botschaft

mobilisieren: kampfbereit machen

Quelle: Vereinfacht und gekürzt nach Hellmut Andics „Fünfzig Jahre unseres Lebens"

Der österreichische **Militärattaché** in Rom, Oberst Dr. Emil Liebitzky, war der besondere Vertrauensmann des Duce in Sachen Österreich. Und dem Oberst Liebitzky hatte Mussolini am 12. August 1936 anvertraut, dass Hitler im Jahre 1938 „die Tschechoslowakei erledigen und die Ostfrage regeln" werde. Wenn Österreich dann nicht 250 000 Mann **mobilisieren** könne, werde es bei dieser Aktion nicht „in Frieden" gelassen werden. Mussolini wörtlich: „Sagen Sie dem Herrn Bundeskanzler nochmals, was ich gesagt habe. 20 Monate hat Österreich noch Zeit."

Was bedeutet „die Tschechoslowakei erledigen und die Ostfrage regeln"?

Wovor warnte Mussolini den österreichischen Bundeskanzler?

Der „Anschluss"

Souveränität: Unabhängigkeit

Berchtesgaden: liegt in Bayern

Hitler mischte sich immer offener in österreichische Angelegenheiten ein. Um die Unabhängigkeit Österreichs zu bewahren, schloss Schuschnigg 1936 mit Deutschland das **Juliabkommen**. Deutschland garantierte darin die volle **Souveränität** Österreichs, hob die Tausendmarksperre auf und verzichtete auf nationalsozialistische Propaganda in Österreich. Im Gegenzug bekannte sich Österreich als deutscher Staat und alle inhaftierten Nationalsozialisten wurden freigelassen. All diese Zugeständnisse konnten Hitler aber nicht zur Aufgabe seiner Pläne bewegen, der Einmarsch deutscher Truppen in Österreich stand kurz bevor. Im Februar 1938 wurde Schuschnigg von Hitler zu einer Unterredung nach **Berchtesgaden** eingeladen.

Quelle: Unterredung zwischen Hitler und Schuschnigg in Berchtesgaden am 12. 2. 1938

Hitler: „Ich sage Ihnen, ich werde diese sogenannte österreichische Frage lösen und zwar so oder so! Ich brauche nur einen Befehl zu geben und über Nacht ist der ganze lächerliche Spuk an der Grenze zerstoben. Sie werden doch nicht glauben, dass Sie die deutsche Wehrmacht nur eine halbe Stunde aufhalten können."
Schuschnigg: „Ich weiß natürlich, dass Sie in Österreich einmarschieren können, aber Herr Reichskanzler ... das wird ein Blutvergießen geben. Das bedeutet wahrscheinlich den Krieg."
Hitler: „Glauben Sie nur nicht, dass mich jemand in der Welt in meinen Entschlüssen hindern wird. Mit Mussolini bin ich im Reinen. Und England? England wird keinen Finger für Österreich rühren!"

Wie wollte Hitler die „österreichische Frage" lösen?

Von welchen Ländern war keine Hilfe zu erwarten?

In dieser aussichtslosen Lage entschloss sich Schuschnigg, am 13. März eine **Volksbefragung** über die Selbstständigkeit Österreichs durchzuführen. Nun verstärkte Hitler den Druck auf Österreich. Ein Hilferuf der österreichischen Regierung an die Westmächte blieb ohne Erfolg. Am 11. März traten Schuschnigg und die Regierung zurück und neuer Bundeskanzler wurde der Nationalsozialist **Seyß-Inquart**. Die Volksbefragung fand nicht mehr statt.

Grenzübertritt der deutschen Wehrmacht beim Zollhaus Kiefersfelden-Kufstein

Hitlers Einzug am Heldenplatz in Wien

Am **12. März 1938** um 8 Uhr morgens überschritten deutsche Truppen die österreichische Grenze. Das österreichische Bundesheer leistete keinen Widerstand. Die neue Regierung unter Seyß-Inquart wurde trotz Protest des Bundespräsidenten vereidigt. Am 15. März 1938 traf Hitler in Wien ein. Hunderttausende jubelten ihm zu. Doch viele Österreicher waren auch besorgt und trauerten um die Unabhängigkeit ihres Landes.

Im März 1933 kam es zur **Ausschaltung des Parlaments**. Nach dem Bürgerkrieg im Februar 1934 erhielt Österreich eine **autoritäre ständische Verfassung**. Bundeskanzler **Dollfuß** wurde im Juli 1934 von Nationalsozialisten ermordet. Im **März 1938** marschierten deutsche Truppen in Österreich ein. Am 10. April 1938 wurde mit einer Volksabstimmung der Anschluss legitimiert.

Am **10. April** ließ Hitler eine **Volksabstimmung über den Anschluss** Österreichs an das Deutsche Reich durchführen. 99,73 Prozent der Österreicher und Österreicherinnen stimmten für den **„Anschluss"**, da sie sich davon einerseits einen wirtschaftlichen Aufschwung und andererseits das Ende der Arbeitslosigkeit versprachen. Nun rissen die Nationalsozialisten die Macht an sich. Als Teil des Deutschen Reiches ging die Eigenstaatlichkeit Österreichs schnell verloren. Der Name Österreich wurde in **Ostmark** abgeändert, das österreichische Bundesheer ging in der deutschen Wehrmacht auf. Die Rohstoffe und Goldreserven Österreichs dienten von nun an den Kriegsvorbereitungen Hitlers.

Nun geht's los – Aufgaben für schlaue Köpfe!

1) **Nachricht entschlüsseln** – Der Inhalt dieses Telegramms war streng geheim. Es wurde einen Tag vor der Erstürmung des Hotel Schiff an den Schutzbundführer Bernaschek geschickt. **Versuche zuerst einmal, dieses geheime Telegramm zu lesen! Dann übersetze die geheime Nachricht mit Hilfe der Worterklärungen!★★**

TELEGRAMM

AN: BERNASCHEK 11. FEBRUAR 1934

DAS BEFINDEN DES ONKEL OTTO UND DER TANTE WIRD SICH ERST MORGEN ENTSCHEIDEN. ÄRZTE RATEN ABWARTEN, VORERST NOCH NICHTS UNTERNEHMEN. TANTES ZUSTAND FAST HOFFNUNGSLOS. VERSCHIEBE DESHALB OPERATION BIS NACH ÄRZTEKONSILIUM AM MONTAG.

Onkel:
Parteivorsitzender Otto Bauer
Tante:
Sozialdemokratische Partei
Ärzte:
Parteivorstand
Operation:
Widerstand
Ärztekonsilium:
Parteivorstandssitzung

TELEGRAMM

AN: ...

Das Befinden des Parteivorsitzenden Otto Bauer und der Sozialdemokratischen Partei ...

2) Im Ständestaat legte man großen Wert auf das „Österreichbewusstsein". In dieser Fahne sind viele Begriffe enthalten. **Wenn du immer den zweiten und den dritten Buchstaben herausstreichst, findest du die gesuchten Wörter! ★**

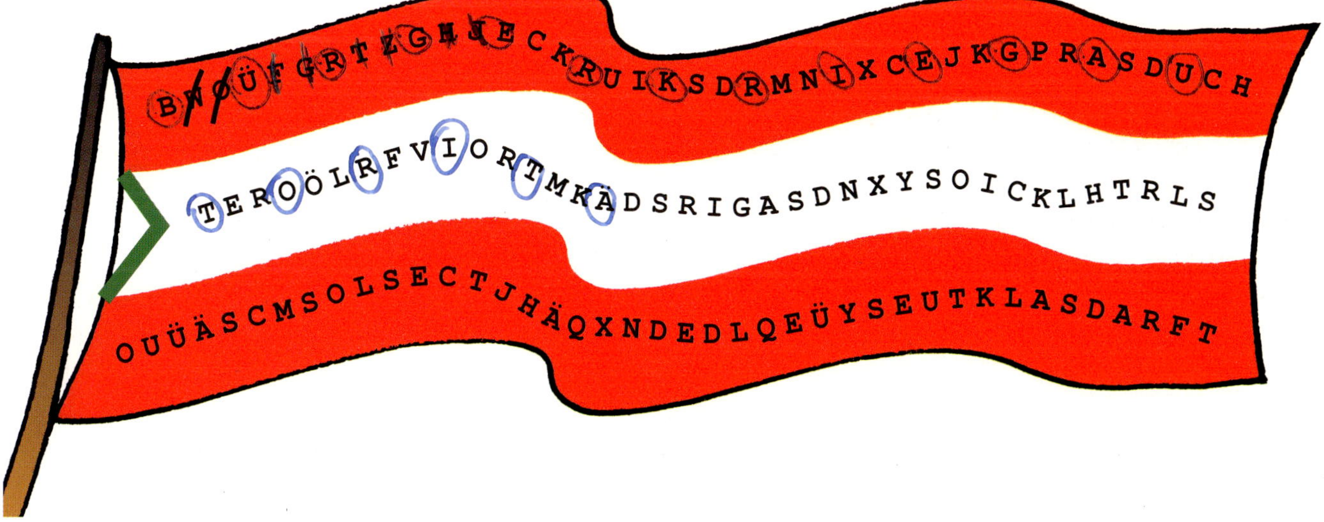

Nun geht's los – Aufgaben für schlaue Köpfe!

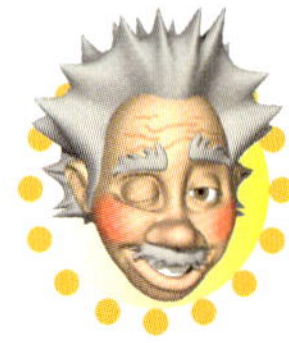

3) **Leserätsel - Was geschah am 25. Juli 1934 im Bundeskanzleramt?** Lies diesen schon etwas verblassten Bericht der Staatspolizei! ★★★

GEHEIMER BERICHT - STRENG VERTRAULICH!

12:53 - 154 SS-Leute dringen mit Waffen ausgerüstet als Bundesheersoldaten verkleidet in das Bundeskanzleramt ein. Sie treffen auf keinen Widerstand. Alle Angestellten werden gefangen genommen. Fey und der Staatssekretär für das Sicherheitswesen Karwinsky befinden sich beim Kanzler. Karwinsky ruft bei der Polizei an.

13:00 - Der Amtsdiener Hedvicek versucht, den Kanzler durch ein Labyrinth von Gängen zu einer Seitenpforte zu bringen, damit er auf den Minoritenplatz entkommen kann. Auf ihrem Fluchtweg treffen sie auf eine Schar von 10 Aufständischen. Einen Augenblick bleiben die Eindringlinge stehen. Alle schreien hysterisch: „Hände hoch!" Dollfuß sieht die Männer verwundert an: „Was wollt ihr von mir?" Er hebt - ist es Angst oder Gegenwehr? - die Hand. In diesem Augenblick zieht ein SS-Mann den Abzugshahn seines Revolvers durch und gibt wortlos aus nächster Nähe zwei Schüsse ab. In Hals und Schulter getroffen sinkt der Kanzler blutüberströmt zu Boden. Die Uhr zeigt jetzt knapp nach eins.

14:00 - Schuschnigg informiert telefonisch den Bundespräsidenten. Dollfuß bittet mehrmals um einen Arzt oder zumindest um einen Geistlichen. Er hört über Rundfunk die Absetzung seines Kabinetts. In der Zwischenzeit verhandeln die Putschisten mit den Polizeieinheiten und der Heimwehr über ihren freien Abzug.

15:40 - Dollfuß stirbt. Bis zu seinem Tod weiß Dollfuß nicht, wer seine Mörder in Wirklichkeit sind.

4) Zwischen diese Propagandaplakate für den „Anschluss" ist auch eines gerutscht, das nicht für Österreich gedacht war. Suche es heraus und markiere es mit einem X! ★

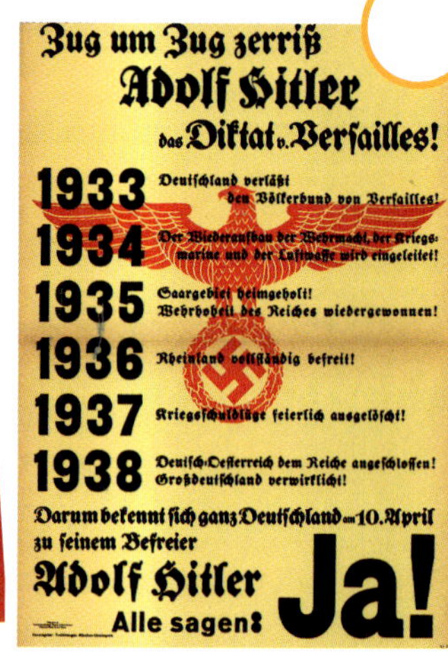

5) Verfasse in Stichworten eine kurze Beschreibung dieser Plakate in deinem Heft! ★★★★ Beachte dabei folgende Punkte:

Welche Symbole sind auf den Plakaten dargestellt? ★ Welche Slogans und welche Farben werden verwendet? ★ Welche Menschen sollen angesprochen werden?

12. ALLTAG IM NATIONALSOZIALISMUS

Berufsverbot – Propaganda – Frauenbild – Jugend

Berufsverbot für Künstler und Künstlerinnen

Unter der Leitung von **Joseph Goebbels** richteten die Nationalsozialisten ein eigenes **Propagandaministerium** ein. Schriftsteller, Journalisten und Künstler, deren Werke nicht den Vorstellungen des neuen Regimes entsprachen, wurden mit einem **Schreib- und Auftrittsverbot** belegt. Viele mussten das Land verlassen und in andere Länder **emigrieren**.

Goebbels bei einer Rede in Berlin 1935

Betrachte diese Fotografie: Wie versucht Goebbels, seine Zuhörer in seinen Bann zu ziehen?

emigrieren: in ein anderes Land auswandern

Bücher von Autoren wie Thomas Mann, Klaus Mann, Erich Kästner, Kurt Tulcholsky, Albert Einstein und Sigmund Freud bezeichneten die Nationalsozialisten als „entartet". So war es verboten, diese Werke zu besitzen und zu lesen. Neben groß angelegten **Bücherverbrennungen** in ganz Deutschland erstellte das Propagandaministerium eine **„Liste des schädlichen und unerwünschten Schrifttums"**. In Bibliotheken und Buchhandlungen suchte man nach diesen Werken und vernichtete sie.

Bücherverbrennung in Berlin, 10. 5. 1933

Überlege: Warum müssen auch heute noch Menschen ihr Land verlassen?

Die Nationalsozialisten bestimmten auch in den **bildenden Künsten**, was als Kunst zu gelten hatte und was nicht. So wurden Werke von jüdischen Künstlern und Künstlerinnen, aber auch von Vertretern der „Moderne" verboten. Um als Künstler oder Künstlerin in Deutschland überhaupt noch arbeiten zu können, musste man der von Goebbels neu gegründeten **„Reichskulturkammer"** beitreten, alle Nichtmitglieder erhielten **Berufsverbot**. Viele Künstler und Künstlerinnen verließen Deutschland oder gingen in die **„innere Emigration"**, d. h. sie zogen sich aus dem politischen Leben zurück.

bildende Künste: Malerei, Bildhauerei, Architektur

Kinderbuch von Erich Kästner 1929

Quelle: Erich Kästner „Notwendige Antwort auf überflüssige Fragen", veröffentlicht 1950 in Zürich
Ich bin ein Deutscher aus Dresden in Sachsen.
Mich lässt die Heimat nicht fort.
Ich bin ein Baum, der – in Deutschland gewachsen –
wenn´s sein muss, in Deutschland verdorrt.

Wie rechtfertigte Kästner sein Bleiben in Deutschland?
Was meinte Kästner mit „verdorrt"?

Gleichschaltung durch Propaganda

Ein wirkungsvolles Propagandamittel war der **Film**. Vor allem **Lehr- und Dokumentarfilme**, aber auch die beim Volk beliebte **Wochenschau** vermittelten die nationalsozialistische Ideologie. Goebbels nahm sogar persönlich Einfluss auf die Besetzung von Filmrollen in den **Unterhaltungsfilmen**. So bekamen jüdische oder regimekritische Schauspieler, Produzenten und Regisseure kein **Engagement** mehr. Beliebte deutsche Filmstars wie **Marlene Dietrich** und **Greta Garbo**, aber auch bekannte Regisseure wie **Fritz Lang** und **Ernst Lubitsch** wanderten in die USA aus.

Engagement: hier Anstellung beim Theater

Marlene Dietrich 1930

Wie ist die Schauspielerin gekleidet? Was strahlt sie aus?

Ufa-Film: Universum Film Aktiengesellschaft

1942 schlossen die Nationalsozialisten alle privaten Filmproduktionsfirmen in der staatlichen **Ufa-Film** zusammen. So hatte das Regime die totale Kontrolle über alle Filmproduktionen. **Berühmte Stars** der Ufa waren Zarah Leander, Johannes Heesters und Marika Rökk. Beliebte Schauspieler wie Heinz Rühmann, Hans Moser und Theo Lingen bekamen eine Sondererlaubnis für das Drehen von Filmen, da sie mit jüdischen Frauen verheiratet waren.

Ausschnitt aus einem Schulbuch 1941 – Familie mit Volksempfänger

Goebbels ließ sogar einen günstigen Radioapparat, den **Volksempfänger**, bauen, um alle Deutschen mit der nationalsozialistischen Propaganda erreichen zu können.

Reichsparteitag in Nürnberg 1933

manipulieren: beeinflussen

Schritt für Schritt beherrschte die NSDAP alle Bereiche des öffentlichen und privaten Lebens. Mit Aufmärschen, Kundgebungen und Festveranstaltungen lenkten und **manipulierten** die Machthaber das Volk.

Offizielles Propagandaplakat für die Olympischen Spiele 1936 in Berlin

Das Regime missbrauchte auch die im Sommer 1936 in Berlin stattfindenden **Olympischen Spiele** zur Selbstdarstellung. So inszenierten die Nationalsozialisten die Olympischen Spiele als großes „Weltfriedenfest", um so die Massen zu begeistern und zu beeinflussen. Gleichzeitig wurde aber der afroamerikanische vierfache Medaillengewinner **Jesse Owens** von Hitler bei der Siegerehrung nicht empfangen.

Überlege: Warum wurde Jesse Owens von Hitler nicht empfangen?

Das nationalsozialistische Frauenbild

Für die Nationalsozialisten war die Rolle der Frau im Staat und in der Gesellschaft eindeutig festgelegt. Nach ihren Vorstellungen sollte eine Frau natürlich wirken, das Tragen von Schminke war daher nicht erwünscht. Sie musste kräftig, sportlich, blond und blauäugig sein. Zum Wohle der Gemeinschaft sollte sie vor allem als **Mutter** und **Ehefrau** ihre Pflicht erfüllen und sich dem Mann in allen Lebensbereichen unterordnen.

Spezielle Maßnahmen wie das Ehestandsdarlehen sollten Frauen aus dem Berufsleben verdrängen. So mussten sich Männer vor der Eheschließung verpflichten, ihre Frauen nicht mehr arbeiten zu lassen.

Propagandaplakat der Deutschen Arbeitsfront 1938

Weshalb musste eine deutsche Frau kräftig, sportlich und gesund sein?
Wie wird auf diesem Plakat die Frau dargestellt?
Vergleiche sie mit Marlene Dietrich!

Quelle: Völkischer Beobachter, 12. 6. 1934
Die Mutter soll ganz ihren Kindern und der Familie, die Frau sich dem Manne widmen können und das unverheiratete Mädchen soll nur auf solche Berufe angewiesen sein, die der weiblichen Wesensart entsprechen. Im Übrigen soll jede Berufstätigkeit dem Manne überlassen bleiben.

Welche Rolle war in dieser Quelle der Frau zugedacht?
Welche Berufe durften unverheiratete Frauen ausüben?
Wie ist das heute?

In der Schule ersetzte man Direktorinnen und Gymnasiallehrerinnen durch Direktoren und Gymnasiallehrer.

Um die Geburtenzahlen zu steigern, zeichneten die Nationalsozialisten Frauen mit dem **Mutterkreuz** aus, wenn sie viele Kinder zur Welt brachten: Für vier Kinder gab es das bronzene Mutterkreuz, für sechs das silberne und für acht das goldene.

Warum sollten Frauen ihrem Volk viele Kinder schenken?

Quelle:
Joseph Goebbels zur Ausstellung „Die Frau", März 1933, Berlin
Den ersten, besten und ihr gemäßesten Platz hat die Frau in der Familie und die wunderbarste Aufgabe, die sie erfüllen kann, ist die, ihrem Volk Kinder zu schenken.

Propagandaplakat der Volkswohlfahrt 1934

Propagandaplakat der Frauenorganisationen

Je näher aber der Krieg rückte, desto mehr veränderte sich das nationalsozialistische Idealbild der Frau. Da für die Kriegsvorbereitungen in der **Rüstungsindustrie** mehr Arbeitskräfte benötigt wurden, kam es zu einem Anstieg der Erwerbstätigkeit der Frauen. Ebenso wurde ein **Pflichtarbeitsjahr** für junge, ledige Frauen eingeführt, wie es bereits seit 1935 für junge Männer bestand. Diese „Arbeitsmaiden" setzte man vorwiegend in der Landwirtschaft ein. Viele Frauen heirateten, um den **Arbeitsdienst** nicht leisten zu müssen.

Vergleiche die beiden Propagandaplakate! Wie stellen die Nationalsozialisten die Frauen auf diesen Plakaten dar? Welche Symbolik wird verwendet? Welche Gefühle sollen durch diese Plakate angesprochen werden?

Die NSDAP war in erster Linie eine reine Männerpartei. Um auch die Frauen für ihre Ziele zu gewinnen, gründeten die Nationalsozialisten eigene **Frauenorganisationen** wie die „NS-Frauenschaft" und das „Deutsche Frauenwerk". In diesen wurden die Frauen in die gewünschte politische Richtung gelenkt.

Jugendorganisationen

Um das Ziel der totalen Gleichschaltung zu erreichen, gründeten die Nationalsozialisten ab 1936 nationalsozialistische Jugendorganisationen. In diesen konnten die Machthaber die Jugendlichen schon früh beeinflussen und in ihrem Sinne erziehen, damit sie sich später mit dem Staat vollkommen identifizieren würden. In den Jugendgruppen galt der Grundsatz „Die Jugend durch Jugend zu führen", d. h. die Gruppenführer waren oft kaum älter als die ihnen unterstellten Jugendlichen. Für Kinder von 10 bis 14 Jahren gab es die Organisation **„Jungvolk"**. Mit sportlichen Wettkämpfen und Mutproben sollte schon früh der Sinn für die Gemeinschaft geweckt und die Jugend auf einen zukünftigen Krieg vorbereitet werden.

Uniform des „Jungvolks" 1934

Quelle: Ansprache eines Stabsführers beim Eintritt ins Jungvolk, 1940
Ab heute seid ihr die jüngsten Kämpfer des Führers und legt euer Dasein in seine Hände. Eure Mütter aber bringen ihm in euch das schönste Geburtstagsgeschenk.

Was bedeutet „die Jugend durch Jugend zu führen"? Weshalb werden alle 10-Jährigen als Kämpfer des Führers bezeichnet?

Alle Jugendlichen zwischen 14 und 18 Jahren wurden in der **„Hitlerjugend"** (HJ) und dem **„Bund Deutscher Mädchen"** (BDM) erfasst.

Welche Wirkung sollten diese Plakate auf die Jugend haben?

Krupp: deutsche Industriellenfamilie, die Stahl herstellte

Warum glaubst du, waren viele Jugendliche von der HJ und dem BDM begeistert?

Quelle: Fritz Langour – Ein Pimpf erinnert sich: Vers beim Marschieren
Bin ich erst groß und nicht mehr klein, werde ich Soldat des Führers sein.

Propagandaplakat für die HJ 1935

Propagandaplakat des BDM 1937

Wie würdest du dich fühlen, wenn du jemandem „gehören“ würdest?

In der „Hitlerjugend“ erhielten die Burschen eine vormilitärische Ausbildung. Dies war bereits eine Vorbereitung auf den von Hitler geplanten Krieg. Die Burschen sollten „flink wie die Windhunde, zäh wie Leder und hart wie **Krupp**stahl sein“, um den Krieg für Hitler zu gewinnen.

Die Mädchen bereitete man im „Bund Deutscher Mädchen“ auf ihre Rolle als Mutter vor. Es wurden Handarbeits- und Bastelabende veranstaltet. Gruppengymnastik sollte die Mädchen nicht nur körperlich anmutig werden lassen, sondern ihnen auch Kraft für die erwünschten Geburten geben.

Schule im Nationalsozialismus

In der Schule war der **„Führerkult“** überall zu sehen. Hitlergruß, Hitlerbilder, Hakenkreuze und Fahnenappelle prägten den Schulalltag.

Was wollte man mit diesem Gruß erreichen?

Quelle: Zentralblatt 1934 – Richtlinien für den Unterricht
Der Lehrer tritt zu Beginn jeder Unterrichtsstunde vor die stehende Klasse und grüßt als Erster durch Erheben des rechten Armes und die Worte „Heil Hitler!“; die Klasse erwidert den Gruß in gleicher Weise. Am Ende der Stunde grüßt der Lehrer, nachdem die Klasse sich erhoben hat, ebenfalls durch Erheben des rechten Armes und die Worte „Heil Hitler!“; in gleicher Weise antworten die Schüler.

Stelle die Werte der nationalsozialistischen Erziehung den heutigen gegenüber!

Die **Schule** hatte den Auftrag, treue Anhänger des Regimes zu erziehen. Nationalismus, Rassen- und Völkerhass prägten den Unterricht. Die Lehrer und Lehrerinnen mussten Führertum, Gehorsam und Disziplin vermitteln und in den einzelnen Gegenständen lernten die Kinder nationalsozialistische Inhalte. So sang man z. B. in Musik Soldaten- und Marschlieder, lernte in Biologie die Rassen- und Vererbungslehre und wurde im Turnunterricht militärisch gedrillt.

Schulfibel 1941: Fahnenappell vor der Schule

Die **Schulbücher** wurden zuerst zensuriert und später durch neue nationalsozialistisch ausgerichtete Lehrbücher ersetzt. Lehrer und Lehrerinnen, die sich weigerten, den Amtseid auf Adolf Hitler abzulegen oder jüdischer Abstammung waren, wurden fristlos entlassen. Jüdische Mitschüler schloss man vom Unterricht aus und unterrichtete sie in eigenen Schulen.

Ein eigenes **Propagandaministerium** sorgte für die Durchsetzung der nationalsozialistischen Ideologie. Viele Künstler **emigrierten**. Die Nationalsozialisten betonten die Rolle der **Frau als Mutter**. Ab 10 Jahren wurden die Kinder in **Jugendorganisationen** auf den Nationalsozialismus eingeschworen. In der **Schule** wurden Nationalismus, Rassen- und Völkerhass gelehrt.

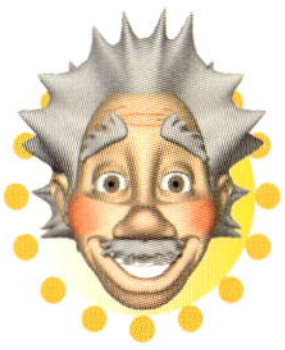

Nun geht's los – Aufgaben für schlaue Köpfe!

1) Diese Künstlerinnen und Wissenschaftler verließen ihre Heimat und emigrierten. **Ordne die Namen den Bildern zu! ★★**

Marlene Dietrich ★ Albert Einstein ★ Sigmund Freud ★ Greta Garbo

2) **Suche dir eine dieser Personen aus und verfasse mit Hilfe des Internets/Lexikons eine Personenbeschreibung! ★**

3) Hier siehst du zwei Seiten aus einem Volksschulbuch. Die linke Seite stammt aus dem Jahr 1923, die rechte aus dem Jahr 1941. **Welche Textstellen und Abbildungen haben sich geändert? Markiere diese mit einem Stift! ★**

Unter dem Christ-Baum.

Auf dem reichen Gaben-Tisch
liegen Farben, Ball und Fisch,
Wagen, Pferd und Kegel,
Kugel, Schiff und Segel,
Trommel, Säbel und Gewehr
Fahne, Helm und auch ein Bär.
Auto, Zug und Schaf und Kuh,
Federn und ein Heft dazu.
Schau die vielen Sachen an,
spiel und freu dich, kleiner Mann!

Unter dem Lichter-Baum.

Auf dem reichen Gaben-Tisch
liegen Farben, Ball und Fisch,
Trommel, Säbel und Gewehr,
Soldaten, Flieger und ein Bär,
Fahne, Helm und Kegel,
Kugel, Schiff und Segel,
Zug und Auto, Schaf und Kuh,
Wagen und ein Pferd dazu.
Schau die vielen Sachen an,
spiel und freu dich, kleiner Mann!

Was bezweckte das nationalsozialistische Regime mit all diesen Änderungen?

Nun geht's los – Aufgaben für schlaue Köpfe!

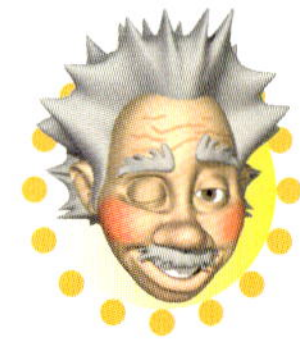

4) Diese drei Berichte stammen von Zeitzeugen, die ihre Erlebnisse in der Hitlerjugend schildern. **Lies die Berichte genau durch und liste die positiven und die negativen Aussagen in deinem Heft auf! ★★★**

12-jährige Hordenführer brüllten 10-jährige Pimpfe zusammen und jagten sie kreuz und quer über Schulhöfe, Wiesen und Äcker. Die kleinsten Aufsässigkeiten, die harmlosesten Mängel an der Uniform, die geringste Verspätung wurde sogleich mit Strafexerzieren geahndet. Aber die Schikane hatte Methode: Uns wurde von Kindesbeinen an Härte und blinder Gehorsam eingedrillt.
Wie haben wir das nur 4 Jahre ertragen? Warum haben wir unsere Tränen verschluckt, unsere Schmerzen verbissen? Warum nie den Eltern und Lehrern geklagt, was uns da Schlimmes widerfuhr?
Ich kann es mir nur so erklären: Wir alle waren vom Ehrgeiz gepackt, wollten durch vorbildliche Disziplin, durch Härte im Nehmen, durch zackiges Auftreten den Unterführern imponieren. Denn wer tüchtig war, wurde befördert, durfte sich mit Schnüren und Litzen schmücken, durfte selber kommandieren, und sei es auch nur für die 5 Minuten, in denen der "Führer" hinter den Büschen verschwunden war.

Karl-Heinz Janßen

Ostern 1934 kam ich ins zweite Schuljahr und erhielt ein neues Schulbuch. Auf einer der ersten Seiten waren zwei SA-Männer zu sehen, von denen einer eine Fahne trug. Darunter stand: SA marschiert. Wir bekamen die Hausaufgabe, mit diesem Satz die ganze Schreibseite unserer Schiefertafel zu füllen.
Dafür, dass ich das fehlerlos schaffte, bekam ich dann wenigsten eine SA-braune Samthose. Nach meinem Eintritt zum Jungvolk erklärte uns der Führer zu „Garanten der Zukunft des deutschen Volkes". Es war ein Hochgefühl, Garant zu sein, allein das Wort ließ uns leise erschauern.

Fritz Langour

Aber noch was anderes kam dazu, das uns mit geheimnisvoller Macht anzog und mitriss, das waren die kompakten marschierenden Kolonnen der Jugend mit ihren wehenden Fahnen, den vorwärts gerichteten Augen und dem Trommelschlag und Gesang.

Inge Scholl

Was wurde als positiv empfunden?	Was wurde als negativ empfunden?

5) Diese Bilder zeigen zwei unterschiedliche Auffassungen von Kunst. **Wodurch unterscheiden sich die beiden Kunstwerke voneinander? ★★★**

Franz Marc 1911

Gerhard Keil 1939

UNTERSCHIEDE:

____

____

13. VERFOLGUNG UND VERNICHTUNG

Reichstagsbrand – Novemberpogrome – Holocaust – Ghettos

Auf dem Weg zum Terror

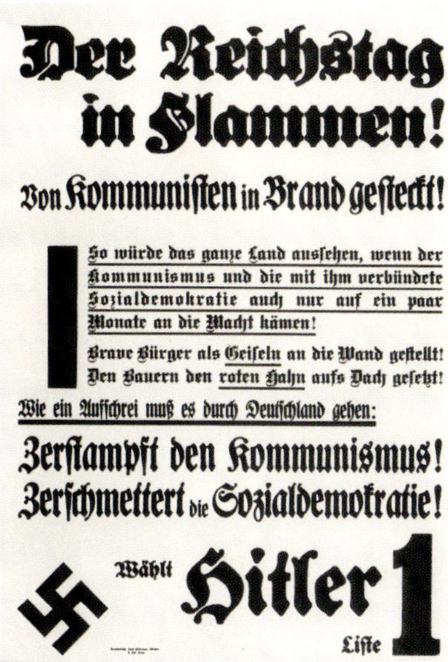

Plakat der NSDAP zum Reichstagswahlkampf, 5. 3. 1933

Am 28. Februar 1933 brannte das **Reichstagsgebäude** in Berlin. Mit den Worten „Das ist der Beginn des kommunistischen Aufstandes" **bezichtigte** der nationalsozialistische Reichstagspräsident **Hermann Göring** die Kommunisten der Brandlegung. Damit war ein Terrorfeldzug gegen die kommunistische Partei eröffnet: Die kommunistische Presse wurde verboten, Parteilokale wurden geschlossen und mehrere tausend aktive Kommunisten in **„Schutzhaft"** genommen.

Mit der **Reichstagsbrandverordnung** (Verordnung zum Schutz von Volk und Staat) setzte das Regime die **Grundrechte** der Weimarer Republik außer Kraft. Nun begann eine politisch legale Verfolgung aller Gegner der NSDAP – die nationalsozialistische Diktatur konnte errichtet werden.

bezichtigen: beschuldigen

Schutzhaft: Haft, um politisch unliebsame Gegner einzusperren

Grundrechte: dazu zählen Meinungsfreiheit, Pressefreiheit, Versammlungsfreiheit, Redefreiheit, Religionsfreiheit u.v.a.

Quelle: Victor Klemperer – Tagebucheintrag, 10. 3. 1933
Acht Tage vor der Wahl die plumpe Sache des Reichstagsbrandes – ich kann mir nicht denken, dass irgendjemand wirklich an kommunistische Täter glaubt statt an bezahlte Hakenkreuz-Arbeit.

Was deutete Victor Klemperer mit dieser Tagebucheintragung an? Wen verdächtigte er, den Brand gelegt zu haben?

Arztpraxisschild: „Zur ärztlichen Behandlung ausschließlich von Juden berechtigt" 1935

Die **Wahlen im März 1933** gewann die NSDAP mit **ca.** 44% der Stimmen. Schon am 1. April 1933 begann die **systematische Verfolgung** der Juden. Im ganzen Land stellten sich SA-**Trupps** vor jüdischen Geschäften auf, warfen die Scheiben ein, beschmierten die Wände und brachten Plakate mit **Boykott-Aufrufen** an. Schlag auf Schlag wurden Gesetze erlassen, die die jüdische Bevölkerung in allen Lebensbereichen einschränkten.

ca.: zirka

- 7. 4. 1933: Gesetz zur Wiederherstellung des Berufsbeamtentums – Politische Gegner und Juden werden ausgeschlossen.
- 7. 4. 1933: Juden dürfen keine Rechtsanwaltsbüros mehr eröffnen.
- 22. 4. 1933: Jüdische Ärzte dürfen nicht mehr für Krankenkassen tätig sein.
- 25. 4. 1933: Gesetz gegen die Überfüllung von deutschen Schulen und Hochschulen – Jüdische Schüler/Schülerinnen und Studenten/Studentinnen werden ausgeschlossen.
- 4. 5. 1933: Jüdische Arbeiter/Arbeiterinnen bei Behörden werden entlassen.
- 14. 7. 1933: Gesetz über die Einziehung „volks- und staatsfeindlichen" Vermögens – Grundlage für die Enteignung

SA-Mann vor einem jüdischen Geschäft 1933

Gleichzeitig verbreiteten die Nationalsozialisten in Zeitungen wie „Der Stürmer" **antisemitische** Propaganda. Hetzparolen schürten offen die **Pogrom**stimmung.

Der Stürmer
Deutsches Wochenblatt zum Kampfe um die Wahrheit
Herausgeber: Julius Streicher
Nürnberg im Juli 1934
Wer ist der Feind?
Weltkriegshetze und die Judenprotokolle von Basel
Europa am Schächtmesser
Die Juden sind unser Unglück!

Titelblatt, Juli 1934

Quelle: Broschüre von Heinrich Himmler, Berlin 1942
Der Untermensch – jene biologisch scheinbar völlig gleichgeartete Naturschöpfung mit Händen, Füßen und einer Art von Gehirn, mit Augen und Mund, ist doch eine ganz andere, eine furchtbare **Kreatur**, ... geistig, seelisch jedoch tiefer stehend als jedes Tier.

All diese Hetzkampagnen hatten das Ziel, jüdische Mitbürger und Mitbürgerinnen zur Auswanderung zu bewegen. So setzte zwischen 1936 und 1938 eine große Auswanderungswelle ein. Über 130 000 Juden und Jüdinnen verließen das Deutsche Reich. All jene aber, die von anderen Ländern kein **Visum** zur Einreise bekommen hatten, waren tagtäglich Schikanen und Demütigungen ausgesetzt.

Ein Paar wird zur Schau gestellt, Juli 1933 (Ausschnitt)

Novemberpogrome – gelenkte Zerstörung

Als im November 1938 in Paris ein deutscher **Diplomat** von einem Juden ermordet wurde, nahmen dies die Nationalsozialisten zum Anlass, alle Juden und Jüdinnen im Deutschen Reich für diese Tat zu bestrafen. Die Lage eskalierte am 9. November 1938, als überall in Deutschland, aber auch auf österreichischem Gebiet und hier vor allem in Wien, antisemitische Ausschreitungen organisiert wurden.

Quelle: SA-Befehl zu den Novemberpogromen, 10. 11. 1938
Sämtliche jüdische Geschäfte sind sofort von SA-Männern in Uniform zu zerstören ... Jüdische Synagogen sind sofort in Brand zu stecken ... Die Feuerwehr darf nicht eingreifen ... Der Führer wünscht, dass die Polizei nicht eingreift ... Tod dem internationalen Judentum!

Die Nationalsozialisten nannten diese Novemberpogrome zynisch **„Reichskristallnacht"** – die „Nacht des zerbrochenen Glases", weil unzählige Fensterscheiben zu Bruch gingen. 1 400 **Synagogen**, Betstuben und Versammlungsräume sowie tausende Geschäfte, Wohnungen und jüdische Friedhöfe wurden zerstört. 91 Juden und Jüdinnen wurden ermordet, etwa 30 000 von der Gestapo verhaftet und in **Konzentrationslager (KZ)** verschleppt.

Brennende Synagoge in Berlin

antisemitisch: gegen Juden eingestellt

Pogrom: Verfolgung und Ausrottung anderer Völker

Heinrich Himmler: oberster Leiter der SS

Kreatur: Lebewesen

Was versuchten die Nationalsozialisten mit solchen Aussprüchen zu erreichen?

Überlege! Welche Minderheiten sind heute von Vorurteilen betroffen?

Visum: Genehmigung zur Einreise in ein fremdes Land

Diplomat: Vertreter eines Landes im Ausland

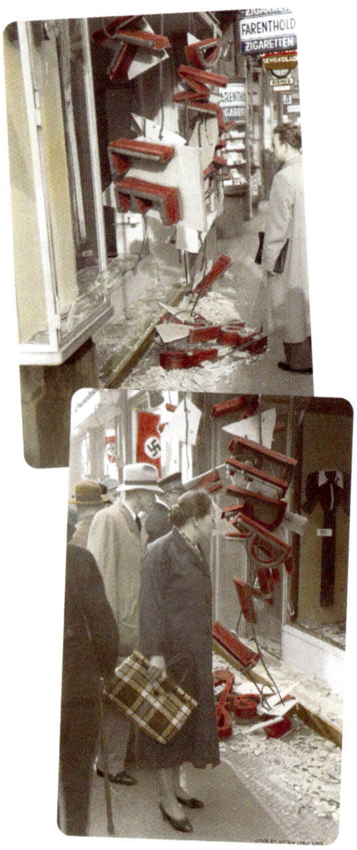

Zerstörte Geschäfte in Berlin

Synagoge: jüdisches Gotteshaus

Der Holocaust beginnt

Nach diesen Novemberpogromen gingen die Nationalsozialisten gezielt gegen unerwünschte Gruppen vor. **Roma und Sinti**, Homosexuelle, politische Gegner, kritische Geistliche, geistig Behinderte, **Zeugen Jehovas** und vor allem die jüdische Bevölkerung wurden verfolgt.

Holocaust: griechisch – „Brandopfer"; Völkermord an den Juden
Roma und Sinti: Volksgruppen, die ursprünglich aus Indien stammten
Zeugen Jehovas: religiöse Gemeinschaft

Kennkarte: Susanne „Sara" Blumenthal 1939

Als erste Maßnahme kennzeichnete man ab 1939 die Personalausweise der Juden und Jüdinnen mit einem „J". Ab 1941 mussten alle Juden einen gelben Stern an ihrer Kleidung tragen. Jüdischer Besitz wurde **registriert** und eingezogen.

Gelber Stern zur Kennzeichnung und Ausgrenzung von Menschen, die von den Nationalsozialisten als Juden definiert wurden

Die Errichtung von Konzentrationslagern war dann der nächste Schritt. Eines der ersten Konzentrationslager errichteten die Nationalsozialisten in **Dachau**, wo zu Beginn vor allem politische Gegner wie Kommunisten, Sozialisten und Gewerkschafter inhaftiert wurden. Zu den größten und schrecklichsten Lagern zählten Auschwitz, Treblinka, Buchenwald, Theresienstadt und Bergen-Belsen. Dort mussten die Inhaftierten unter unmenschlichen Bedingungen Arbeitsdienst leisten. Wer nicht mehr arbeiten konnte, wurde erschossen. Um den Häftlingen ihre **Identität** zu rauben, schor man ihre Haare und tätowierte ihnen Nummern ein. Nationalsozialistische Ärzte benutzten die Häftlinge auch als menschliche Versuchsobjekte, indem sie ohne Narkose schmerzhafte Experimente an ihnen durchführten.

registrieren: in ein Verzeichnis eintragen
Dachau: Ort 20 km nördlich von München
Identität: das Wissen um die eigene Person

Nach dem „Anschluss" Österreichs an das Deutsche Reich bauten die Nationalsozialisten 1938 das Konzentrationslager **Mauthausen** (OÖ). Im Steinbruch mussten die unterernährten Häftlinge mehrmals täglich schwere Granitblöcke über die 186 Stufen der „Todesstiege" hinaufschleppen. Wer bei dieser Arbeit zusammenbrach, wurde sofort erschossen oder den Abhang hinunter gestoßen. Die Granitblöcke verwendeten die Nationalsozialisten für ihre Bauten und missbrauchten so die Arbeitskraft der Häftlinge. Insgesamt errichtete man an die 50 Nebenlager zu Dachau und Mauthausen auf österreichischem Boden. Fast 200 000 Menschen aus vielen Ländern wurden entweder aufgrund ihrer politischen Tätigkeit, ihrer religiösen Überzeugung, ihrer Homosexualität, aus „rassischen" Gründen oder als Kriegsgefangene nach Mauthausen deportiert. Die Hälfte von ihnen wurde hier ermordet.

Todesstiege in Mauthausen 1940

Besuche mit deiner Klasse die Gedenkstätte Mauthausen!

Organisierter Massenmord

Im Jänner 1942 beschlossen die führenden Köpfe der Nationalsozialisten auf der **Wannsee-Konferenz** die systematische Ermordung aller Juden. Um ihr Ziel zu erreichen, wandelten sie einige Konzentrationslager in den eroberten Gebieten im Osten in Vernichtungslager um. Diese rüsteten sie mit **Gaskammern** aus, in denen die Gefangenen systematisch mit Giftgas ermordet wurden. Die Leichen verbrannte man in eigens dafür gebauten **Krematorien** (Verbrennungsöfen).

Wannsee: See bei Berlin

In Viehwaggons, eng zusammengepfercht, ohne Nahrung, ohne Wasser und ohne Toiletten, transportierten die Nationalsozialisten die Juden zu diesen Lagern. Viele starben schon unterwegs. Bei ihrer Ankunft mussten sich die Neuankömmlinge nackt aufstellen. Kräftig aussehende Personen wurden zur Zwangsarbeit aussortiert, alle anderen trieb man in die Gaskammern.

Ankunft ungarischer Juden in Auschwitz 1944

Ghettos – eigene Viertel für Juden

Ghetto: abgeschlossenes Stadtviertel, in dem die Juden wohnen mussten

Warschauer Ghetto 1942

Ab 1939 errichteten die Nationalsozialisten in den eroberten Gebieten im Osten eigene **Ghettos**, in denen sie die jüdische Bevölkerung zusammenpferchten. Um diese Ghettos ließen sie Mauern errichten, Kontrollposten bewachten die Tore. Das Leben im Ghetto war sehr hart: Unterernährung, Krankheiten, Seuchen, Überbelegung und unzureichende sanitäre Anlagen erschwerten den Überlebenskampf. Wer kräftig genug war, musste für die deutsche Industrie arbeiten. In den Straßen der Ghettos gab es regelmäßig Demütigungen durch die **Schutzstaffel der Wehrmacht (SS)**. Erschießungen waren keine Seltenheit.

deportieren: gewaltsam abtransportieren

Kinder am Zaun im Ghetto von Lodz 1942

Quelle: Augenzeugenbericht eines Überlebenden

Ich wurde im Mai 1940 in das Ghetto von Lodz in Polen gebracht. Wir teilten uns zu acht ein kleines Zimmer. Deutsche Posten außerhalb des Ghettobereichs erschossen jeden Juden, der sich dem Stacheldrahtzaun näherte. Regelmäßig wurden Menschen in „Arbeitslager" **deportiert**, von ihnen hörte man nichts mehr. ... **Rationierte** Grundnahrungsmittel wurden einmal in zwei Wochen verteilt. Die Menschen, die schon sehr unterernährt waren, aßen alles auf einmal auf und es blieb ihnen für die restliche Zeit nichts übrig.

rationieren: einteilen, um sparsam damit umzugehen

Ab 1942 begannen die Nationalsozialisten mit der **Deportation** der Ghettobewohner in Vernichtungslager. Die Ausweglosigkeit der eigenen Lage führte 1943 schließlich zum **Aufstand im Warschauer Ghetto**. Erst nach einem Monat konnte die SS diesen Aufstand niederschlagen. Das Ghetto wurde zerstört, die wenigen Überlebenden in Vernichtungslager deportiert.

alliierte Streitkräfte: England, Frankreich, Sowjetunion, USA

Die Befreiung der Lager

Schon im Juni 1942 hatte der britische Radiosender **BBC** über die Konzentrationslager berichtet. Ein Jahr später befahl **Heinrich Himmler**, der Chef der SS, dass Zwangsarbeiter die Leichen in den Lagern ausgraben und verbrennen mussten, um alle Beweise zu vernichten. Ab 1943 erhöhte man die Zahl der Deportierten zu den Vernichtungslagern, so dass auch die befohlenen täglichen Tötungen in den „effizientesten" Lagern nicht mehr zu schaffen waren. Gegen Ende des Zweiten Weltkrieges, als die sowjetischen Truppen näher rückten, zwang man die halb verhungerten Insassen zu sogenannten **„Todesmärschen"** Richtung Deutschland. Jeder, der nicht mehr weiterkonnte, wurde erschossen.

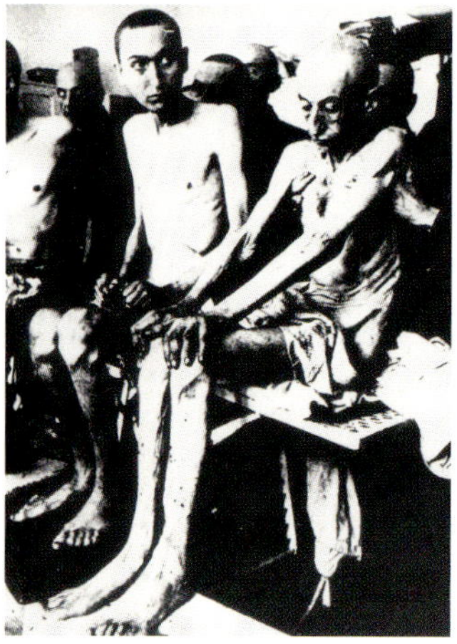

Lagerinsassen in Auschwitz nach der Befreiung, 26. 1. 1945

Als die **alliierten Streitkräfte** 1945 die Konzentrations- und Vernichtungslager erreichten, trafen sie auf zu Skeletten abgemagerte und kranke Häftlinge. Viele von ihnen starben kurz nach der Befreiung, weil sie zu unterernährt und/oder zu krank waren. Allein in Auschwitz waren ca. 1,5 Millionen Menschen gestorben. Insgesamt wurden nach Schätzungen **10 Millionen Menschen**, davon 6 Millionen Juden, in den Lagern des Dritten Reiches getötet. Die endgültige Anzahl der Toten ist bis heute nicht völlig geklärt, da viele Häftlingslisten mit den Namen der Ermordeten vernichtet wurden oder überhaupt fehlten.

Ab 1933 begann die systematische **Verfolgung** und **Vernichtung** der Juden. Konzentrations- und Vernichtungslager wurden errichtet. In den eroberten Gebieten richteten die Nationalsozialisten **Ghettos** ein. 1943 kam es zum **Aufstand** im **Warschauer Ghetto**. Gegen Ende des Krieges stieg die Zahl der Tötungen. 1945 befreiten die **Alliierten** die Gefangenen.

14. AKTIVER WIDERSTAND – MUTIGE HELFER

Euthanasie – Weiße Rose – Kriegsdienstverweigerer – Anne Frank – Graf Stauffenberg

Opfer der Euthanasie

Ab 1933 ließ das Regime Menschen mit Erbkrankheiten, aber auch Fremdarbeiter und Roma-Frauen **zwangssterilisieren**. Die Nationalsozialisten gingen ab 1939 sogar so weit, Menschen mit Behinderungen oder psychischen Krankheiten zu töten. Diese systematisch durchgeführte **Euthanasie** bedeutete den sicheren Tod für viele behinderte und kranke Menschen.

So waren Hebammen und Ärzte dazu verpflichtet, Kinder mit Behinderungen unverzüglich den Behörden zu melden. Eines der vielen Institute, in denen unter dem Deckmantel der Forschung behinderte und auffällige Kinder ermordet wurden, war die **Kinderfachabteilung am Spiegelgrund** in Wien. Auf **Schloss Hartheim** (OÖ) wurden 18 269 geistig behinderte oder psychisch kranke Personen zwischen Mai 1940 und August 1941 ermordet. Die Machthaber verschwiegen aber die wahre Todesursache, in den Totenscheinen wurde ein natürlicher Tod angegeben. Trotzdem führte das Euthanasieprogramm zu Widerstand der betroffenen Angehörigen.

Zwangssterilisation: gegen den Willen der Betroffenen diese unfruchtbar machen

Euthanasie: systematische Morde an kranken und behinderten Menschen

Gräuel: Schrecken

sabotieren: vorsätzlich beschädigen

Schwarzschlachten: unerlaubtes Schlachten von Nutztieren

Widerstand gegen das Regime

Aufgrund der vielen **Gräuel** wandten sich zahlreiche Menschen vom Nationalsozialismus ab und leisteten **Widerstand**. Menschen mit anderer Weltanschauung wie Christen, Konservative, Sozialisten, Kommunisten und Zeugen Jehovas lehnten dieses menschenverachtende Regime ab. Sie gaben Lebensmittel weiter, besorgten falsche Papiere, versteckten Verfolgte oder **sabotierten** das Regime durch die fehlerhafte Herstellung von Waffen. Nur wenige wagten es auch, offenen Widerstand zu zeigen, indem sie Flugblätter druckten und verteilten, Attentate verübten oder den Kriegsdienst verweigerten. Alle, die Widerstand leisteten, riskierten dabei ihr Leben, denn schon für geringfügige Auflehnung gegen das Regime konnte man verhaftet und hingerichtet werden.

Ab Februar 1940 richteten die Nationalsozialisten eigene **„Sondergerichte"** ein, die sogenannte „Volksschädlinge" im Schnellverfahren verurteilten. Für leichte Vergehen wie das Hören von ausländischen Sendern, das **Schwarzschlachten**, den Diebstahl und die Weitergabe von Lebensmitteln konnte man zum Tode verurteilt werden.

Quelle: Flugblatt der Weißen Rose, August 1942
Nichts ist eines Kulturvolkes unwürdiger, als sich ohne Widerstand von einer verantwortungslosen und dunklen Trieben ergebenen Herrscherclique regieren zu lassen.

Auch die **Geschwister Scholl**, die von der Politik Hitlers zunächst begeistert waren, doch schon bald die Lügen des Regimes durchschauten, wurden in so einem Schnellverfahren zum Tode verurteilt und hingerichtet. Gemeinsam mit anderen Studenten der Universität München hatten sie eine Widerstandsgruppe mit dem Namen „Weiße Rose" gebildet und heimlich Flugblätter hergestellt und verteilt.

Weiße Rose: Hans und Sophie Scholl, Christoph Probst 1942

Quelle: Sophie Scholl bei ihrer Gerichtsverhandlung, 1943
„Was wir sagten und schrieben, denken ja so viele. Nur wagen sie es nicht, es auszusprechen."

Welche Möglichkeiten haben heute junge Männer in Österreich, wenn sie aus Gewissensgründen den Wehrdienst verweigern?

1993 verfilmte der US-Regisseur Steven Spielberg die Geschichte von Oskar Schindler. Der Film wurde mit 7 Oscars ausgezeichnet.

Gravur: in Metall eingeritzte Schrift

05: Null steht für den Buchstaben O; 5 für den fünften Buchstaben des Alphabets (OE=Oesterreich)

Wenn du mehr über den Widerstand in Österreich erfahren willst, besuche die Internetseite des Dokumentationsarchivs des Österreichischen Widerstandes (DÖW)!

Im Nationalsozialismus stand auf **Widerstand** gegen das Regime der Tod. Männer und Frauen wie die **Geschwister Scholl, Janusz Korczak, Oskar Schindler** u.a. stellten sich trotzdem gegen das **Regime. 1944 verübte Graf Stauffenberg** ein Attentat auf Hitler, das misslang. In **Österreich** leisteten gegen Kriegsende viele Österreicher und Österreicherinnen Widerstand.

Einige Männer wagten es auch, aus religiösen Gründen den Wehrdienst zu verweigern. Zu ihnen zählte der tief religiöse Oberösterreicher **Franz Jägerstätter**. Er wurde zwar von vielen nicht verstanden, blieb aber seiner Überzeugung treu und wurde 1943 von den Nationalsozialisten hingerichtet. Aber auch viele Zeugen Jehovas, die den Kriegsdienst verweigerten, wurden eingesperrt und hingerichtet.

Andere wiederum standen Menschen in Not bei. So begleitete der Kinderbuchautor und Arzt **Janusz Korczak** Kinder aus seinem Waisenhaus in die Gaskammer des Vernichtungslagers Treblinka.

Filmszene aus „Schindlers Liste"

Oskar Schindler, ein deutscher Fabrikant, der mit den Nationalsozialisten Geschäfte machte, rettete 1 200 jüdische Zwangsarbeiter mit einer Arbeitsliste vor dem sicheren Tod. Zu Kriegsende überreichten die geretteten Arbeiter und Arbeiterinnen Schindler einen Ring mit der **Gravur**: „Wer nur ein einziges Leben rettet, rettet die ganze Welt."

Viele Juden und Jüdinnen, die nicht rechtzeitig emigrieren konnten, wurden von Freunden oder Verwandten versteckt. So auch **Anne Frank**, ein junges jüdisches Mädchen, das mit ihrer Familie in einem Hinterhaus in Amsterdam über zwei Jahre lang versteckt lebte. Kurz vor Kriegsende wurde das Versteck verraten und alle Insassen, bis auf den Vater, fanden in Auschwitz den Tod.

Das Attentat vom 20. Juli 1944

Hauptquartier nach dem Bombenanschlag 1944

Die Verschlechterung der Kriegslage für Hitler-Deutschland ließ auch den Widerstand in den Reihen der Wehrmacht zunehmen. Eine Gruppe von Offizieren unter der Leitung von **Oberst Graf Stauffenberg** beschloss, Hitler durch ein Attentat auszuschalten. Am 20. Juli 1944 zündeten die Verschwörer eine Bombe im Hauptquartier „Wolfschanze". Ein schwerer Eichentisch milderte aber die Wucht der Bombe und Hitler überlebte leicht verletzt. Die Verschwörer und an die 5 000 Verdächtige wurden hingerichtet.

Widerstand in Österreich

Gegen Kriegsende wuchs auch der **Widerstand in Österreich**. Frauen und Männer unterschiedlichster Herkunft und Überzeugung beteiligten sich unter Lebensgefahr am Widerstand gegen den Nationalsozialismus. So wurden in Österreich 2 700 Menschen als aktive Widerstandskämpfer zum Tode verurteilt.

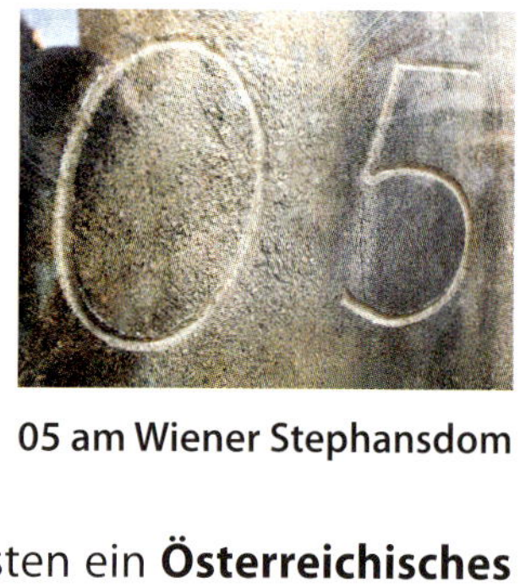

05 am Wiener Stephansdom

1944 gründeten Konservative, Sozialisten und Kommunisten ein **Österreichisches Nationalkomitee**, in dem die Widerstandsgruppe **05** die Führung übernahm. Bekannte Mitglieder waren der Verleger Fritz Molden und der spätere Bundespräsident Adolf Schärf.

Nun geht's los – Aufgaben für schlaue Köpfe!

1) **Was hast du dir gemerkt?** Hier siehst du richtige und falsche Antworten. **Wähle genau aus und setze ein!** ★★★★

B. 33 % ★ H. Schutzhaft ★ A. Reichstagsbrandverordnung ★ J. Visum ★ N. 44 % ★ C. NSDAP ★ N. Der Stürmer ★ M. Boykott ★ R. Synagoge ★ E. Reichskristallnacht ★ A. Pogrom ★ F. Arisierung ★ R. Mauthausen ★ A. Wannsee-Konferenz ★ S. Dachau ★ E. Diplomat ★ N. Ghetto ★ L. Gestapo ★ O. BBC ★ K. gewaltsam abtransportieren

__ Mit welcher Verordnung setzten die Nationalsozialisten die Grundrechte außer Kraft?
__ Wie viel Prozent der Stimmen erreichte die NSDAP bei den Wahlen im März 1933?
__ Welche Zeitung verbreitete antisemitische Propaganda?
__ Wie nannten die Nationalsozialisten die Novemberpogrome?
__ Wie nannte man die Beschlagnahme jüdischen Besitzes?
__ Welches KZ-Lager wurde auf österreichischem Boden errichtet?
__ Wo wurde die „Endlösung der Judenfrage" beschlossen?
__ Wie nannte man die abgesperrten Stadtviertel für Juden?
__ Was bedeutet „deportieren"?

LÖSUNGSWORT: . . . .

2) **BILDERQUIZ** – Diese Bilder brauchen eine Beschriftung. **Wähle aus der Liste aus und ordne die Titel den Bildern zu!** ★★

Der Fall Jägerstätter ★ Die Weiße Rose ★ Schindlers Liste ★ Das Tagebuch der Anne Frank ★ Das Attentat auf Hitler ★ Widerstand in Österreich ★

Nun geht's los – Aufgaben für schlaue Köpfe!

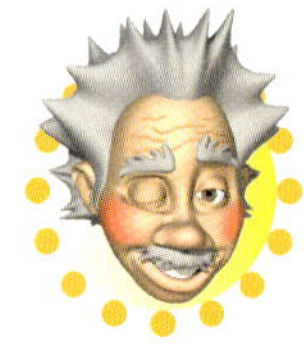

3) **Leserätsel** – Schräge Balken erschweren das Lesen – Wie lange brauchst du zum Lesen? **Stoppe die Zeit!★**

Miep Gies lebte in Amsterdam und arbeitete als Sekretärin für Otto Frank, den Vater von Anne Frank. Nach der deutschen Besetzung der Niederlande bereitete Otto Frank in einem Hinterhaus seiner Firma ein Versteck für seine Familie und die Familie seines Geschäftspartners vor. Miep Gies und die anderen Angestellten versorgten die Untergetauchten über zwei Jahre lang mit Nahrungsmitteln und Informationen. Am 4. August 1944 wurden die Familien entdeckt und abgeholt. Miep Gies fand im verlassenen Hinterhaus das Tagebuch von Anne Frank. Sie bewahrte es auf und gab es Otto Frank, der als einziger von den acht Versteckten den Holocaust überlebte. Miep Gies stammte aus Wien. Mit 13 Jahren kam sie zu einer Gastfamilie nach Holland. Das Tagebuch der Anne Frank gehört zu den berühmtesten Büchern der Welt.

ERGEBNIS: ____________ min

4) **Lesen im Zweitakt** – Dieser Eintrag aus dem Tagebuch der Anne Frank ist in der Mitte zerrissen. **Springe mit deinen Augen von links nach rechts und dann in die nächste Zeile! ★★**

Miep erzählte von	*grausamen*
Erlebnissen und ist	*selbst schrecklich*
aufgeregt. Vor kurzem	*saß eine alte lahme*
Frau nachts bei Miep	*vor der Tür. Sie musste*
auf das Gestapoauto	*warten, das die*
Menschen nach und	*nach sammelt. Die alte*
Frau zitterte vor Angst.	*Die Abwehrgeschütze*
dröhnten, die Strahlen	*der Scheinwerfer*
flitzten durch das	*Dunkel, das Donnern*
der englischen	*Flugmaschinen*
dröhnte von den	*Häusern zurück. Aber*
Miep wagte nicht, die	*alte Frau*
hereinzuholen. Die	*Deutschen bestrafen so*
etwas sehr hart. Auch	*Elli ist still und traurig.*
Ihr Freund ist zum	*Arbeitsdienst nach*
Deutschland verschickt.	*Sie fürchtet, er könnte*
bei einem	*Bombardement*
getroffen werden. Die	*englischen Flieger*
werfen Millionen Kilo	*herunter. Solche*
dummen Witze wie:	*„Na, die Million kriegt*
er nicht" oder: „Eine	*Bombe ist auch genug"*
finde ich schrecklich	*taktlos und roh. Dirk ist*
nicht der einzige,	*gewiss nicht. Täglich*
fahren Züge voll mit	*jungen Leuten, die*
zwangsweise fort	*müssen. Dem einen*
oder anderen gelingt	*es noch, fortzulaufen*
oder unterzutauchen,	*aber das sind so*
wenige. Anne	

Wenn du den Tagebucheintrag aufmerksam gelesen hast, kannst du auch folgende Fragen beantworten! ★

Worauf wartet die alte Frau?

____

Warum wagte Miep nicht, der alten Frau zu helfen?

____

____

Warum ist Elli still und traurig?

____

____

____

Was bringen die englischen Flieger?

____

15. AUF DEM WEG IN DEN ZWEITEN WELTKRIEG

KdF – Aufrüstung – Appeasementpolitik – Kriegsausbruch

Freizeit für das Volk

Propagandaplakat für Reisen mit Kdf 1934

Die Nationalsozialisten taten alles, um die Bevölkerung davon zu überzeugen, dass das Regime zum Wohle des deutschen Volkes **agiere**. Hitler schuf Arbeitsplätze, indem er das Autobahnnetz ausbauen und Schiffe, Flugzeuge und Autos produzieren ließ. Um die Arbeiterschaft auf ihre Seite zu ziehen, gründeten die Nationalsozialisten eine eigene Freizeitorganisation. Unter dem Slogan **„Kraft durch Freude" (KdF)** konnten Arbeiter und Arbeiterinnen zu geringen Preisen Theater und Konzerte besuchen, ins Kino gehen, an Tanzveranstaltungen teilnehmen sowie bei Wanderfahrten und Sportveranstaltungen mitmachen.

Teil des KdF-Programms war auch die Produktion eines Wagens, den sich jeder leisten konnte – der **Volkswagen**. Aber erst nach Ende des Krieges verließ der erste „Käfer" das Fließband. Hunderttausende sparten für ihren Volkswagen, doch keiner bekam ihn je.

Mit dem Slogan „5 Mark die Woche musst du sparen – willst du im eigenen Wagen fahren" wurde für den Volkswagen geworben, der 1 000 Reichsmark kosten sollte. Mehr als 300 000 Deutsche folgten diesem Aufruf, ohne je ein Auto zu bekommen.

agieren: handeln

Quelle: Hitlers Auftrag an Ferdinand Porsche
Wie ein Maikäfer soll er aussehen. Man braucht nur die Natur betrachten, um zu wissen, wie sie mit der Stromlinie fertig wird.

Propagandaplakat für den Volkswagen 1939

Sehr beliebt waren auch **subventionierte** Urlaubsreisen mit KdF. So versuchte das Regime, die Bevölkerung von seiner sozialen Einstellung zu überzeugen. Doch alles diente nur der gezielten Vorbereitung auf den Krieg.

Quelle: Hitler zu Robert Ley, Leiter der deutschen Arbeitsfront, im Herbst 1933
Sorgen Sie mir dafür, dass das Volk seine Nerven behält, denn nur mit einem nervenstarken Volk kann man Politik machen.

Subvention: finanzielle Unterstützung

Lazarett: Militärspital

Wofür benötigte das deutsche Volk „gute Nerven"? Was wird in dieser Quelle schon angedeutet?

Sofort nach Beginn des Krieges baute man die Ferienanlagen zu **Lazaretten** um, nutzte die KdF-Schiffe als Lazarettschiffe und stellte im Volkswagenwerk Militärwagen (Kübelwagen) her.

Die Aufrüstung beginnt

Deutschland und Italien, die beiden mächtigsten faschistischen Staaten in Europa, begannen schon Mitte der 1930er Jahre mit ihrer **Aufrüstung**. Ziel ihrer imperialistischen Politik war es, andere Völker zu unterwerfen und so den eigenen Machtbereich zu vergrößern. Auch **Japan** rüstete stark auf, um die Vorherrschaft in Ost-Asien und im pazifischen Raum zu erringen. Im Oktober 1936 schlossen Deutschland und Italien einen Bündnispakt, die sogenannte **„Achse Rom-Berlin"**, dem sich auch Japan anschloss. Mit dem Überfall Italiens auf **Abessinien**, das Mitglied des Völkerbundes war, und dem japanisch-chinesischen Krieg von 1937 steuerte die Welt Schritt für Schritt auf einen Weltkrieg zu.

Illustration: Anhänger der Achse Rom-Berlin

Quelle: Hitler zu den Oberbefehlshabern der Wehrmacht am 10. 11. 1937
Zur Lösung der deutschen Frage kann es nur den Weg der Gewalt geben, … zur Verbesserung unserer militärpolitischen Lage muss unser erstes Ziel sein, die Tschechei und gleichzeitig Österreich niederzuwerfen.

Hitler bereitet den Krieg vor

Die **Westmächte** versuchten durch Zugeständnisse an Hitler-Deutschland, den bedrohten Frieden in Europa zu bewahren. Diese **Appeasementpolitik** (Beschwichtigungspolitik) führte dazu, dass Hitler ein Land nach dem anderen besetzte, ohne dass die Westmächte einschritten.

12. März 1938: Besetzung Österreichs
1. Oktober 1938: Besetzung des Sudetenlandes
15. März 1939: Einmarsch deutscher Truppen in Böhmen und Mähren

Bereits im September 1938 hatten England und Frankreich im **Münchner Abkommen** mit Deutschland vereinbart, dass die Tschechoslowakei das Sudetenland am 1. Oktober an das Deutsche Reich abzutreten hatte. Im Gegenzug verpflichtete sich Hitler dazu, keine weiteren territorialen Forderungen zu stellen. Doch mit dem **Einmarsch deutscher Truppen in Böhmen und Mähren** am 15. März 1939 brach Hitler sein Versprechen und die Tschechoslowakische Republik hörte auf zu existieren. Die Slowakei blieb als selbstständiger, von Deutschland abhängiger Staat bestehen.

Sudetenland: Teil der Tschechoslowakischen Republik; hier lebten viele Deutsche

Nichtangriffspakt: vertragliche Zusicherung, keine militärischen Aktionen gegeneinander vorzunehmen

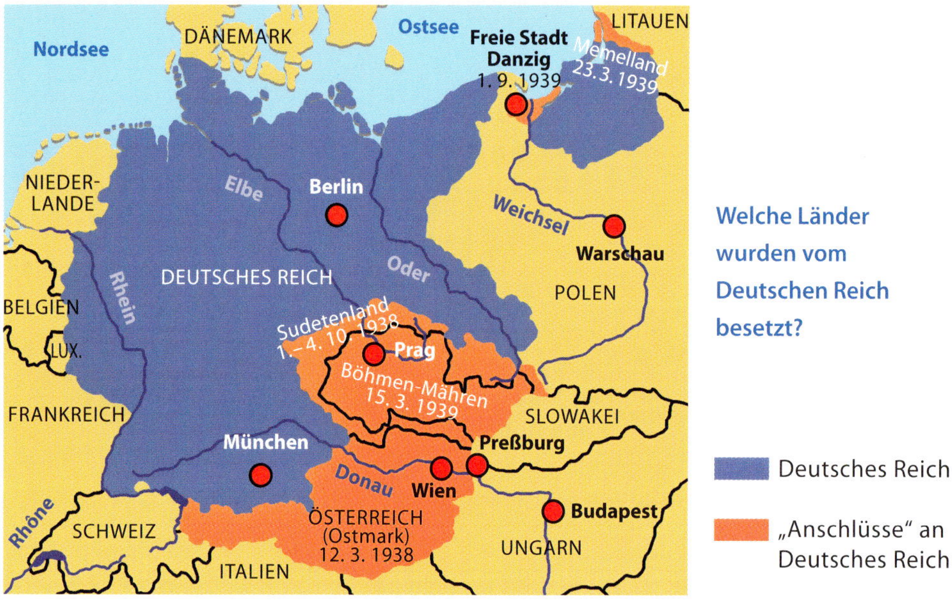

Expansion Deutschlands bis zum Beginn des Zweiten Weltkrieges

Welche Länder wurden vom Deutschen Reich besetzt?

Der Ausbruch des Krieges

Die Westmächte erkannten, dass es zwecklos war, mit Hitler Verhandlungen zu führen und Verträge abzuschließen. Frankreich und England rüsteten auf. Als Hitler Anspruch auf **Polen** erhob, stellten sich die Westmächte gegen Hitler und garantierten Polen die **Unverletzlichkeit seiner Grenzen**. Völlig überraschend schloss Hitler aber im August 1939 mit der kommunistischen Sowjetunion einen **Nichtangriffspakt**. Ein geheimes Zusatzabkommen sah vor, dass Polen unter den beiden Staaten aufgeteilt werden sollte.

Am **1. September 1939** befahl Hitler den Angriff auf Polen. Nun standen die Westmächte zu ihrem Wort und traten am **3. September 1939** in den Krieg gegen das Deutsche Reich ein. **Der Zweite Weltkrieg hatte begonnen.**

Hitler ließ Autobahnen, Schiffe und Flugzeuge, aber auch den **Volkswagen** bauen. Dies alles diente der **Kriegsvorbereitung**. 1935 schlossen Italien und Deutschland die **„Achse Rom-Berlin"**. Japan schloss sich diesem Bündnis an. Die **Appeasementpolitik** der Westmächte scheiterte. Hitler besetzte Österreich, das Sudetenland, Böhmen und Mähren. Am **1. 9. 1939** begann mit dem Überfall auf Polen der **2. Weltkrieg**.

Quelle: Chamberlain – Britischer Premierminister vor dem englischen Parlament, 3. 9. 1939
Für uns alle ist dies ein Trauertag und für niemanden mehr als für mich. Alles, wofür ich gearbeitet habe, alles, was ich hoffte, alles, woran ich in meinem öffentlichen Leben geglaubt habe, ist zertrümmert und zerbrochen.

Nun geht's los – Aufgaben für schlaue Köpfe!

1) In diesem Prototyp des Volkswagens haben sich 6 Begriffe aus diesem Kapitel versteckt! **Suche sie und erkläre sie! ★★★**

Begriff	*Erklärung*

2) Betrachte diese Propagandaplakate für die Organisation „Kraft durch Freude" – **Wofür wird hier geworben? Wen sollen die Plakate ansprechen? ★★★**

Wofür? ______________________________

Für wen? ______________________________

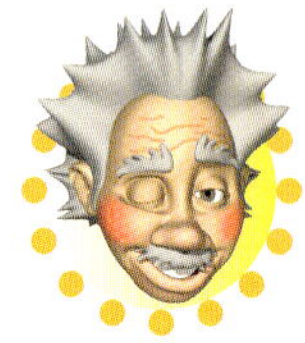

Nun geht's los – Aufgaben für schlaue Köpfe!

3) **Für Experten** – Erkläre mit eigenen Worten, was in den 1930er Jahren unter imperialistischer Politik zu verstehen ist! ★★★★

4) **Jahreszahlenquiz** – Fülle die Lücken! ★★★★

Oktober 1936	
12. März 1938	
	Münchner Abkommen
1. Oktober 1938	
	Einmarsch deutscher Truppen in Böhmen und Mähren
August 1939	
1. September 1939	
	Kriegserklärung der Westmächte an Deutschland

5) Beschrifte mit Hilfe der Landkarte auf S. 62 diese stumme Karte. Male anschließend die von den Deutschen vor dem Weltkrieg besetzten Gebiete an! ★★

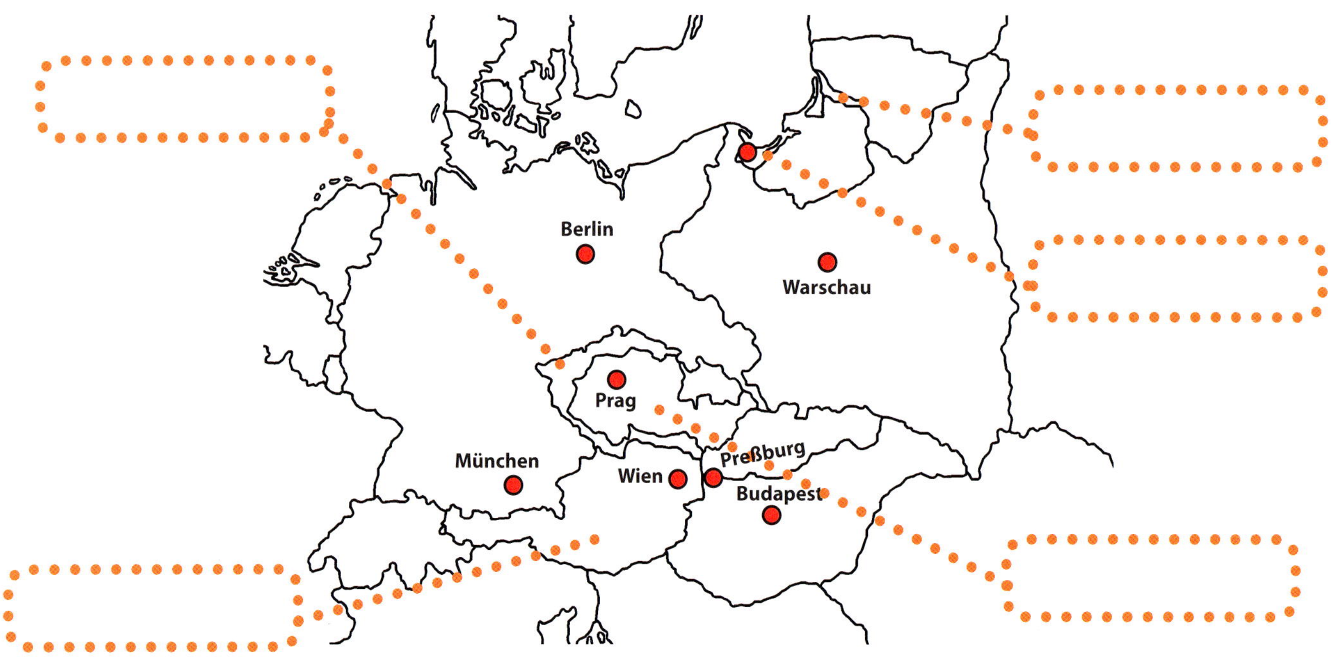

Zwischenkriegszeit NEWS

Neues Staatswappen

Vom doppelten zum einfachen Adler

Die Mauerkrone ist das Symbol für die Bürger, die Sichel für die Bauern und der Hammer für die Arbeiter.

Inflation ist nicht zu bremsen

Für 1 Dollar bekam man:

1919:	16 Kronen
Mitte 1922:	30 000 Kronen
Ende 1922:	360 000 Kronen

Eine halbe Million in einer Nacht verjuxt!

1922: Seit die Inflation um sich greift, hat unser Geld zwar erheblich an Wert verloren, aber für eine halbe Million Kronen bekommt man immer noch eine ganze Menge. Gerade so viel hat der 16-jährige Rudolf K. in einer Nacht durchgebracht. Der junge Mann, als Laufbursche bei einer Wiener Firma beschäftigt, sollte bei einem Geschäftspartner 6 ½ Mill. Kronen abliefern. Er wurde in Graz verhaftet, wo er sich in Bars als äußerst „großzügig" erwies.

1921: Auch Arzthonorare steigen durch galoppierende Inflation: „Nur nicht krank sein!". ... Wiens Ärzte erhöhen die Honorare für Krankenbesuche auf das Dreißigfache.

„Hallo, hallo, hier Radio Wien"

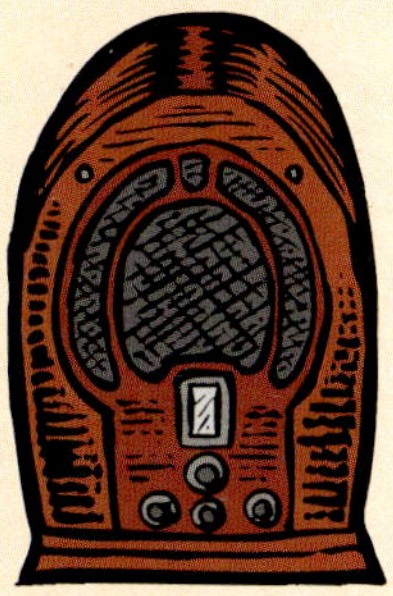

Im Mai 1924 nahm die erste österreichische Rundfunkstation (RAVAG-Radioverkehr AG) ihren Betrieb auf. Zu Beginn wurde nur 3 Mal die Woche von 18:45 bis 20:00 Uhr gesendet. Bereits ein halbes Jahr später besaßen aber über 11 000 Österreicher einen Radioapparat, 3 Jahre später waren es sogar 300 000. Der österreichische Schriftsteller Karl Kraus meinte dazu: „Großes Heil ist der Welt erflossen: Der Hausmeister an den Kosmos angeschlossen!"

Die Geburtsstunde des Schillings

1. März 1925: Der Schilling löst die Krone als Zahlungsmittel ab. Auch wenn Sie jahrelang „Millionär" waren, nun zählen Sie wieder zu den „armen Leuten".

Übrigens ist der Schilling durch Goldreserven abgesichert. Besorgen Sie sich schon heute diesen „Alpendollar".

Sensation – Charles Lindberghs Flug über den Ozean

1927: In 33 Stunden flog dieser wagemutige Pilot mit seiner einmotorigen Flugmaschine von New York nach Paris.

1930: Österreichs größte Bank steht vor dem Ruin – Sparer stürmen die Wiener Creditanstalt (CA).

Charles Lindberghs Kind geraubt und ermordet!

1932: Das 19 Monate alte Baby von Lindbergh verschwand zwischen 7 Uhr und 10 Uhr abends. Die Eltern benachrichtigten sofort die Polizei. Trotz Straßensperren, Einsatz des Heeres und hoher Lösegeldsumme von 50 000 Dollar konnte der Bub nach 2 Monaten nur noch tot aufgefunden werden.

Witz des Tages

In seinem aktuellen Kabarettprogramm meint Karl Farkas zum Zusammenbruch der CA: „Leute mit Plattfüß sind jetzt die glücklichsten. Sie sind die einzigen, die ihre Einlagen noch haben."

Zwischenkriegszeit NEWS

MELDUNGEN AUS DEM REICH

Zutritt für geschminkte Frauen verboten!
7.8.1933: Die Kreisleitung Breslau teilt mit, dass Frauen mit geschminktem Gesicht der Zutritt zu allen Veranstaltungen der NSDAP verboten ist!

KONTAKTANZEIGE:
Deutsches BDM-Mädel, aus bäuerlicher Sippe, artbewusst, kinderlieb, mit starken Hüften, möchte einem deutschen Jungmann Frohwalterin seines Stammhalters sein (niedere Absätze – kein Lippenstift).

Keine Schlager und modernen Tänze
23.8.1933: Der Inspekteur im Jugendherbergsverband hat für alle deutschen Jugendherbergen die Aufführung von modernen Tänzen und das Spielen von Schlagern verboten. In Zukunft sollen in den Jugendherbergen nur noch deutsche Weisen zu hören und alte Volkstänze zu sehen sein.

Buchtipps

Inge Scholl: Die Weiße Rose (Fischer Taschenbuch).
Anne Frank: Anne Frank Tagebuch (Fischer Taschenbuch).
Erich Hackl: Abschied von Sidonie (Diogenes Verlag).
Susan Campbell Bartoletti: Jugend im Nationalsozialismus – Zwischen Faszination und Widerstand (Bloomsbury Verlag).

Was gibt es Neues?

- **1933 wird die Prohibition in den USA abgeschafft.**
- **Der Amerikaner Wiley Post umfliegt im Juli 1933 in 121 Stunden die Erde.**
- **1934 erreicht ein russischer Stratosphärenballon die Rekordhöhe von 20 000 m. Die 3 Piloten kommen beim Aufprall der Gondel ums Leben.**
- **Im Juli 1934 wird der erste deutsche Heimfernseher im Format von 24 x 26 cm hergestellt.**
- **Knapp ein Monat nach dem Einmarsch Hitlers in Österreich erfolgt der Spatenstich für die österreichische Westautobahn. Es wurden aber nur 16,8 km fertiggestellt.**

Wer standhaft blieb, starb

Am 10.9.1933 wurde das Konkordat (Abkommen) zwischen dem Deutschen Reich und dem Heiligen Stuhl unterzeichnet. Trotzdem ließ Hitler katholische Vereine und Verbände auflösen. Die katholische Jugend wurde in die Hitlerjugend übergeführt, Priester wurden verleumdet, verhaftet und getötet.

Beleidigung des Führers als Scheidungsgrund!

9.5.1935: In einem Ehescheidungsprozess führte der Ehemann als Scheidungsgrund an, dass seine Ehegattin beleidigende Äußerungen über den Führer gemacht hatte. Dies wurde vom Gericht als schwere Eheverfehlung eingestuft, da die Gefühle des Ehemanns verletzt wurden.

Charlie David gegen Adolf Goliath oder: Wie Lächerlichkeit tötet:

Howard Barnes – Filmkritiker der New York Tribune
1940: Der unvergessliche Charlie Chaplin ist wieder auf der Leinwand – mit einem außergewöhnlichen Film. Einem abgründig komischen Kommentar zu einer Welt, die verrückt geworden ist. ... The Great Dictator ist ein offener und harter Angriff gegen den Faschismus.

In der Rolle des größenwahnsinnigen Adenoid Hynkel trieb Chaplin seine Späße mit Faschismus und Führerträumen.

Hakenkreuzmanie

Über die Deutschen rollte nach der Machtergreifung der NAZIS eine richtige Hakenkreuz-Kitschwelle hinweg: Eierbecher, Geldbörsen, Feuerzeuge und Bürsten, aber auch hakenkreuzgeschmückte Fußmatten und Nachttöpfchen sowie Lutschbonbons gibt es. Der „Missbrauch des Hakenkreuzes" soll verboten werden.

Reise in die Vergangenheit:

12. 11. 1918:	Gründung der Republik
15. 7. 1927:	Justizpalastbrand
1929:	Ausbruch der Weltwirtschaftskrise
30. 1. 1933:	Machtübernahme Hitlers in Deutschland
4. 3. 1933:	Ausschaltung des Parlaments in Österreich
12. 2. 1934:	Bürgerkrieg – Februarkämpfe
25. 7. 1934:	Ermordung von Bundeskanzler Dollfuß
Oktober 1935:	Achse Rom-Berlin
12. 3. 1938:	Anschluss Österreichs an das Deutsche Reich
29. 9. 1938:	Münchner Abkommen
15. 3. 1939:	Einmarsch deutscher Truppen in die Tschechoslowakei
1. 9. 1939:	Beginn des Zweiten Weltkrieges

16. DER ZWEITE WELTKRIEG

Blitzkriege – Russlandfeldzug – Pearl Harbour – Landung der Alliierten – Hiroshima und Nagasaki

Kriegsbeginn und Blitzkriege

Bei Kriegsbeginn verfügte Deutschland über weitaus mehr und auch bessere Waffen als seine Kriegsgegner. Dadurch konnten die deutschen Truppen in kurzer Zeit große Erfolge erzielen. Zunächst wurde Polen von der deutschen Armee besiegt und das Land zwischen Deutschland und der Sowjetunion aufgeteilt.

Europa während des Zweiten Weltkrieges

In einem **Blitzkrieg** besetzten deutsche Soldaten ab April 1940 **Dänemark und Norwegen**. Im Mai 1940 eroberten deutsche Truppen die **Niederlande, Belgien und Frankreich**. Nun trat auch Italien in den Krieg ein, um Gebiete im Mittelmeerraum zu erobern. Als dieser Versuch scheiterte, kam Deutschland den italienischen Truppen zu Hilfe und besetzte **Jugoslawien und Griechenland**. Nur England konnte sich erfolgreich gegen die Angriffe der Deutschen verteidigen. Die von Mitte 1940 bis Anfang 1941 dauernde **Luftschlacht um England** brachte große Verluste für die deutschen Truppen.

Die Westmächte (USA, England und Truppen der französischen Exilregierung) verbünden sich mit der Sowjetunion (=> Alliierte) gegen Deutschland, Japan und Italien.

Blitzkrieg: schneller und unerwarteter militärischer Vorstoß, der den Gegner überrumpeln soll

Die zerstörte englische Stadt Coventry nach einem deutschen Luftangriff

Russlandfeldzug und Pearl Harbour

Hitler beherrschte nun einen großen Teil Europas. Er wollte aber noch mehr. Im Osten Europas sollte neuer „Lebensraum für das deutsche Volk" gewonnen werden. Daher befahl er im Juni 1941 trotz des Nichtangriffspaktes den **Angriff auf die Sowjetunion**. Auch hier drangen die deutschen Truppen zunächst siegreich bis Leningrad und Moskau vor. Erst die Kälte und der Schnee im Winter stoppten das Vordringen der Deutschen nach Osten.

Welcher Feldherr scheiterte schon ca. 130 Jahre zuvor bei der Eroberung Russlands?

Auch **Japan** wollte seinen Machtbereich vergrößern und die Vormachtstellung der USA im Pazifischen Raum beenden. Im Dezember 1941 überfielen japanische Flugzeuge den amerikanischen Flottenstützpunkt **Pearl Harbour** auf Hawaii. Kurz danach erklärten auch Deutschland und Italien als Verbündete Japans den USA den Krieg. Damit war aus dem europäischen Krieg ein **Weltkrieg** geworden.

totaler Krieg: Kriegsführung, die alle Möglichkeiten nutzt, um den Feind nicht nur zu besiegen, sondern zu vernichten. Propagandaplakate sollten die „opferbereite Heimatfront" zum Durchhalten animieren.

Das Jahr 1942 brachte die **Wende im Krieg**. Deutsche Truppen waren im Osten bis **Stalingrad** vorgestoßen. Dort wurden sie im Winter 1942/43 von sowjetischen Truppen eingeschlossen und vernichtend geschlagen. Regen, Schlamm, Kälte und Schnee waren stärker als die deutschen Truppen. Obwohl Hitler die Niederlage nicht wahrhaben wollte und den **„totalen Krieg"** forderte, eroberten sowjetische Soldaten ihr Land wieder zurück. Sie drangen immer weiter nach Westen vor und überschritten Anfang 1945 die deutsche Grenze.

Der Blitzkrieg gegen die Sowjetunion misslang.

Landung der Alliierten und Kriegsende

1943 landeten die Engländer und Amerikaner in Italien und drangen bis Rom vor. Mussolini wurde gestürzt und **Italien** stellte sich auf die **Seite der Alliierten**.

Alliierte: Verbündete

Normandie

kapitulieren: sich dem Gegner ergeben

Finde heraus: Warum war die Wirkung der Atombomben noch viel schrecklicher als die „normaler" Bomben?

Landung der Alliierten in der Normandie Juni 1944

Im Juni 1944 landeten **amerikanische und englische Truppen** in der **Normandie** (Frankreich). Diese Operation ging als **„D-Day"** in die Geschichte ein. Im September erreichten die Alliierten die deutsche Grenze. Gleichzeitig rückten sowjetische Truppen von Osten heran. Massive Bombenangriffe der Alliierten setzten den deutschen Städten zu. Nun war auch Deutschland zum Kriegsschauplatz geworden und hatte – wie zuvor die von ihm eroberten Länder – unter dem Krieg zu leiden. Nachdem Hitler Selbstmord begangen hatte, **kapitulierte Deutschland am 8. Mai 1945**.

Zerstörtes Hiroshima

Anfang 1945 zerstörten amerikanische Bomber japanische Städte. Obwohl auch die Lage Japans immer aussichtsloser wurde, wollte es sich nicht geschlagen geben. Um den Krieg zu beenden, beschloss der neu gewählte US-Präsident **Harry Truman** die modernste und tödlichste Waffe einzusetzen, die die Amerikaner entwickelt hatten. Am 6. August 1945 warfen die Amerikaner die erste **Atombombe** über der japanischen Stadt **Hiroshima** ab. Hiroshima existierte nach dem Abwurf der Atombombe nicht mehr. Drei Tage später warfen die Amerikaner eine weitere Bombe auf die japanische Stadt **Nagasaki** ab. Am 2. September 1945 kapitulierte nun auch Japan und der **Krieg war zu Ende**.

Der Zweite Weltkrieg begann mit dem **Überfall Deutschlands auf Polen**. Nach anfänglichen Erfolgen der Deutschen kam es in der **Sowjetunion zur Wende**. Die Alliierten landeten in der **Normandie**. **Deutschland kapitulierte am 8. Mai 1945**. Im August 1945 kam es zum **Atombombenabwurf** auf Hiroshima und Nagasaki.

Quelle: Karl Bruckner „Sadako will leben"

Im millionsten Teil einer Sekunde entflammte eine neue Sonne in grellweißem Licht. Hundertfach heller als die Himmelssonne. Und dieser Feuerball strahlte Millionen Hitzegrade gegen die Stadt Hiroshima. In dieser Sekunde verbrannten 86 100 Menschen. In dieser Sekunde erlitten 72 000 Menschen schwere Verletzungen. In dieser Sekunde wurden 6 820 Häuser pulverisiert ... In dieser Sekunde stürzten außerdem 3 750 Gebäude ein und die Trümmer begannen zu brennen. ...
In dieser Sekunde hatte das Ebenbild Gottes den ersten Versuch unternommen, sich mit Hilfe der Wissenschaft selbst zu vernichten.
Der Versuch war gelungen.

BILANZ des ZWEITEN WELTKRIEGES

- 27 Millionen Soldaten starben
- 25 Millionen Zivilisten, darunter 6 Millionen Juden kamen ums Leben
- 3 Millionen Menschen blieben vermisst

17. KRIEGSELEND IM „TOTALEN KRIEG“

„Totaler Krieg“ – Propaganda und Wirklichkeit – Neuordnung Europas – Flucht und Vertreibung

Der „totale Krieg“

Nach der **Niederlage bei Stalingrad** befahl Hitler den **„totalen Krieg“**. Das gesamte Leben in Deutschland wurde dem Krieg untergeordnet. Frauen mussten nun noch mehr in der Rüstungsindustrie arbeiten. Dadurch konnten mehr Männer an die Front geschickt werden. In der letzten Phase des Krieges wurden im **„Volkssturm“** sogar ganz junge Burschen und alte Männer im Krieg eingesetzt.

Junger Volkssturmsoldat 1945

Noch nie war ein Krieg so furchtbar gewesen. Neue technisch verbesserte Waffen wurden verwendet. Nicht nur die Soldaten an der Front mussten große Strapazen ertragen, auch die Zivilbevölkerung in weiten Teilen Europas blieb nicht verschont. Der **Bombenkrieg** machte das Hinterland zum Kriegsgebiet. Dadurch waren Zivilpersonen, Frauen und Kinder vom Kriegsgeschehen direkt betroffen. So wurde im Februar 1945 die deutsche Stadt Dresden zwei Tage lang ohne Unterbrechung bombardiert. Binnen weniger Stunden fanden Zehntausende den Tod. Da in Wiener Neustadt kriegswichtige Produktionsstätten lagen, bombardierten die Alliierten diese Stadt als Erste auf österreichischem Gebiet und warfen insgesamt über 50 000 Bomben auf Wiener Neustadt ab.

Tote Zivilisten in Paris 1944

Quelle: **Käthe Recheis „Damals war ich vierzehn“**
Die Amerikaner, die Franzosen, die Engländer und die Russen marschierten von allen Seiten heran, die Hitlertruppen befanden sich auf dem Rückzug. Der Führer versprach noch immer den Endsieg. Wir fingen an, auf unsere Befreiung zu hoffen. Aber unsere Befreier waren noch weit, und inzwischen schickten sie uns ihre Flugzeuge und Bomben. Die Bomben trafen ohne Unterschied Endsieg-Gläubige und Nichtendsieg-Gläubige. Den Führer trafen die Bomben nicht. Der Führer saß in seinem bombensicheren Bunker.

Quelle: **Aus der Rede von Joseph Goebbels im Berliner Sportpalast vom 18. 2. 1943.**
Ich frage euch: Wollt ihr den totalen Krieg? Wollt ihr ihn, wenn nötig, totaler und radikaler, als wir ihn uns heute überhaupt noch vorstellen können?

Auch der **Mangel an Nahrungsmitteln** und das **Fehlen von Heizmaterial** forderten viele Opfer. So verhungerten 1941 beim Kampf um die belagerte Stadt Leningrad 1 Million Zivilisten.

Wer musste den „totalen Krieg“ ertragen? Wer forderte ihn?

Propaganda und Wirklichkeit

Darstellung in einem deutschen Kinderbuch 1935: Hitlerjugend! Hurra, Hitlerjugend! O lass uns hinlaufen! Wir marschieren schon los!

Soldaten beim Kampf um Moskau 1941

Die Neuordnung Europas

Bereits lange vor Kriegsende stellten die Alliierten Überlegungen zur Neugestaltung Europas an. 1943 erklärten die Außenminister von Großbritannien, der Sowjetunion und den USA in der **Moskauer Deklaration**, dass Österreich von der deutschen Herrschaft befreit und als unabhängiges Land wiederhergestellt werden sollte. Gleichzeitig wurde aber auch auf die Mitverantwortung Österreichs am Krieg hingewiesen.

Diskutiert: Wer trägt die Verantwortung an einem Krieg?

Jalta: Badeort auf der Halbinsel Krim (Sowjetunion)

Im Februar 1945 trafen sich der amerikanische Präsident **Roosevelt**, der britische Premierminister **Churchill** und der sowjetische Diktator **Stalin** zu einer **Konferenz in Jalta**. Bei den Besprechungen ging es vor allem um die **Machtaufteilung in Europa** nach Ende des Krieges.

Churchill, Roosevelt und Stalin in Jalta 1945

Beschlüsse der Konferenz von Jalta

- Alle von Hitler überrannten Staaten wurden wiederhergestellt. Sie erhielten ihre alten Grenzen wieder.
- Eine Ausnahme war Polen. Die Sowjetunion verzichtete nicht auf die polnischen Gebiete. Polen verlor Gebiete im Osten und erhielt als Entschädigung deutsche Gebiete zugesprochen.
- Deutschland und Österreich wurden in vier Besatzungszonen geteilt und zu Reparationszahlungen verpflichtet.

Vertreibung und Flüchtlingselend

Informiere dich: Wo gibt es heute Flüchtlinge? Warum flüchten sie? Wie und wo leben Flüchtlinge bei uns in Österreich?

Rote Armee: Armee der UdSSR

interniert: eingesperrt

Schon zu Beginn des Krieges gab es **Flüchtlinge**. Die Nationalsozialisten vertrieben viele Menschen aus den **besetzten Gebieten im Osten** Europas und siedelten dort Deutsche an. Auch während des Krieges flüchteten Menschen vor dem **Kriegsgeschehen** und den Bombenangriffen. So kam es beim Vormarsch der Soldaten der **Roten Armee** zur Misshandlung und Ermordung tausender Deutscher.

Im Laufe des Krieges hatte sich viel Hass gegen die Deutschen aufgestaut. Nach dem Krieg wurde die **deutsche Bevölkerung** aus vielen **osteuropäischen Gebieten** vertrieben. Deutschsprachige Menschen, die seit Jahrhunderten in Ost- oder Südosteuropa gelebt hatten, mussten nun ihre Heimat verlassen. Ganze Familien wurden unter Gewaltandrohung enteignet und vertrieben. Was davor Millionen Menschen in Polen, Russland und anderen Ländern erlebt hatten – die Flucht vor der deutschen Wehrmacht – das mussten nun auch Millionen Deutsche erleiden.

Deutsche Flüchtlinge 1945

Nach der Niederlage bei Stalingrad verordnete Hitler den **„totalen Krieg"**. Not und Elend für die Soldaten und die Zivilbevölkerung nahmen zu. In der **Konferenz von Jalta** beschlossen die Siegermächte die Neuordnung Europas. Nach Kriegsende wurden Millionen Menschen zu **Flüchtlingen**.

Quelle: Bericht von US-General Eisenhower, Oktober 1945

In Schlesien (Polen) verursachen die polnische Verwaltung und ihre Methoden eine große Flucht der deutschen Bevölkerung nach dem Westen. ... Viele, die nicht weg können, werden in Lagern **interniert**, wo unzureichende Rationen und schlechte Hygiene herrschen. ... Die Todesrate in Breslau hat sich verzehnfacht ... Typhus, Fleckfieber, Ruhr und Diphtherie verbreiten sich.

Nun geht's los – Aufgaben für schlaue Köpfe!

1) Ordne auf dem Notizzettel jedes Ereignis zur richtigen Jahreszahl! ★★★

Landung der Alliierten in der Normandie ★ Japan kapituliert. Der Krieg ist zu Ende. ★ Luftschlacht um England ★ Deutschland kapituliert. ★ Schlacht um Stalingrad ★ Atombombenabwurf auf Hiroshima ★ Beginn des Russlandfeldzuges ★ Japans Angriff auf Pearl Harbour

Mitte 1940 bis Anfang 1941: ______

Juni 1941: ______

Dezember 1941: ______

Winter 1942/43: ______

Juni 1944: ______

8. Mai 1945: ______

6. August 1945: ______

2. September 1945: ______

2) Bemale mit je einer Farbe: das Deutsche Reich 1939 **blau**, die Verbündeten Deutschlands **hellrot**, die Gegner Deutschlands **grün** und die neutralen Staaten **gelb**. Beschrifte die eingezeichneten Städte! ★★★ Tipp: Wenn du Hilfe brauchst, schau auf S. 67 nach!

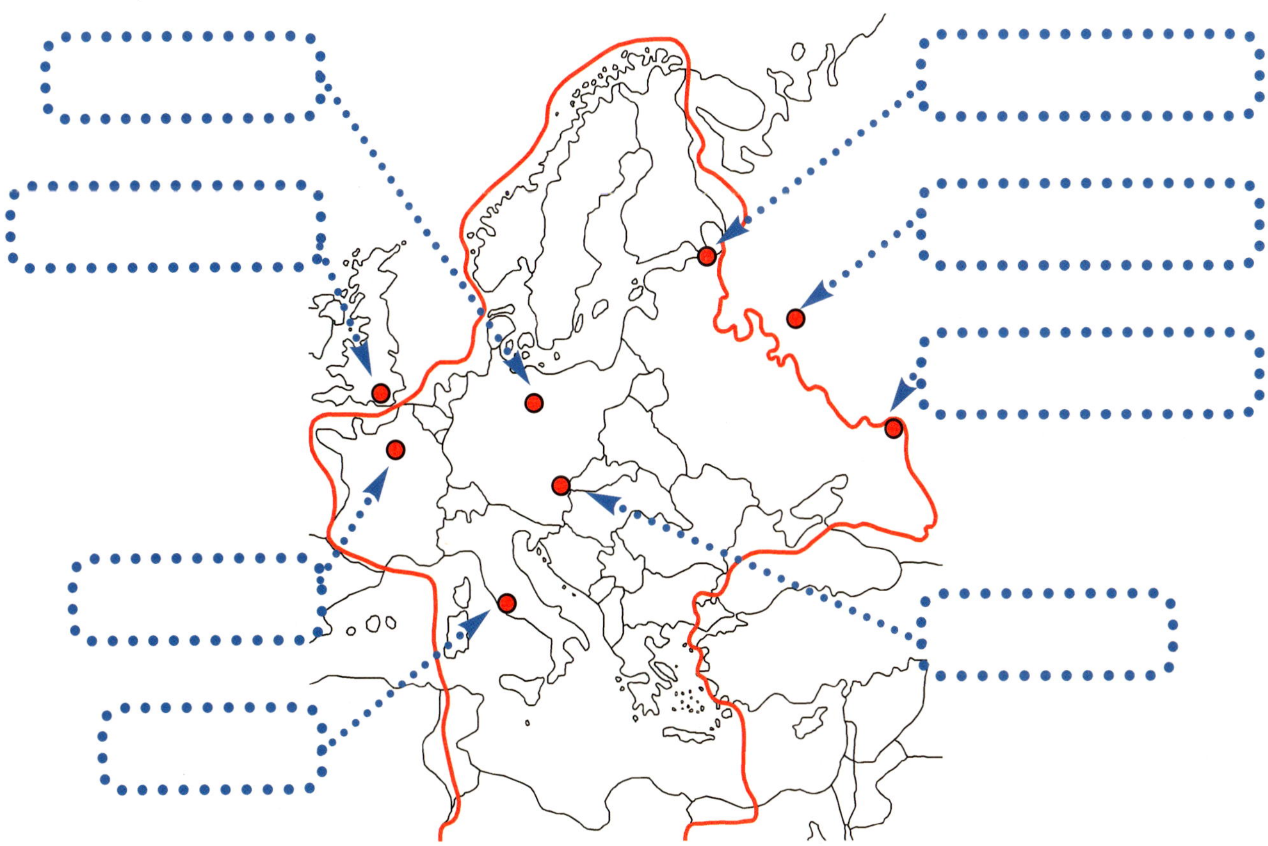

Nun geht's los – Aufgaben für schlaue Köpfe!

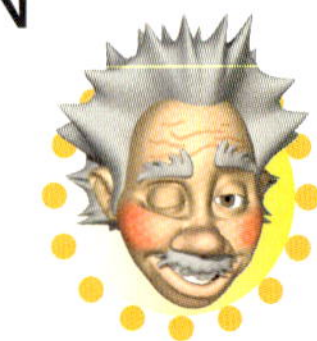

3) **Auf der Flucht** - Welchen Eindruck hast du von den Menschen auf dem Bild? Was glaubst du, wie sie ihre Situation beschreiben würden? ★★★★

4) Finde im Buchstabenrätsel jene 7 Begriffe, die mit dem Zweiten Weltkrieg in Verbindung stehen! Schreibe sie auf und erkläre sie! ★★★

		J	N	W	Y	T	N	U	X	F	J	Q		
	I	T	M	A	Z	U	R	A	F	A	X	J	D	
B	L	I	T	Z	K	R	I	E	G	E	V	N	G	L
Q	H	S	X	K	M	R	O	X	N	U	L	P	J	K
C	E	L	R	N	G	L	I	T	N	X	Z	D	J	F
I	T	L	H	T	H	G	W	A	K	J	A	L	T	A
Z	H	T	P	E	A	R	L	H	A	R	B	O	U	R
A	L	L	I	I	E	R	T	E	P	F	V	O	G	N
O	E	Y	M	P	F	A	V	C	I	I	C	S	Y	Z
H	K	L	S	E	Q	I	C	T	T	U	C	Q	Y	G
	Y	I	D	C	W	J	H	Y	U	G	G	T	I	
		P	E	L	Z	Y	C	C	L	E	Z	P		
				G	X	K	M	J	I	E				
				H	C	S	A	B	E	Z				
				E	E	H	H	B	R	I				
				G	P	I	K	J	E	Y				
				H	Z	R	U	G	N	U				
				Z	V	O	J	Z	Z	J				
				V	T	S	L	F	T	Q				
				X	S	H	U	R	P	B				
		N	H	F	L	I	C	N	E	S	C	T		
	U	E	Z	P	A	M	I	L	D	M	Z	B	M	
M	D	R	O	T	E	A	R	M	E	E	J	W	N	R

Begriff	*Erklärung*

18. KRIEGSENDE UND NEUBEGINN

Nürnberger Prozesse – Gründung der UNO – Menschenrechte – UNO-City in Wien – Blauhelme

Die Nürnberger Prozesse

Nach dem Zweiten Weltkrieg wurden erstmals in der Geschichte **Kriegsverbrecher** für ihre Taten verantwortlich gemacht. Ab November 1945 fanden in der deutschen Stadt **Nürnberg** vor einem internationalen Militärgerichtshof Prozesse gegen führende Nationalsozialisten statt. 12 ehemalige hohe Nationalsozialisten wurden zum Tode verurteilt. Adolf Hitler, Joseph Goebbels, Heinrich Himmler und andere entzogen sich aber ihrer Bestrafung durch Selbstmord. Wieder andere tauchten unter und flüchteten.

Hermann Göring als Angeklagter im Nürnberger Prozess 1946

Die Anklagepunkte lauteten:

- Verbrechen gegen den Frieden
- Verstöße gegen das Kriegsrecht
- Verbrechen gegen die Menschlichkeit (Ermordung, Ausrottung und Versklavung aus rassistischen, politischen und religiösen Gründen)

Die Gründung der Vereinten Nationen (UNO)

Nach den Schrecken des Zweiten Weltkrieges wünschten sich die Menschen eine dauerhafte Sicherung des Weltfriedens. Daher beschloss man, den wenig erfolgreichen Völkerbund durch eine andere Organisation zu ersetzen. Noch vor Kriegsende, am 26. Juni 1945, gründeten 50 Staaten bei einer Konferenz in San Francisco die **Vereinten Nationen**. In der **Charta der Vereinten Nationen** wurden u.a. folgende Ziele festgelegt:

WIR, DIE VÖLKER DER VEREINTEN NATIONEN, SIND FEST ENTSCHLOSSEN,

- künftige Geschlechter vor der Geißel des Krieges zu bewahren,
- als gute Nachbarn in Frieden miteinander zu leben,
- die Grundrechte des Menschen, die Gleichberechtigung von Mann und Frau sowie von allen Nationen, ob groß oder klein, zu achten,
- den sozialen Fortschritt und einen besseren Lebensstandard in größerer Freiheit zu fördern.

Am 10. Dezember 1948 beschloss die Generalversammlung der Vereinten Nationen die **„Allgemeine Erklärung der Menschenrechte"**.

Skulptur vor dem Sitz der Vereinten Nationen in New York 2010

Quelle: Artikel 1 der Menschenrechte

Alle Menschen sind frei und gleich an Würde und Rechten geboren. Sie sind mit Vernunft und Gewissen begabt und sollen einander im Geiste der Brüderlichkeit begegnen.

Informiere dich: Welche Prozesse gibt es heute gegen Kriegsverbrecher? (Internet/Zeitungen)

Vereinte Nationen: United Nations Organization = UNO; heute hat die UNO 192 Mitgliedsstaaten (Stand 2008)

Charta: Übereinkommen, Vertrag

Preisgekröntes Gründungsplakat der UNO 1945

Wann hast du ähnliche Aussagen im Geschichtsunterricht schon einmal gehört?

Die Organe der UNO

Sicherheitsrat (New York)
- trifft die endgültigen Entscheidungen
- ständige Mitglieder: USA, Russland, Großbritannien, Frankreich und China; besitzen ein Vetorecht
- 10 nicht-ständige Mitglieder werden für zwei Jahre gewählt

Generalsekretariat (New York)
Generalsekretär koordiniert und organisiert die Arbeit der UNO

Vollversammlung (New York)
- jeder der 192 Mitgliedsstaaten hat eine Stimme
- gibt Empfehlungen ab

Wirtschafts- und Sozialrat (New York)
übernimmt Aufgaben in den Bereichen Wirtschaft, Soziales, Gesundheit, Erziehung und Kultur

Internationaler Gerichtshof (Den Haag)
15 unabhängige Richter

Neben- und Sonderorganisationen

UNICEF (New York) – Das Weltkinderhilfswerk ist für den Schutz von Kindern und Jugendlichen zuständig.

WHO (Genf) – Die Weltgesundheitsorganisation hilft im Kampf gegen Krankheiten und Seuchen.

UNESCO (Paris) – Die Organisation für Erziehung, Wissenschaft und Kultur sorgt für den Ausbau von Schulen in unterentwickelten Ländern und verwaltet das **Weltkultur- und Weltnaturerbe**.

UNHCR (Genf) – Der Flüchtlingskommissar kümmert sich um den Schutz von Flüchtlingen.

IAEO (Wien) – Die Internationale Atomenergiebehörde soll die friedliche Nutzung der Kernenergie fördern und gleichzeitig überwachen.

Was sind Weltkultur- und Weltnaturerbe?
Die UNO nimmt besonders schützenswerte Gebäude und Landschaften in eine eigene Liste auf. In Österreich zählen dazu die Altstädte von Wien, Salzburg und Graz, die Wachau, der Neusiedlersee, die Semmeringbahn und Schloss Schönbrunn.

Was stellt das Logo der UNO dar? Was will es ausdrücken?

UNO-Soldaten in Afrika 2001

Informiere dich: Wo sind Blauhelme momentan eingesetzt? Gibt es auch österreichische Blauhelme? (Internet)

Nach dem Zweiten Weltkrieg wurden in den **Nürnberger Prozessen** führende Nationalsozialisten als **Kriegsverbrecher** verurteilt. Zur **Sicherung des Weltfriedens** wurden die Vereinten Nationen – die **UNO** – gegründet.

Die UNO in Wien

Seit 1979 ist **Wien**, neben **New York, Genf und Nairobi, Sitz von UNO-Organisationen**. In der UNO-City in Wien sind ca. 4 000 Menschen beschäftigt, die unter anderem für die internationale Atomenergie-Organisation (IAEO) oder die Organisation für industrielle Entwicklung (UNIDO) arbeiten.

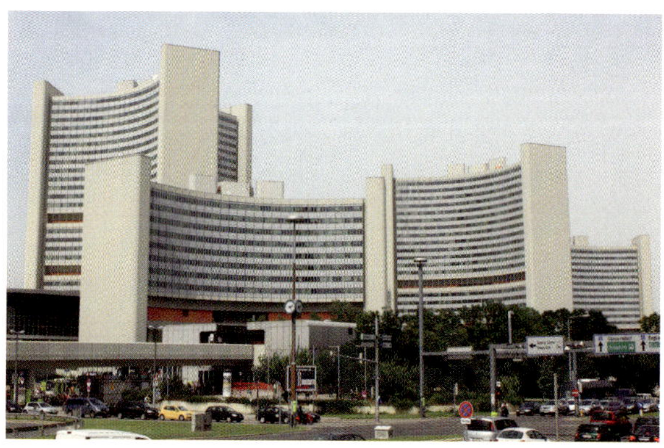

Die UNO-City in Wien

Blauhelme – Soldaten der UNO

Nach einem Beschluss des Sicherheitsrates kann die UNO von den Mitgliedsstaaten Soldaten anfordern. Diese werden dann in Konfliktgebiete geschickt, um dort den **Frieden wiederherzustellen** und **zu sichern**. Nach der Farbe ihrer Helme werden sie **Blauhelme** genannt.

Menschenrechte NEWS

Art.1 der Menschenrechtserklärung: Alle Menschen sind frei und gleich an Würde und Rechten geboren!

AMNESTY INTERNATIONAL

1961 wurde in London „Amnesty International"/ai (amnesty=Begnadigung) gegründet. Diese Organisation setzt sich weltweit für die Menschenrechte ein. Die Grundlage ihrer Arbeit ist die Allgemeine Erklärung der Menschenrechte. Das Sprichwort: „Es ist besser eine Kerze anzuzünden, als sich über die Dunkelheit zu beklagen", inspirierte ai zu ihrem Logo.

AKTIONISMUS

ai geht Menschenrechtsverletzungen auf der ganzen Welt nach und veranstaltet spektakuläre Aktionen:

- **Briefe gegen das Vergessen –** Fälle von verschwundenen Menschen werden verfolgt.
- Betreuung von politischen Gefangenen
- **Urgent Action –** Innerhalb von 48 Stunden werden Unterstützer für Eilaktionen mobilisiert, um Proteste einzulegen.
- Kampagne **„Gewalt gegen Frauen verhindern"**

Was sind Menschenrechtsverletzungen?

Antwort: Menschenrechtsverletzungen sind schwerste Verbrechen, die vom Staat am Bürger verübt werden. Dazu zählen körperliche und psychische Folter, die Inhaftierung ohne ordentliches Verfahren, das Verschwindenlassen von politischen Gegnern u.a. **Wichtig – Krieg ist immer eine Menschenrechtsverletzung!**

DIE TODESSTRAFE

- Todesstrafe ohne Ausnahme abgeschafft
- Todesstrafe im Kriegsrecht
- seit mindestens 10 Jahren keine Anwendung
- Anwendung nur gegen Erwachsene
- Anwendung auch gegen Jugendliche

Die Todesstrafe ist seit Jahrtausenden eine gesetzlich vorgesehene Strafe für schwere Verbrechen. Seit der Zeit der Aufklärung begannen Humanisten das Recht auf Tötung durch den Staat in Frage zu stellen. Heute ist die Todesstrafe in vielen Staaten bereits abgeschafft. Internationale Organisationen wie Amnesty International setzen sich weltweit für die gänzliche Abschaffung der Todesstrafe ein. In Österreich wurde die Todesstrafe 1968 endgültig abgeschafft.

Amnesty International Report 2009

- Politische Gefangene, die ausschließlich wegen ihrer politischen Überzeugung, Hautfarbe, Herkunft oder ihres Glaubens inhaftiert wurden: in 32 Staaten
- Unfaire Gerichtsverfahren: in 33 Staaten
- Haft ohne Anklage: in 38 Staaten
- Politische Morde durch Polizei oder Militär: in 8 Staaten
- Menschen „verschwinden" einfach: in 14 Staaten
- Folter und Misshandlungen: in 81 Staaten
- Die Todesstrafe wurde in 23 Staaten an 2 410 Menschen vollstreckt (über 1 700 davon in China).

Menschenrechte NEWS

Folter im Abu-Ghraib Gefängnis

Im Mai 2004 gelangten Fotos an die Öffentlichkeit, die zeigten, dass US-amerikanische Soldaten und Soldatinnen in einem Gefängnis in der Nähe von Bagdad (Irak) Gefangene erniedrigt, gedemütigt und gefoltert hatten.
Bis zu 100 Menschen starben dabei. Weltweit reagierten die Regierungen und Medien mit großer Empörung auf diese Berichte. Mehrere an den Folterungen beteiligte Soldaten und Soldatinnen stellte man in den USA vor Gericht und verurteilte sie.

Gefangenenlager Guantanamo

Nach den Terroranschlägen vom 11. September 2001 richtete US-Präsident Bush auf dem Marinestützpunkt Guantanamo Bay im Süden Kubas ein Gefangenenlager ein. Dort werden vermeintliche Terroristen ohne jegliche Rechte gefangen gehalten. Misshandlungen, Erniedrigung und Folter sind in Guantanamo an der Tagesordnung. US-Präsident Barack Obama ordnete nach seinem Amtsantritt (2009) die Schließung des Lagers innerhalb eines Jahres an.

unicef
United Nations Children's Fund

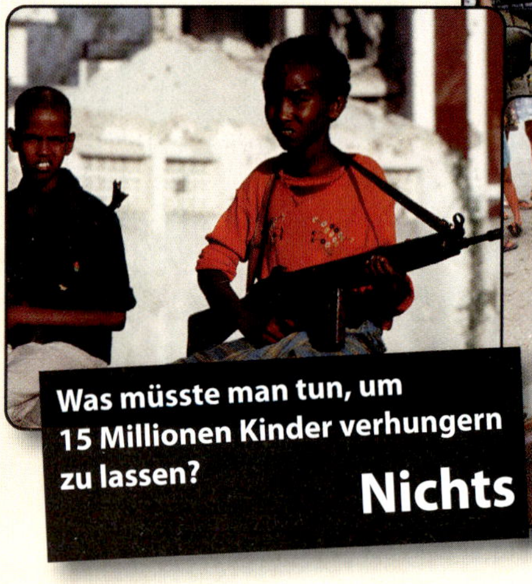

Kinder sind besonders schutzbedürftig. Deshalb gründeten die Vereinten Nationen 1946 das Kinderhilfswerk UNICEF. 1959 wurde die „Erklärung der Rechte des Kindes" verabschiedet. In der Präambel (Einleitung) steht: **„Die Menschheit schuldet den Kindern das Beste, das sie zu geben hat".**

Buchtipps

Reiner Engelmann: Frei und gleich geboren. Ein Menschenrechte-Lesebuch (cbt Verlag).
Christian Nürnberger: Mutige Menschen: Für Frieden, Freiheit und Menschenrechte (Thienemann Verlag).
Reiner Engelmann: Kinder ohne Kindheit. Ein Lesebuch über Kinderrechte (Sauerländer Verlag).
Andreas Venzke: Leben für den Frieden. Berühmte Menschen gegen Krieg und Gewalt im Portrait (Arena Verlag).

KURZMELDUNG: 22. 8. 2008

In einer neuen Flüchtlingswelle sind innerhalb von 24 Stunden fast 900 illegale Einwanderer aus Afrika in Italien angekommen. Die meisten werden in das bereits überfüllte Aufnahmelager auf Lampedusa gebracht.

FLUCHT AUS AFRIKA

HENRY MAFARNA: „Entweder ich erreiche Europa, oder ich sterbe auf dem Weg".

Seit sechs Monaten ist Henry Mafarna in Mauretanien. Von hier aus will er nach Europa, auf die Kanarischen Inseln. Als er seine Heimat verlor, war er gerade 14 Jahre alt. 1990 tobte in Liberia ein Bürgerkrieg, jeder kämpfte gegen jeden. Im Chaos verlor er seine Eltern, ob sie noch leben, weiß er nicht.
„In Afrika gibt es keine Zukunft für mich," sagt Henry Mafarna, „es gibt keine Ausbildung, keine Arbeit und nur Gewalt." All seine Bemühungen, Afrika auf legalem Weg zu verlassen, scheiterten. „Es sind einfach zu viele, die hier raus wollen. Ich kenne niemanden, der hier bleiben will."
Für sein Ticket in die Zukunft hat Henry hart gearbeitet. Für drei Dollar pro Tag nahm er jede Arbeit an: auf einer Baustelle oder beim Ausladen eines Fischkutters. 600 Dollar besitzt er nun, das reicht für die gefährliche Überfahrt nach Europa. Die fast 1000 Kilometer lange Überfahrt ist eine Fahrt ins Ungewisse. Viele überleben sie nicht, sie verdursten, ertrinken nach einem Schiffbruch oder werden von Mitflüchtlingen einfach über Bord geworfen. Aufstehen oder gar liegen kann in den Booten niemand. Eng aneinander hocken bis zu 80 Menschen drei oder vier Tage lang. Viele werden seekrank. Der Gestank von Erbrochenem, Kot und Urin liegt über dem Boot. Nachts ist es auf dem Meer kalt, tagsüber brennt die Sonne erbarmungslos herunter. Werden die Flüchtlinge vor ihrer Ankunft in Europa von der Küstenpolizei aufgegriffen, bringt man sie wieder nach Afrika zurück. Auch wissen sie nicht, was sie in Europa erwartet. „Auch wenn ich in Europa auf der Straße lebe und die Leute mich dort verachten", sagt Henry, „schlimmer als hier kann es nicht sein."
Wohin genau sie gebracht werden, wissen die Flüchtlinge nicht.

19. ÖSTERREICHS WEG IN DIE UNABHÄNGIGKEIT

Wiedererrichtung der Republik Österreich – Wahlen – Besatzungszonen

Der Kampf um Wien

Sowjetische Truppen überschritten am **29. März 1945** die österreichische Grenze im Burgenland und rückten gegen Wien vor. Am 7. April begann der Kampf um Wien.

Truppen der Roten Armee überschreiten bei Klostermarienburg im Burgenland die österreichische Grenze!

Der „Steffel", ein Symbol Österreichs, steht in Flammen!

Häuserblocks, Straßenbahnschienen, Wasserleitungen und Kanalsystem durch Bomben zerstört!

HAMSTERFAHRTEN!

Wohnen in Ruinen und Notquartieren!

Tauschhandel gibt eine Überlebenschance!

Zurückweichende deutsche Truppen sprengen Nordbrücke!

DIE SCHLACHT UM WIEN IST ZU ENDE!

Brennender Stephansdom 1945 (Wien)

In Wien war jedes dritte Wohnhaus zerstört oder schwer beschädigt. Auch alle Donau- und Donaukanalbrücken waren zerstört. In den ersten Tagen nach den Straßenkämpfen fuhren weder Straßenbahnen noch Autobusse. Auf Plünderung stand die Todesstrafe. Die Menschen flüchteten in ihrer Not nach Westen.

Die Zweite Republik entsteht

Karl Renner, der frühere Staatskanzler der Ersten Republik, wurde von den Sowjets mit der Bildung einer **provisorischen Regierung** beauftragt. Gemeinsam mit führenden Vertretern der Christlichsozialen, der Sozialdemokraten und der Kommunistischen Partei proklamierte er am **27. April 1945** die **Unabhängigkeit Österreichs** und bildete eine **provisorische Regierung**. Damit war Österreich als Staat **wiederhergestellt**. Dieser provisorischen Regierung gehörten Vertreter aller drei Parteien an.

Karl Renner

Quelle: Auszug aus der Proklamation der provisorischen österreichischen Staatsregierung, 27. 4. 1945

Art.1: Die demokratische Republik Österreich ist wiederhergestellt ...

Art.2: Der im Jahre 1938 dem österreichischen Volk aufgezwungene Anschluss ist null und nichtig ...

Art.4: ... Alle von Österreichern dem Deutschen Reich und seiner Führung geleisteten militärischen, dienstlichen oder persönlichen **Gelöbnisse** (sind) nichtig und unverbindlich ...

Gelöbnis: ein feierliches Versprechen

Welche Einstellung zum Anschluss drückt Art. 2 aus?

Welche Gelöbnisse sind in Art. 4 gemeint?

Während in Wien bereits die neue Regierung arbeitete, wurde im Westen Österreichs noch gekämpft. Erst im Herbst 1945 erkannten auch die westlichen Bundesländer die provisorische Regierung an.

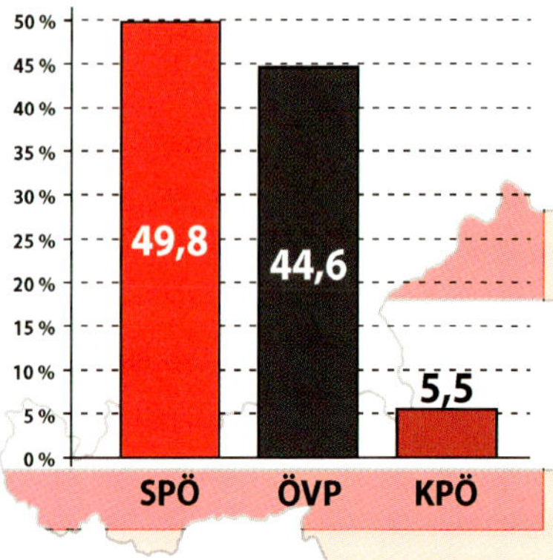

Im November 1945, als die ersten **freien Nationalratswahlen** seit 1931 stattfanden, waren alle ehemaligen Nationalsozialisten von der Wahl ausgeschlossen. Die **Österreichische Volkspartei** (**ÖVP** – Nachfolgerin der Christlichsozialen Partei) und die **Sozialistische Partei Österreichs** (**SPÖ** – Nachfolgerin der Sozialdemokratischen Partei) bekamen die meisten Stimmen. Erster Bundeskanzler der **Zweiten Republik** wurde **Leopold Figl** (ÖVP). Zum neuen Bundespräsidenten wählte die Bundesversammlung **Karl Renner** (SPÖ).

Die Parteien bildeten eine **Konzentrationsregierung**, d. h. alle Parteien regierten gemeinsam. Versuche der Kommunisten, mehr Einfluss auf die Regierung zu bekommen, schlugen trotz der Unterstützung der Sowjets fehl.

Weshalb gab es seit 1931 keine Wahlen mehr in Österreich?

Für welche Besatzungsmacht war dieses Wahlergebnis enttäuschend?

Bei den Wahlen 1949 kandidierte auch erstmals der **Verband der Unabhängigen** (**VdU**), der das „nationale Lager" vertrat. Bei dieser Nationalratswahl durften auch viele ehemalige Nationalsozialisten wieder wählen. So erreichte der VdU auf Anhieb 12% der Stimmen. 1955 löste sich der VdU auf, seine Nachfolge trat die neu gegründete **Freiheitliche Partei Österreichs** (**FPÖ**) an.

Österreich – ein besetztes Land

Quelle: Leopold Kunschak – Präsident des Nationalrats, 19. 12. 1955
Heute sehen wir drei Parteien in diesem Hause, jede mit ihrem eigenen Programm und jede entschlossen, ihr Programm der Verwirklichung zuzuführen. ... trotz alledem sitzen wir hier in Eintracht beisammen. ... Wir stehen zusammen und stellen die Parteiinteressen zurück, weil wir ... in erster Linie ... dem Volk und dem Vaterlande zu dienen (haben).

Lies die Quelle und überlege! Was hat sich an der Einstellung der Parteien zueinander im Vergleich zur Ersten Republik verändert?

Ist diese Einstellung auch heute bei den Parteien zu finden? (Zeitungen/Internet)

Im April und Mai 1945 hatten auch amerikanische, französische und britische Truppen die österreichische Grenze im Westen überschritten. Die Siegermächte teilten das Land in **vier Besatzungszonen** ein. Durch diese Zonen war aber der **freie Personenverkehr** stark eingeschränkt. Jeder Österreicher und jede Österreicherin, die in eine andere Zone reisen wollte, musste einen viersprachigen Personalausweis vorweisen können. Besonders schwierig war der Grenzübertritt an der **Demarkationslinie** zwischen sowjetischer Zone und den von den Westmächten besetzten Gebieten.

freier Personenverkehr: ungehinderte Reisen über Staatsgrenzen hinweg

Demarkationslinie: Grenzlinie

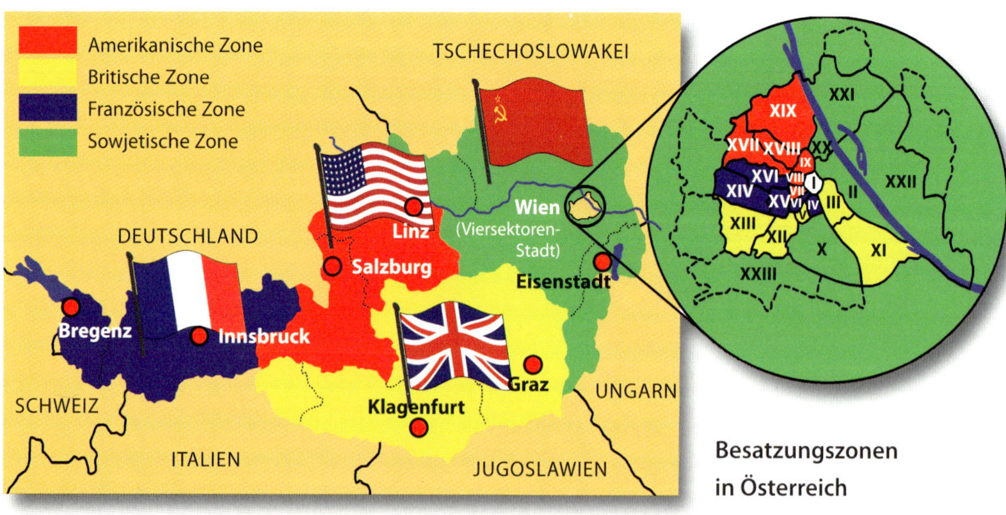

Besatzungszonen in Österreich

Am 27. April 1945 bildete Karl Renner eine **provisorische Regierung**. Nach den ersten freien Wahlen kam es zur Bildung einer **Konzentrationsregierung**. Österreich wurde von den Siegermächten in **vier Besatzungszonen** aufgeteilt.

Eine Militärregierung – der **Alliierte Rat** – übte ab nun die oberste Kontrolle in Österreich aus, d. h. die Regierung musste in allen Belangen die Zustimmung der Alliierten einholen. **Wien** wurde in vier Sektoren geteilt. Jede Besatzungsmacht verwaltete einen Sektor. Nur der 1. Bezirk war als internationale Zone eingerichtet und wurde gemeinsam verwaltet. So fuhren im 1. Bezirk Soldaten der vier Besatzungsmächte gemeinsam im Jeep auf Streife.

Nun geht's los – Aufgaben für schlaue Köpfe!

1) Dieses Plakat ließen die Sowjets nach der Befreiung im April 1945 überall in Ostösterreich aufhängen. Auf ihm waren Teile der Moskauer Deklaration abgedruckt. **Übertrage den Text des Plakats auf die Deklaration! ★**

2) Hilde erzählt in ihrem Brief vom Brand des Stephansdoms. Einige Wörter passen nicht dazu. **Wenn du diese Wörter markierst und der Reihe nach aufschreibst, wirst du erfahren, was mit der Glocke passierte! ★★**

Liebe Ilse!
Die letzten Wochen waren Beim schrecklich. Jeden Tag fallen Bomben auf Einsturz die Stadt und ich des laufe immer so schnell ich kann, in Glockenturms den Luftschutzkeller. Obwohl die sowjetischen Truppen bereits in Wien fiel sind, werden die wir weiterhin bombardiert. Stell dir Pummerin vor, gestern brannte sogar der Stephansdom! Die Leute zu munkeln, dass daran gar nicht die Boden Bomben schuld sind. Angeblich sollen Plünderer Feuer und in den umliegenden Häusern gelegt haben. Ganz sicher zerbrach. ist, dass das Dach von Die Granaten getroffen worden ist.
Die Feuerwehrleute hatten nur mehr einen Handwagen mit Glockentrümmer ein paar Schläuchen. Im Dom wurden versuchten die Menschen verzweifelt, durch die Glutnester mit Kübeln voll herabfallende Wasser zu löschen. Wie du Steine weißt, ist ja vor mein Freund Viktor Feuerwehrmann. Er stand im dem Dom, als dieser in seiner ganzen Schmelzen Größe brannte und der bewahrt. Glockenturm mit der Pummerin Aus einstürzte. Alle Versuche, diesem mit den wenigen Material Mitteln den Dom zu retten, waren goss vergebens. Der Dom brannte man vom 11. bis 13. April 1945.
Ich die hoffe, dass wir uns bald gesund wiedersehen, und die neue schreckliche Zeit bald vorbei ist.
Liebe Pummerin. Grüße, deine Hilde

LÖSUNG: *Beim Einsturz ...* ______________________________

____

____

____

Nun geht's los – Aufgaben für schlaue Köpfe!

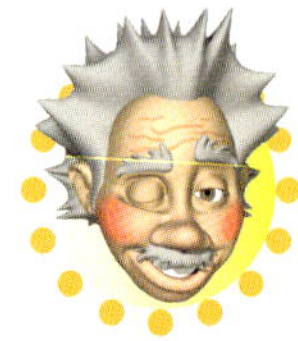

3) Betätige dich als Kartograf (Kartenzeichner)! **Male auf dieser Landkarte zuerst die Besatzungszonen an! ★**
Verwende dabei folgende Farben: **grün** = sowjetische Zone; **blau** = französische Zone; **gelb** = britische Zone; **rot** = amerikanische Zone!
Gestalte dann auch die Flaggen!
Zum Schluss beschrifte die Nachbarländer! ★★★

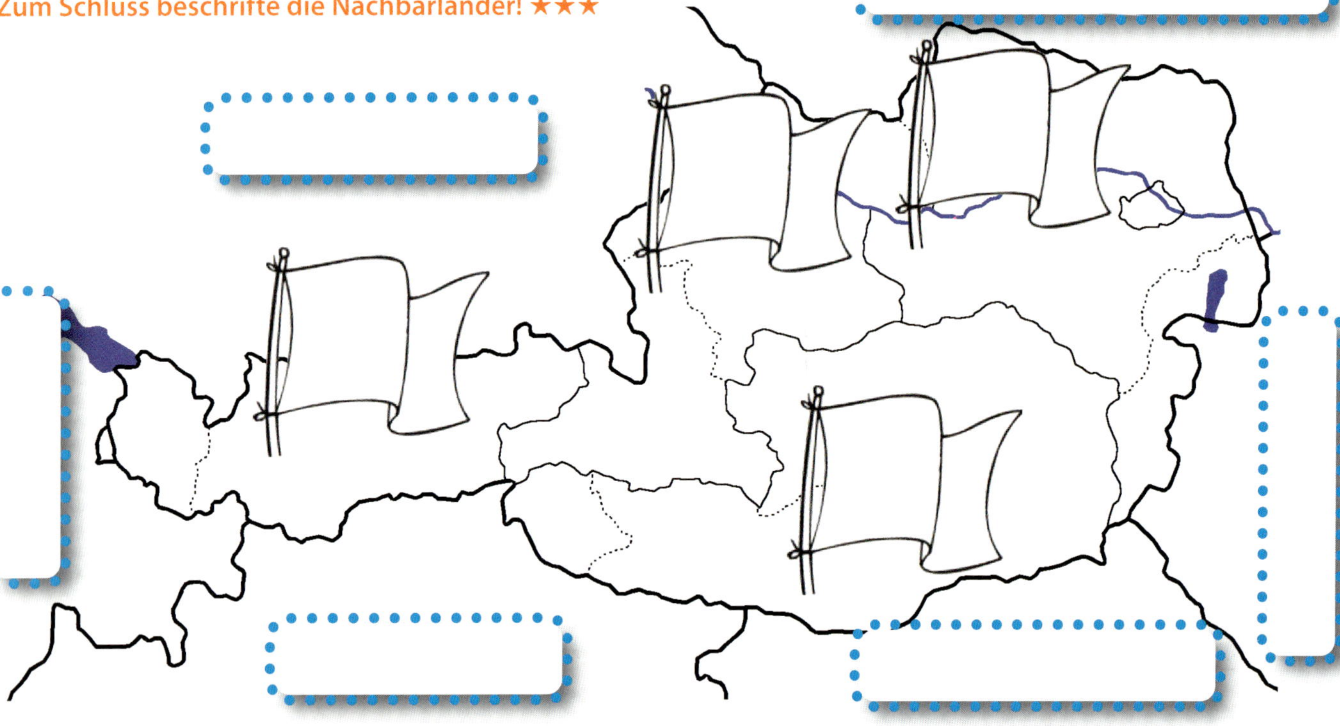

4) **Notiere, welche Bundesländer zu welcher Zone gehörten: ★★**

Amerikanische Zone	Britische Zone	Französische Zone	Sowjetische Zone

5) **Zeitreise** - Du reist in das Wien des Jahres 1945. **Um bei deinem Besuch nicht in eine falsche Besatzungszone zu kommen, beschrifte die Bezirke mit römischen Zahlen und male sie in den Farben der Besatzungsmächte an! ★★** ACHTUNG: Den 1. Bezirk musst du weiß lassen! **Weißt du noch, warum?**

In welchem Bezirk triffst du auf diese „Vier im Jeep"?

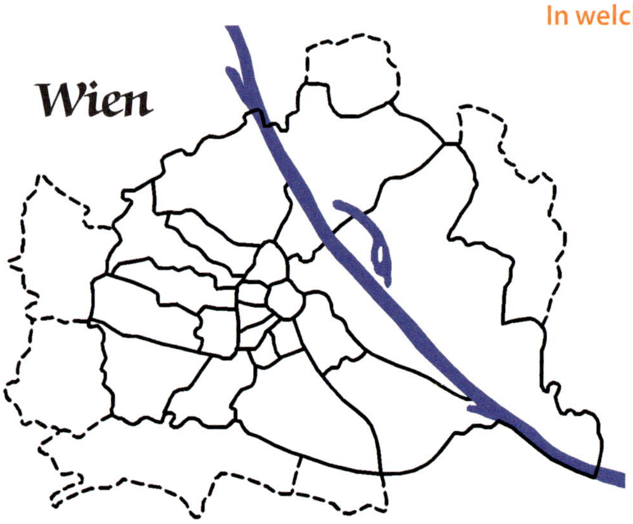

_____________ *Bezirk*

20. DER WEG IN DIE FREIHEIT

Marshallplan – Entnazifizierung – Staatsvertrag – Neutralität

Der Wiederaufbau beginnt

Nach dem Krieg mussten die Menschen viele Entbehrungen auf sich nehmen, denn es fehlte am Notwendigsten. Überall lag Schutt der durch Bombeneinschläge zerstörten Häuser. Da viele Männer entweder gefallen oder in Kriegsgefangenschaft waren, mussten Frauen, Kinder, Jugendliche und alte Menschen die schwersten Schäden beseitigen: Die Fenster wurden mit Papier oder Pappe notdürftig verschlossen, denn Glas gab es nicht mehr. Aber es fehlte auch Kohle für die Öfen und die verzweifelten Menschen suchten in den Schutthalden nach Papier oder Holzstücken zum Heizen.

Nach der Beseitigung der größten Kriegsschäden begann der **Wiederaufbau des Landes**. Doch im Winter 1945/46 war die Not in den Städten am größten. Viele froren und hungerten. Auch die Preise auf dem **Schwarzmarkt** waren kaum zu bezahlen. In ihrer Not tauschten deshalb viele Stadtbewohner ihren Schmuck und andere Wertgegenstände gegen Lebensmittel ein.

„Trümmerfrauen", die den Schutt in Wien wegräumen, 1. 8. 1945

Wie transportieren diese Frauen den Schutt weg?

Schwarzmarkt: Markt, auf dem zu überhöhten Preisen Mangelwaren angeboten werden

Quelle: Weihnachtsansprache von Bundeskanzler Figl, 1945
Ich kann euch zu Weihnachten nichts geben. Ich kann euch für den Christbaum, wenn ihr überhaupt einen habt, keine Kerzen geben. Ich kann euch keine Gaben für Weihnachten geben. Kein Stück Brot, keine Kohlen zum Heizen, kein Glas zum Einschneiden. Wir haben nichts. Ich kann euch nur bitten: Glaubt an dieses Österreich!

Leopold Figl

Welche Not drückt die Rede Figls aus?

Die vorhandenen Lebensmittel wurden streng **rationiert**. Die Abgabe erfolgte mit **Lebensmittelmarken**. Die Rationen für Normalverbraucher betrugen 1 200 Kalorien im März 1946, im Mai sanken sie auf 800 bis 900 Kalorien. Erst im November wurden sie wieder auf 1 550 Kalorien angehoben.

Hilfe für Österreich

Wirtschaftlich befand sich Österreich in einer äußerst schwierigen Situation. Einerseits hatte Österreich die hohen **Kosten der eigenen Besatzung** zu tragen (1945–1955: 7,68 Milliarden Schilling). Andererseits wurden Betriebe, an denen das Deutsche Reich mehr als 10 Prozent besessen hatte und die somit als „deutsches Eigentum" galten, beschlagnahmt.

Um die politische Stabilität in Europa zu fördern, stellten die Amerikaner Milliarden an Dollar für das **Europäische Wiederaufbau-Programm** zur Verfügung. Dieses Programm ging auf eine Idee des US-Außenministers **George Marshall** zurück. Ab 1948 bekam Österreich mit dem **Marshallplan** Starthilfe für den Wiederaufbau. Insgesamt erhielt Österreich Güter im Wert von 42 Milliarden Schilling. Der Staat Österreich musste diesen Kredit zwar nicht zurückzahlen, dafür aber Kredite an österreichische Unternehmen vergeben.

Plakat Marshallplan

November 1947: Grundnahrungsmittel pro Woche
2,5 – 3 kg Brot
18 dag Mehl
10 dag Pferdefleischkonserve
3 dag Fett
5 dag Maisgries
7 dag Zucker
Zuteilungen: Kartoffeln und Hülsenfrüchte

Rechne die Besatzungskosten in Euro um!

Entnazifizierung

Bereits 1945 erließ die provisorische Regierung das **Verbots- und Kriegsverbrechergesetz**. Damit wurden die NSDAP und alle ihr angeschlossenen Organisationen verboten. Alle Mitglieder der NSDAP, der SA und der SS waren verpflichtet, sich registrieren lassen und durften bei den ersten Nationalratswahlen nicht wählen. Aber schon zu den nächsten Wahlen 1949 waren viele von ihnen wieder zugelassen. Die sogenannten „Minderbelasteten" wurden mit Geldbußen, Wahlrechtsverlust oder Berufsverbot bestraft.

Österreich wird frei

Zu Beginn der Zweiten Republik war es das Ziel aller österreichischen Politiker, die **Besatzungszeit zu beenden**. Die Verhandlungen begannen bereits 1947, aber erst nach dem Tod Stalins (1953) wurde Österreich in den Verhandlungen um einen **Staatsvertrag** als Verhandlungspartner anerkannt. Im April 1955 flog eine österreichische Delegation nach Moskau, um die Schlussverhandlungen zu führen. Im sogenannten **Moskauer Memorandum** verpflichtete sich Österreich, die **immerwährende Neutralität** anzunehmen. Damit stand dem Abschluss des Staatsvertrages nichts mehr im Wege.

Am **15. 5. 1955** unterzeichneten im **Wiener Belvedere** die Außenminister der vier Besatzungsmächte sowie der österreichische Außenminister Leopold Figl den **österreichischen Staatsvertrag**.

Staatsvertrag

Balkon des Belvedere: Leopold Figl mit dem unterzeichneten Staatsvertrag 1955

Österreich bekam mit dem Staatsvertrag nicht nur seine Unabhängigkeit zurück, es wurden auch hunderte Kriegsgefangene aus sowjetischen Lagern freigelassen. Am 4. Juni traf in Wien der erste große Heimkehrertransport aus der Sowjetunion ein. Die Alliierten verpflichteten sich auch, Österreich binnen 90 Tagen nach Inkrafttreten des Staatsvertrages zu verlassen. Diese Frist endete am 25. Oktober 1955. Nur einen Tag danach – am **26. 10. 1955** – beschloss der Nationalrat das **Neutralitätsgesetz** und damit die **immerwährende Neutralität** Österreichs.

Heimkehrer aus der Kriegsgefangenschaft

Staatsvertrag: internationaler, völkerrechtlicher Vertrag zwischen zwei oder mehreren Staaten

immerwährende Neutralität: Österreich darf keinem Militärbündnis beitreten und keinen Angriffskrieg führen.

Nach der Vertragsunterzeichnung und nach kurzen Ansprachen traten die vier Außenminister der Alliierten gemeinsam mit Figl auf den Balkon. Figl zeigte der wartenden Menschenmenge den Staatsvertrag. Ein unbeschreiblicher Jubel begrüßte dieses Ereignis.

Welcher Feiertag findet jedes Jahr am 26. Oktober statt?

Der **Wiederaufbau** Österreichs war schwer. Mit dem **Marshallplan** erhielt Österreich Wirtschaftshilfe von den USA. Die NSDAP und alle verwandten Organisationen wurden verboten. Am **15. 5. 1955** wurde in Wien der **Staatsvertrag** unterzeichnet. Der Nationalrat beschloss am **26. 10. 1955** die **immerwährende Neutralität** Österreichs.

Nun geht's los – Aufgaben für schlaue Köpfe!

1) Diese Lebensmittelkarten zeigen dir, was die Österreicher und Österreicherinnen 1945 pro Tag an Lebensmitteln beziehen konnten. **Fülle die fehlenden Angaben mit deinem Namen und deiner Wohnadresse aus! Notiere dann, welche Lebensmittel du erhältst und wie viel sie kosten! Runde auf 2 Kommastellen auf ★★★★★**

1 Schilling = 100 Groschen

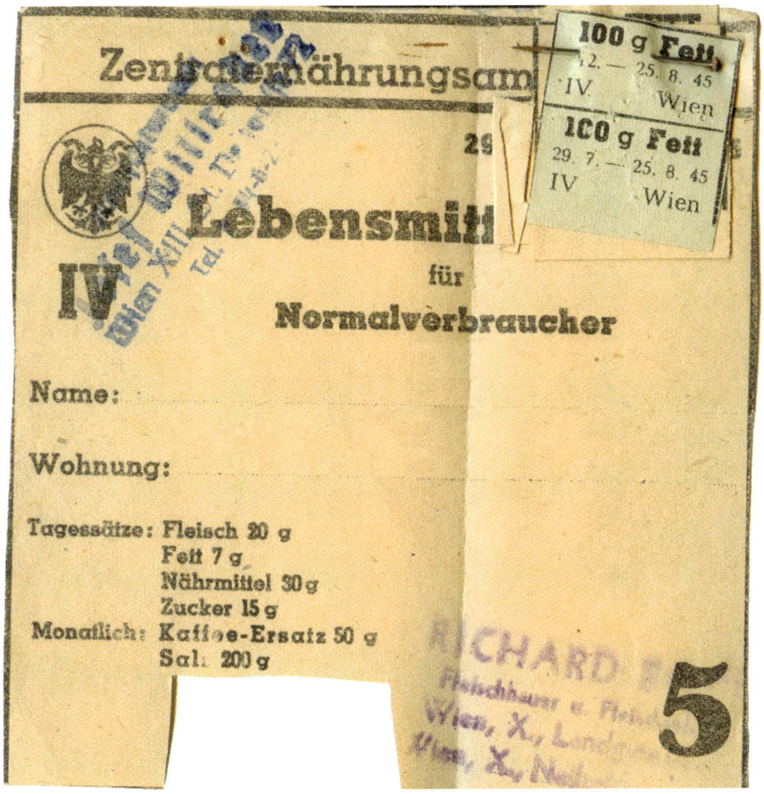
Zentralernährungsam
IV
Lebensmitt
für
Normalverbraucher
Name:
Wohnung:
Tagessätze: Fleisch 20 g
Fett 7 g
Nährmittel 30 g
Zucker 15 g
Monatlich: Kaffee-Ersatz 50 g
Salz 200 g
100 g Fett
IV Wien
100 g Fett
29. 7. — 25. 8. 45
IV Wien
RICHARD
5

Tagessätze:

a) 20 g Fleisch: 4 Groschen

b) ____________________ Groschen

c) ____________________ Groschen

d) ____________________ Groschen

Monatlicher Zusatz:

a) ____________________ Groschen

b) ____________________ Groschen

Was zahle ich insgesamt in einem Monat (30 Tage):

______ Schilling ______ Groschen

1 kg Fleisch: 2 Schilling ★ 1 kg Fett: 2,16 Schilling ★ Nährmittel z. B. 1 kg Kartoffel: 0,13 Schilling ★ 1 kg Zucker: 0,76 Schilling ★ 1 kg Kaffeeersatz: 0,88 Schilling ★ 1 kg Salz: 0,26 Schilling

2) **Was hast du dir gemerkt?** **Ordne den Jahreszahlen die richtigen Ereignisse zu! ★★★**

24. Dezember 1945: ____________________

1948: ____________________

April 1955: ____________________

15. Mai 1955: ____________________

26. Oktober 1955: ____________________

**Staatsvertrag ★
Marshallplan ★
Neutralitätserklärung ★
Moskauer Memorandum ★
Rede Figls**

Nun geht's los – Aufgaben für schlaue Köpfe!

3) **Wortschneckenrätsel** – In dieser Schnecke sind 10 Begriffe aus der Besatzungszeit enthalten. **Suche sie heraus und notiere sie! ★ Verfasse danach mit diesen Begriffen einen kurzen Bericht in deinem Heft! ★★★**

LÖSUNGSWÖRTER:

1 ____________________

2 ____________________

3 ____________________

4 ____________________

5 ____________________

6 ____________________

7 ____________________

8 ____________________

9 ____________________

10 ____________________

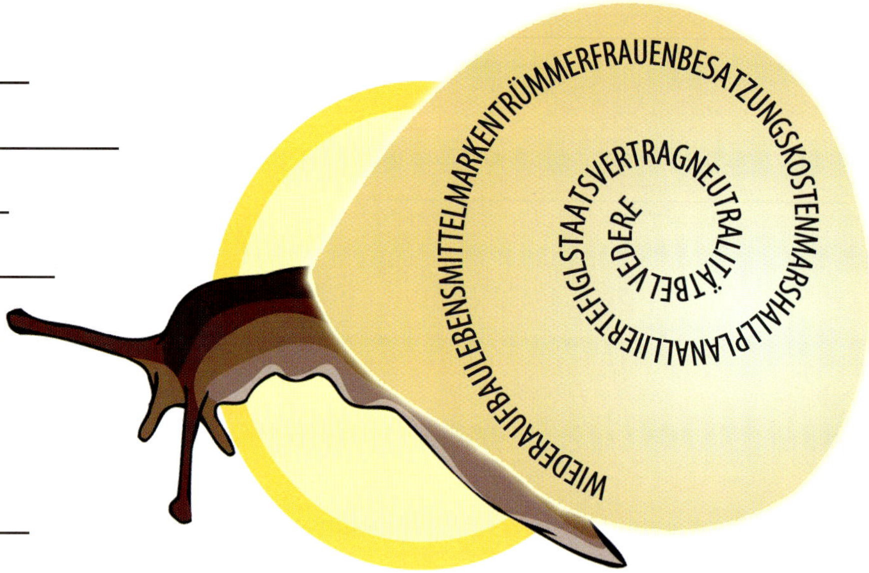

4) **Sieh dir dieses Plakat an und lies dazu die Rede von Karl Renner! Beantworte dann die Fragen! ★★**

Rede Karl Renners 1947:
Es ist nicht leicht, das österreichische Ruderboot auf dem Strom seines Schicksals zu steuern. Vier Elefanten sind ein viel zu großer, schwer zu handhabender, äußerst verdrießlicher und nicht minder gefährlicher Ballast. Noch dazu, wenn diese vier Elefanten sich nicht so ruhig verhalten, ... wenn sie zu drängeln anfangen und gegeneinander bocken.

Wen meinte Renner mit den Elefanten? ____________________

Wann wurde der Wunsch Renners, dass die Elefanten das Boot verlassen, wahr? ____________________

21. ÖSTERREICHS WEG VON 1955 bis 1970

Regierungen – Sozialpartnerschaft – Südtirolfrage – Krisen: Ungarn, Habsburg, Olah, der Fall Borodajkewycz

Koalitionen und Alleinregierung

Um den Wiederaufbau Österreichs zu ermöglichen, arbeiteten in der Nachkriegszeit die beiden Großparteien ÖVP und SPÖ eng zusammen.

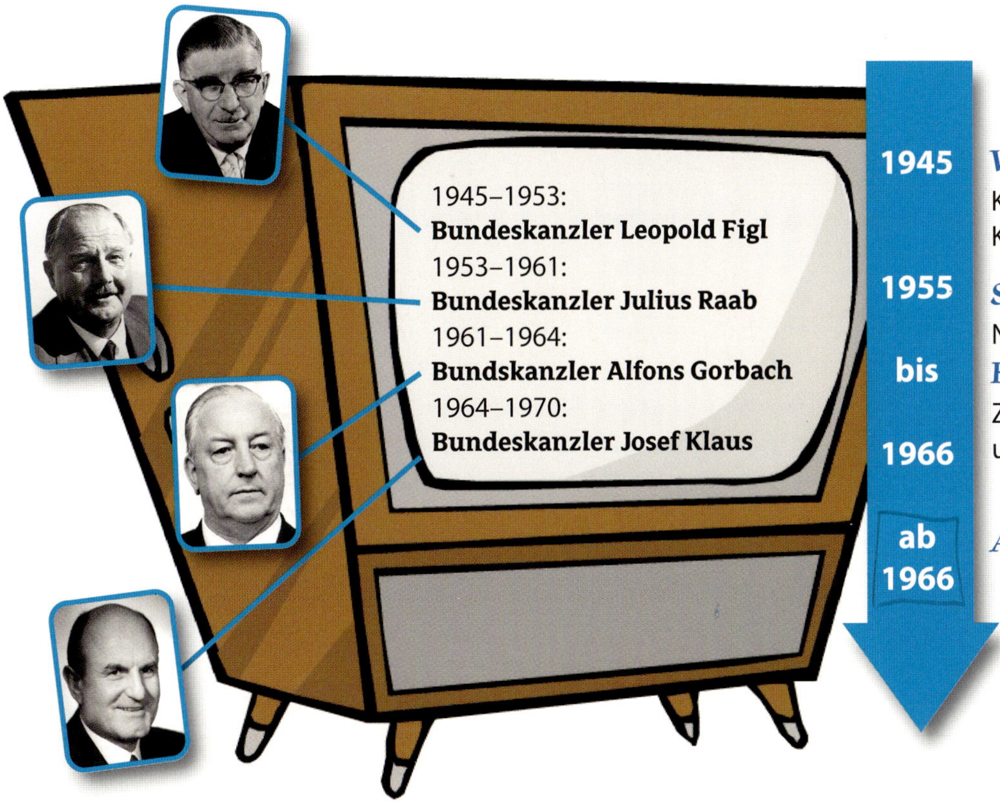

WIEDERAUFBAU
Konzentrationsregierung
Koalitionsregierung

STAATSVERTRAG
Neutralitätserklärung

KOALITIONSREGIERUNGEN
Zusammenarbeit zwischen ÖVP und SPÖ

ALLEINREGIERUNG

absolute Mehrheit: mehr als 50% der Mandate

überparteilich: unabhängig von politischen Parteien

Sie bildeten **Koalitionsregierungen** (Große Koalition). Als stimmenstärkste Partei stellte die ÖVP in den Jahren 1945 bis 1970 immer den Bundeskanzler. Im Jahre 1966 erreichte die ÖVP sogar die **absolute Mehrheit** und regierte ab nun alleine ohne Koalitionspartner. Dies nennt man eine **Alleinregierung**. In dieser Alleinregierung übernahm zum ersten Mal eine Frau ein Ministeramt – Grete Rehor (ÖVP) wurde Sozialministerin.

Logo des Österreichischen Gewerkschaftsbundes 1945

Die österreichische Sozialpartnerschaft

1945 wurde der **Österreichische Gewerkschaftsbund (ÖGB)** als **überparteiliche** Interessensgemeinschaft für Arbeitnehmer und Arbeitnehmerinnen gegründet. Ein Jahr später entstand die **Bundeswirtschaftskammer** als Vertretung der Interessen der Arbeitgeber. In den folgenden Jahren kam es zu einer engen Zusammenarbeit dieser Arbeitnehmer- und Arbeitgeberverbände. So konnten strittige Wirtschafts- und Sozialfragen durch Verhandlungen friedlich gelöst und Streiks vermieden werden. Diese Zusammenarbeit nennt man **Sozialpartnerschaft**.

WKO.at

Logo der Bundeswirtschaftskammer heute

paritätisch: gleichmäßig verteilt

1957 gründeten die Bundeswirtschaftskammer und der ÖGB die **Paritätische Kommission für Lohn- und Preisfragen**. Diese prüft Lohnabschlüsse und Preiserhöhungen, nimmt aber auch Stellung zu Wirtschafts- und Sozialfragen. Die Paritätische Kommission beruht auf einer freien Vereinbarung der Sozialpartner und ist in der Verfassung nicht vorgesehen. Die Sozialpartnerschaft gibt es heute noch, jedoch verlor sie durch den EU-Beitritt an Bedeutung.

Versucht, wie die Paritätische Kommission ein Problem auszudiskutieren und eine einstimmige Lösung zu finden!

Die Südtirolfrage

Seit wann war Südtirol bei Italien?

Gruber: österreichischer Außenminister

De Gasperi: italienischer Ministerpräsident

Autonomierechte: Selbstbestimmungsrechte einer Minderheit in einem Staat

Nach der Gründung der Zweiten Republik hoffte man in Südtirol auf eine Wiedervereinigung mit Nord- und Osttirol. Doch die Alliierten entschieden, dass Südtirol bei Italien bleiben müsse. Im **Gruber-De-Gasperi-Abkommen** von 1946 erhielt die deutschsprachige Bevölkerung Südtirols **Autonomierechte** zugestanden. Österreich wurde zur **Schutzmacht** ernannt.

Gruber-De-Gasperi-Abkommen:

- Unterricht in der Muttersprache
- deutsche und italienische Sprache in öffentlichen Ämtern gleichberechtigt
- zweisprachige Ortstafeln
- Gleichberechtigung bei der Einstellung in den Staatsdienst
- autonome regionale Gesetzgebungs- und Vollzugsgewalt

Intervention: Einmischung in die Angelegenheiten eines fremden Staates

Italien setzte aber wesentliche Punkte dieses Abkommens trotz einer **Intervention** der UNO nur zögerlich um. Um die Autonomie durchzusetzen, verübten **Südtirol-Aktivisten** seit 1956 eine Reihe von Bombenanschlägen auf Hochspannungsleitungen. Ab 1961 waren bei den Anschlägen auch Todesopfer zu beklagen. Erst das **„Südtirol-Paket"** von 1969 brachte eine Entspannung. So wurden von 1972 bis 1992 die Autonomiebestimmungen schrittweise umgesetzt.

Tumulte: Durcheinander, Aufruhr

Wie hieß der letzte österreichische Kaiser?

rechtsextrem: radikale rechte Ideologien vertretend

Außen- und innenpolitische Krisen

Im Oktober 1956 führte ein **Aufstand in Ungarn** gegen die sowjetische Bevormundung zu einer großen Flüchtlingswelle nach Österreich. Aus Angst vor einem sowjetischen Einmarsch wurde sogar das österreichische Bundesheer an der Grenze zusammengezogen. Bis zum Jahresende nahm Österreich 155 000 **Ungarnflüchtlinge** auf, von denen etwa 15 000 für immer im Land blieben.

Ungarnflüchtlinge am Grenzübergang Klingenbach 1956

1963 kam es bei einer Abstimmung im Parlament zu **Tumulten**. Die Regierungspartei SPÖ hatte gemeinsam mit der Oppositionspartei FPÖ einen Antrag gegen die **Einreise Otto Habsburg-Lothringens** nach Österreich eingebracht. Dies führte zu schweren Verstimmungen mit dem Regierungspartner ÖVP. Erst 1966 durfte der Sohn des letzten Kaisers nach Österreich einreisen.

1964 erschütterte die **Olah-Krise** die Republik. Der mächtige ÖGB-Präsident und Innenminister **Franz Olah** hatte Gewerkschaftsgelder in der Höhe von 4,5 Millionen Schilling eigenmächtig verwendet und damit die Kronenzeitung, den Express und die FPÖ geheim unterstützt. Er musste als Innenminister zurücktreten, seine Gewerkschaftsfunktionen zurücklegen und wurde aus der SPÖ ausgeschlossen.

Im März 1965 leitete die Staatsanwaltschaft gegen den Wiener Universitätsprofessor **Borodajkewycz** Erhebungen wegen nationalsozialistischer und antisemitischer Äußerungen ein. Bei einer Demonstration für die Abberufung Borodajkewyczs gingen Demonstranten und **rechtsextreme** Studenten aufeinander los. Dabei wurde der Antifaschist **Ernst Kirchweger** tödlich verletzt.

Von 1945 bis 1966 gab es in Österreich **Koalitionsregierungen**, ab 1966 eine **ÖVP-Alleinregierung**. Die **Sozialpartnerschaft** entstand. Südtirol-Aktivisten versuchten die **Autonomie** durchzusetzen. 1956 nahm Österreich viele **Ungarnflüchtlinge** auf. Innenpolitisch gab es die **Habsburgkrise** und die **Olahkrise**.

Nun geht's los – Aufgaben für schlaue Köpfe!

1) **Die Geburtsstunde des ORF** – Wie alles begann, findest du heraus, wenn du die Funkstörung behoben hast! ★★

Was gibt es Neues?

Der :|sterreichische R⁂ndfunk sendete d✕e ersten Versuchssen⌒ungen im Ẋpril/Mai 1Q̀55. Mit 1. August be∘ann der ∻RF ein re∘elmäßiges œersuchsprogramm an drei ẽagen p‴ o Woc♋e jeweils eine SV́unde aus‿ustrahlen. Ge⋯endet wurde i↘ der Z‿it von 17 bis 18 Uhr. Das er⋯V́e ɩernsehstudio war ein K≑assenzimmer in œien Meidling. In Österreich ∘ab es zur Ge∴urtsstunde des Fer↘sehens ↘ur 516 Fernseh∘eräte. Der Gro←teil stand in Ga⋯tstätten oder in d‿n Ausla∘en der Radi↗händler.
Erste Progr≈mmhöhepunkte waren: „Aktueller Sp↗rt" mit Edi Finger, „Kari∓atur der Wo♩he" mit Gustav Peichl, „Fass d≈s Glü♩k" mit Heinz Conrads und „ı̇eit im Bil⌒".

2) In „Zeit im Bild" fehlen bei den Jahreszahlen die Nachrichten. Setze diese ein! ★★★

Grete Rehor erste Ministerin ★ Antifaschist bei Demonstration getötet ★ Gruber-De-Gasperi-Abkommen ★ Otto Habsburg darf nicht einreisen. ★ Olah-Krise erschüttert die Republik. ★ 155 000 Ungarnflüchtlinge in Österreich ★ Südtirol-Paket beschlossen

1963 ______________________

1969 ______________________

1964 ______________________

1946 ______________________

1966 ______________________

1965 ______________________

1956 ______________________

Nun geht's los – Aufgaben für schlaue Köpfe!

3) **Österreich wird mobil** – Mit den 1950er Jahren kam auch in Österreich die Motorisierung des Landes in Schwung. Um welche Fahrzeuge handelt es sich? **Setze die Zahlen richtig ein! ★★★★**

1 Ich bin ein Rollermobil aus dem Hause BMW. Meine Spitznamen lauten: Knutschkugel, Schlaglochsuchgerät, aber auch Advents-Auto in Anspielung auf das Weihnachtslied „Macht hoch die Tür".

2 Mein offizieller Name ist Puch 175 SV. Ich wurde 1953 gebaut und erreichte 95 km/h.

3 1952 verließ ich in Steyr das erste Mal das Fließband. Ich bin ein billiges einfaches Fahrzeug für 2 Personen und erreiche eine Geschwindigkeit von 25 km/h.

____ **Beiwagenmaschine** ____ **Isetta**

____ **Roller** ____ **Puch 500**

____ **Motorrad** ____ **VW-Käfer**

4 Ab 1957 ging ich in Steyr (OÖ) in Serienproduktion. Ich bin ein kleines Auto. Auf meiner Außenhülle steht die Zahl 500. Ich habe schon 16 PS!

5 Viele Familien, die sich kein Auto leisten konnten, unternahmen mit mir Ausflüge. Ich habe einen Beiwagen. So kann ich 3 Personen befördern.

6 Ich war der größte Erfolg der deutschen Automobilindustrie. 1948 waren schon 25 000 von mir verkauft!

4) **Nun fällt es dir sicher leicht, die Typenbezeichnungen den Bildern zuzuordnen. ★★**

22. DIE ÄRA KREISKY – 1970 bis 1983

Minderheitsregierung – Wohlfahrtsstaat – Reformen – Außenpolitik – Erdölschock – Volksabstimmung Zwentendorf

Am Beginn stand die Minderheitsregierung ...

Bruno Kreisky, der schon 1955 als Staatssekretär an den Verhandlungen zum Abschluss des Staatsvertrages teilgenommen hatte und ab 1959 Außenminister war, übernahm 1967 den Parteivorsitz der SPÖ. In seinen Wahlreden, auf Wahlplakaten, aber auch bei einer der **ersten Fernsehkonfrontationen** zwischen den Spitzenkandidaten versprach Kreisky eine Modernisierung des Landes.

Ära: Zeitalter

Bruno Kreisky

Wahlplakat der SPÖ 1970

Wahlplakat der ÖVP 1970 mit Spitzenkandidat Josef Klaus

Minderheitsregierung: Regierung, die keine Mehrheit im Parlament hat

Die SPÖ erreichte bei der Nationalratswahl am 1. März 1970 die **relative Mehrheit**. Nachdem aber die Verhandlungen mit der ÖVP über eine neuerliche Koalition scheiterten, bildete Kreisky eine **Minderheitsregierung**. Dies war die erste **sozialistische Alleinregierung** der Republik.

Wohlfahrtsstaat: Staat, der seinen Staatsbürgern sozialen Schutz und wirtschaftliche Hilfe gibt

Da die Regierung Kreisky für Beschlüsse im Parlament die Unterstützung anderer Abgeordneter benötigte, beschlossen die SPÖ und die FPÖ gemeinsam eine sogenannte **„Wahlrechtsreform"**. Von dieser profitierten vor allem kleinere Parteien. Mit Hilfe der Stimmen der FPÖ konnte sich die **Minderheitsregierung** der SPÖ bis 1971 halten. Bei den Neuwahlen 1971 erreichte die SPÖ schließlich die **absolute Mehrheit**.

Ab welchem Alter bist du heute volljährig?

Patriarchat: Gesellschaftsform, in der der Mann eine bevorzugte Stellung hat

... die zu einer absoluten Mehrheit führte

Unter der Alleinregierung Kreisky wurde der **Wohlfahrtsstaat** ausgebaut. Langfristige **Reformen** im Sozial- und Rechtssystem sowie eine Demokratisierung der Hochschulen setzten ein. Unter Justizminister **Christian Broda** kam es zu umfassenden Reformen im **Justizbereich:**

Fristenlösung: Straffreiheit für einen Schwangerschaftsabbruch bis zum 3. Monat

Familienrechtsreform

- Vater und Mutter sind bei der Erziehung gleichberechtigt.
- Das Volljährigkeitsalter wird auf 19 Jahre gesenkt (vorher 21 Jahre).
- Ehegesetzänderung – Partnerschaft tritt an Stelle der bisherigen **patriarchalischen** Eheform.

Große Strafrechtsreform

- Geldstrafen anstelle kurzer Freiheitsstrafen
- Einführung der **Fristenlösung**
- Einführung der einvernehmlichen Scheidung

Demonstration für die Fristenlösung 1974

Auch im **Bildungsbereich** gab es weitreichende Reformen:

Schul- und Universitätsreformen

- Einführung der Gratisschulbücher und der Schülerfreifahrt
- Durchgängige Koedukation beschlossen
- Aufnahmeprüfungen in der AHS abgeschafft
- Neue Lehrpläne
- Freier Hochschulzugang – Abschaffung der Studiengebühren

AHS: Allgemeinbildende höhere Schule (Gymnasium)

Neben all diesen großen Reformen ging die Regierung Kreisky auch daran, die Lebensqualität der Österreicher und Österreicherinnen zu erhöhen. So wurde die Arbeitszeit von 46 auf 40 Stunden pro Woche **reduziert** und die Pensionen wurden jährlich angehoben. Auch die **Mutter-Kind-Pass-Untersuchungen** und das **Heiratsgeld** (15 000 Schilling) wurden eingeführt. Daneben kam es zu einer Erhöhung der **Geburtenbeihilfe** auf 19 000 Schilling. Da Frauen vor allem im Erwerbsleben bei der Entlohnung benachteiligt waren, regelte das neu eingeführte **Gleichbehandlungsgesetz**, dass Männer und Frauen bei gleicher Leistung den selben Lohn erhalten sollten.

reduzieren: verringern

Geburtenbeihilfe: Geldbetrag des Staates, der bei der Geburt eines Kindes ausbezahlt wurde

Gegner der Fristenlösung 1971

Gegen einige Reformen wie z. B. die Fristenlösung gab es aber erbitterten Widerstand. Vor allem katholische Organisationen demonstrierten gegen die Legalisierung des Schwangerschaftsabbruchs.

In den ersten Jahren der SPÖ-Alleinregierung kam es zu einem wirtschaftlichen Aufschwung. Viele **Gastarbeiter** wurden nach Österreich geholt, um für eine gewisse Zeit im Land schlecht bezahlte Hilfsarbeiten zu verrichten. In dieser Zeit waren die ersten negativen Stimmen gegen Gastarbeiter in Österreich zu hören.

Überlege, warum heißt der österreichische Bub auch Kolaric? Tipp: Denke dabei an die Zeit der Monarchie!

Mit Werbeplakaten versuchte die Regierung, gegen Vorurteile anzukämpfen.

Plakat gegen Ausländerfeindlichkeit 1973

Die „Insel der Seligen"

1971 bezeichnete Papst Paul VI. Österreich aufgrund der hohen sozialen Absicherung als **„Insel der Seligen"**. Doch in den nächsten Jahren erschütterten internationale **Krisen** und innenpolitische **Auseinandersetzungen** diese „Insel der Seeligen".

Verfassungsgericht: Gericht, das kontrolliert, ob Gesetze und Verordnungen der Verfassung entsprechen und eingehalten werden

Ortstafelsturm in Kärnten Oktober 1972

Im Staatsvertrag hatte sich Österreich zum **Schutz seiner Minderheiten** verpflichtet. Zu den Volksgruppen, die in Österreich als Minderheiten gelten, zählen die Kärntner Slowenen und die Burgenlandkroaten. Aber erst 1972 beschloss der Nationalrat ein Gesetz über die zweisprachigen Ortstafeln in Kärnten. In den Bezirken mit slowenischer oder gemischtsprachiger Bevölkerung stellte man zweisprachige Ortstafeln auf. Im Oktober 1972 entfernten deutsch-nationale Kärntner unter dem Slogan: „Kärnten frei und ungeteilt!" im sogenannten **Ortstafelsturm** diese zweisprachigen Ortstafeln. Es kam zu slowenischen Gegendemonstrationen. Bis heute ist der Ortstafelstreit trotz eines **Verfassungsgericht**surteils nicht beigelegt.

1973 verringerten erdölproduzierende Staaten wie der Irak, der Iran, Kuwait, Saudi-Arabien und Venezuela ihre Fördermenge und erhöhten den Preis für Erdöl um 70 Prozent. Dies führte zu einem **„Erdölschock"**, der Auswirkungen auf die Haushalte aber auch auf die Wirtschaft hatte. So wurde jedem Österreicher und jeder Österreicherin ein **autofreier Tag** vorgeschrieben. Auch wurden die „Energieferien" eingeführt, die man später als Semesterferien beibehielt.

Pickerl für einen autofreien Tag

Die wirtschaftliche Krise nach dem „Erdölschock" ließ die **Arbeitslosigkeit** in den Industriestaaten ansteigen. Die Regierung Kreisky unternahm alles, um die Arbeitslosenzahlen niedrig zu halten. So gab es unter Finanzminister Hannes Androsch Hilfsmaßnahmen für bedrohte Großbetriebe, Unterstützung bei Kreditrückzahlungen, aber auch Exportförderungen und Investitionen in die **Infrastruktur**. Mit einer sogenannten Hartwährungspolitik koppelte man den Schilling fest an den D-Mark-Kurs. Alle Maßnahmen dienten der **Beschäftigungspolitik**, waren aber sehr teuer und ließen die Schulden des Staates steigen.

Infrastruktur: für die Wirtschaft eines Landes wichtige Bereiche wie z. B Verkehrswege

Was nahm Kreisky in Kauf, um die Arbeitslosigkeit zu bekämpfen?

Quelle: Ausspruch Kreiskys im Wahlkampf 1979

Mir sind ein paar Milliarden Schilling Schulden lieber als ein paar hunderttausend Arbeitslose.

Karikatur von Erich Sokol: Beschäftigungspolitik Kreiskys

Wie wird Kreisky in dieser Karikatur dargestellt?

Bei den Nationalratswahlen 1975 hatte die SPÖ einen großen Wahlsieg errungen. Doch schon wenige Jahre später sollte Kreisky seine schwerste Niederlage erleiden. Bereits 1971 war der Bau des **Atomkraftwerkes Zwentendorf** beschlossen worden. Kurz vor Fertigstellung warnten Atomkraftgegner vor den Gefahren der Atomkraft und wiesen auf die ungeklärte Endlagerung des Atommülls hin.

AKW Zwentendorf (NÖ)

Da der Protest gegen Zwentendorf immer stärker wurde, beschloss die SPÖ, am 5. 11. 1978 eine **Volksabstimmung** durchzuführen. Trotz der Rücktrittsdrohung Kreiskys entschied eine knappe Mehrheit der Österreicher und Österreicherinnen (50,47%) gegen die Inbetriebnahme des Kernkraftwerkes. Der Nationalrat beschloss ein eigenes **Atomsperrgesetz**: In Österreich durfte in Zukunft kein Kernkraftwerk mehr ohne Volksabstimmung errichtet werden.

Plakat gegen AKW Zwentendorf 1978

Mit welchen Argumenten wurde auf diesem Plakat gegen das Atomkraftwerk geworben?

Nach der Entscheidung gegen Zwentendorf trat Kreisky aber nicht zurück. Vielmehr gewann die SPÖ die nächste Nationalratswahl überlegen.

1980 erschütterte der AKH-Skandal Österreich. Beim Bau des **AKH** war **Schmiergeld** in Millionenhöhe gezahlt worden. Kreiskys „Kronprinz", Finanzminister Androsch, musste zurücktreten und neuer Vizekanzler wurde **Fred Sinowatz**.

AKH in Wien

AKH: Allgemeines Krankenhaus, größtes Krankenhaus Österreichs in Wien

Schmiergeld: Bestechungsgeld

Seine Welt war größer als sein Land

Außenpolitisch versuchte Kreisky, im **Nahostkonflikt** zu vermitteln. So unterhielt er enge Kontakte zum ägyptischen Präsidenten Saddat, zur palästinensischen Befreiungsorganisation (PLO) und ihrem Führer Arafat sowie zum libyschen Staatschef Gaddafi. Gemeinsam mit den sozialistischen Parteichefs Willy Brandt (Deutschland) und Olof Palme (Schweden) förderte er den **Nord-Süd-Dialog**, um eine vermehrte Hilfe der Industriestaaten für die Entwicklungsländer zu erreichen.

Kreiskys gute Kontakte zur PLO führten dazu, dass Österreich vom **internationalen Terror** anfangs verschont blieb. Doch 1973 war dies vorbei: Bei der **Geiselnahme in Marchegg** überfielen zwei Palästinenser einen Zug mit jüdischen Emigranten. Sie forderten die Schließung des **Transitlagers** Schönau. Kreisky gab nach und ließ die Terroristen ausfliegen. Dies führte zu heftigen Protesten der israelischen Ministerpräsidentin Golda Meir gegen diese österreichische „Kapitulation vor dem Terror".

1975 gab es in Wien erneut einen **Terroranschlag**. Unter der Führung des internationalen Terroristen Carlos stürmten sechs Terroristen das **OPEC-Gebäude**, nahmen elf Minister der OPEC-Länder und hochrangige Mitarbeiter gefangen und töteten drei Menschen. Kreisky, der keine weiteren Menschenleben gefährden wollte, ließ die Terroristen gemeinsam mit 33 Geiseln nach Algerien ausfliegen.

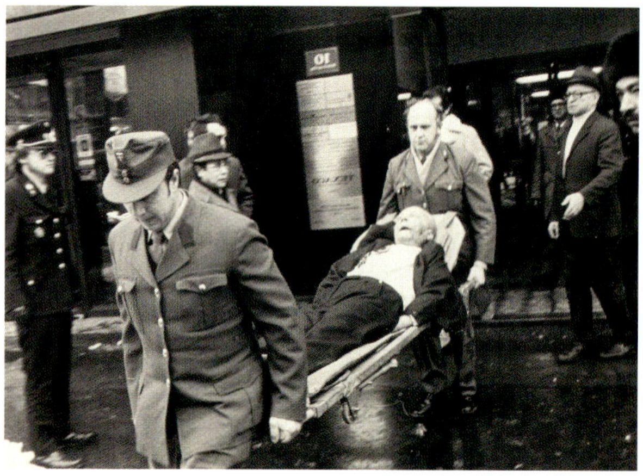

OPEC-Anschlag, 21. 12. 1975

Der nächste Terroranschlag traf 1981 den Wiener Stadtrat **Heinz Nittel**, der auch Präsident der Österreichisch-Israelischen Gesellschaft war. Am 1. Mai wurde Nittel vor seinem Wohnhaus von Terroristen erschossen. Zu diesem Anschlag bekannte sich die extreme Palästinenserorganisation Al Asifah. Nur wenige Monate später, am 29. August, verübten Terroristen einen Anschlag auf eine Wiener **Synagoge**, bei der zwei Menschen ums Leben kamen.

Carter und Breschnew nach der Vertragsunterzeichnung, 1. 6. 1979

1979 wurde Wien zum Zentrum der **Abrüstungsgespräche**. Die beiden mächtigsten Männer der Welt, der amerikanische Präsident Jimmy Carter und der sowjetische Präsident Leonid Breschnew unterzeichneten das **SALT II Abkommen**.

Mit diesem Abkommen wurde eine Begrenzung der **nuklearstrategischen** Waffen vereinbart.

Nahostkonflikt: Konflikt um die Region Palästina

Jassir Arafat

Nord-Süd-Dialog: Gespräch, um Interessensgegensätze zwischen Industrie- und Entwicklungsländern zu beheben

Transitlager: Lager für Emigranten, die in ein anderes Land weiterreisen

OPEC: Organisation erdölexportierender Länder

nuklearstrategische Waffen: Mittelstreckenraketen mit Atomsprengköpfen

Ab 1970 regierte die SPÖ unter Bundeskanzler **Kreisky** alleine. In der **Ära Kreisky** gab es viele **Reformen**.
Die 1970er Jahre waren bestimmt vom **Erdölschock** und von **Terroranschlägen**.
1978 gab es eine **Volksabstimmung** zu Zwentendorf. 1979 wurde in Wien das **SALT II** Abkommen unterzeichnet.

Nun geht's los – Aufgaben für schlaue Köpfe!

1) **Bilderquiz** – Die Titel dieser Bilder stehen verkehrt geschrieben. Lies jedes Wort erst von hinten nach vorne und schreibe es dann unter das richtige Bild! ★

KITILOPSGNUGITFÄHCSEB ✱ IITLAS ✱ KCOHCSLÖDRE ✱ FRODNETNEWZ ✱ NEDEIRFTSOHAN ✱ MRUTSLEFATSTRO

2) Sehr oft sagte Kreisky: „Ich bin der Meinung!" Setze die Silben richtig zusammen, dann bekommst du die Antworten auf die Fragen! ★★

Ich bin der Meinung!

A – AB – AR – BEI – BEI – BUR – DER – FAHRTS – FE – FI – GAST – GE – GELD – GIE – HEITS – HIL – KRAFT – MI – MIN – MUNG – NANZ – NIS – RE – RUNG – SCHMIER – STAAT – STIM – TEN – TER – TER – TOM – VOLKS – WERK - WOHL

1. ______________________
Regierung, die keine Mehrheit im Parlament hat

2. ______________________
gibt seinen Bürgern sozialen Schutz

3. ______________________
Geldbetrag des Staates bei der Geburt eines Kindes

4. ______________________
Arbeiter aus dem Ausland

5. ______________________
Bestechungsgeld

6. ______________________
Was ist Zwentendorf?

7. ______________________
Wer war Hannes Androsch?

8. ______________________
Stoppte die Inbetriebnahme von Zwentendorf

Nun geht's los – Aufgaben für schlaue Köpfe!

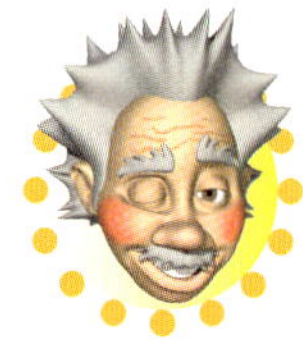

3) Auf dieser Karikatur siehst du Kreisky (SPÖ) mit Josef Taus (ÖVP) am Billardtisch! **Ordne die Jahreszahlen auf den Billardkugeln den Ereignissen zu! ★★★★**

- *Volksabstimmung Zwentendorf*
- *SALT II Abkommen*
- *Kreisky ist Staatssekretär*
- *AKH-Skandal*
- *relative Mehrheit der SPÖ*
- *Erdölschock*
- *Anschlag auf Wiener Synagoge*
- *Ortstafelsturm*
- *absolute Mehrheit der SPÖ*
- *OPEC-Anschlag*

23. ÖSTERREICH VON 1983 bis 1995

Kleine Koalition – Hainburg – Skandale – Causa Waldheim – Aufstieg Haiders – Große Koalitionen – Ostöffnung

Die Bildung der Kleinen Koalition

Nach dem Verlust der absoluten Mehrheit bei der Nationalratswahl 1983 trat Bundeskanzler Kreisky zurück. Damit endete nach 13 Jahren die SPÖ-Alleinregierung. Kreiskys Nachfolger **Fred Sinowatz** bildete mit der FPÖ unter **Norbert Steger** von 1983 bis 1986 eine Regierung, die „**Kleine Koalition**".

Bundeskanzler Fred Sinowatz

Rettet die Au!

In diese Zeit fiel die erste große Auseinandersetzung mit **Umweltschutzaktivisten**. 1984 wollte die Regierung ein Wasserkraftwerk in der **Stopfenreuther Au bei Hainburg** (NÖ) bauen. 3 000 Aktivisten aus ganz Österreich versuchten, mit einem friedlichen Sitzstreik die Schlägerung der Bäume zu verhindern. Doch die Au wurde zum Sperrgebiet erklärt und gewaltsam geräumt. Dieses Vorgehen empörte ganz Österreich. Nachdem 40 000 Teilnehmer in Wien gegen den Bau des Kraftwerkes demonstriert hatten, stoppte Bundeskanzler Sinowatz die Rodungsarbeiten. Die Regierung verzichtete auf den Bau des Kraftwerkes. Die erfolgreiche Verhinderung von Hainburg hatte einerseits eine der schönsten Aulandschaften Europas gerettet. Andererseits brachte Hainburg den Zusammenschluss **grüner Gruppierungen** unter Freda Meissner-Blau.

Gewaltsame Räumung der Au, Dezember 1984

Umweltschutzaktivisten: setzen sich für den Umweltschutz ein

Was geschah weiter?
Seit 1996 gehört auch die Stopfenreuther Au zum Nationalpark Donau-Auen. Dieser Nationalpark dient dem Schutz dieses ökologisch besonders wertvollen Gebietes vor Umweltverschmutzung und Eingriffen des Menschen.

Erkundige dich, welche Naturschutzgebiete es in deiner näheren Umgebung gibt! (Internet)

Skandale und Krisen

Im Jahr 1985 gerieten die **Verstaatlichte Industrie** in Österreich und die **VOEST** in die Krise. Rekordverluste und riskante Spekulationen führten dazu, dass viele Arbeiter und Arbeiterinnen entlassen werden mussten. Im selben Jahr kam es auch zu einem großen **Weinskandal**. So wurde in zahlreichen österreichischen Weinsorten **Glykol**, ein chemisches Frostschutzmittel, nachgewiesen. Der Schaden für die österreichische Wirtschaft war enorm.

Für weitere Aufregung sorgte 1985 die **Noricum-Affäre**: Die Zeitschrift Basta deckte illegale Waffenlieferungen des VOEST-Tochterunternehmens Noricum in den Iran auf. 1993 wurden die verantwortlichen Manager schuldig gesprochen, während die in diesen Skandal verwickelten Politiker frei gingen.

Im Mittelpunkt des **Lucona-Skandals** stand Udo Proksch, der Freund vieler einflussreicher SPÖ-Politiker. Unter mysteriösen Umständen war das von Proksch **gecharterte** Schiff „Lucona" nach einer Explosion gesunken. Sechs Matrosen fanden dabei den Tod. Die Versicherung weigerte sich, die Versicherungssumme auszuzahlen, weil sie von einem Betrug ausging. 1992 wurde Proksch wegen sechsfachen Mordes zu lebenslanger Haft verurteilt.

Verstaatlichte Industrie: Fabriken und Unternehmen, die dem Staat gehören

VOEST: Stahlunternehmen in OÖ

chartern: mieten

Proksch vor Gericht 1990

nominieren: als Kandidaten aufstellen

Bundeskanzler Vranitzky

ächten: aus der Gemeinschaft ausstoßen

Watchlist: Liste der USA mit Personen, die nicht ins Land einreisen dürfen

Große Koalition: Zusammenarbeit der beiden stimmenstärksten Parteien

Klubobmann: Sprecher der Abgeordneten einer Partei im Parlament

Proporz: mengenmäßiges Verhältnis zwischen Parteien; hier Posten nach dem Proporz vergeben

DDR: Deutsche Demokratische Republik

BRD: Bundesrepublik Deutschland

Eiserner Vorhang: stark bewachte Grenze zwischen Ost und West

1983 trat Kreisky zurück. Es kam zur Bildung einer **Kleinen Koalition** mit der FPÖ. 1986 übernahm **Jörg Haider** die Führung der FPÖ. **Franz Vranitzky** bildete eine **Große Koalition** mit der ÖVP. 1993 gründete Heide Schmidt das **Liberale Forum**.

Der Präsidentenwahlkampf 1986 und seine Folgen

Zur Bundespräsidentenwahl 1986 **nominierte** die ÖVP **Kurt Waldheim**, den ehemaligen Generalsekretär der UNO. Während des Wahlkampfes kam es zu Gerüchten und Diskussionen über die NS-Vergangenheit Waldheims. Dieser wies alle Vorwürfe zurück. Als Waldheim zum Bundespräsidenten gewählt wurde, reichte Sinowatz seinen Rücktritt ein. Neuer Bundeskanzler wurde **Franz Vranitzky**. International wurde Waldheim **geächtet**. So zog Israel seinen Botschafter ab und die USA setzten Waldheim auf die **„Watchlist"**.

Der Aufstieg der FPÖ unter Haider

1986: Haider wurde neuer FPÖ-Obmann

Am Innsbrucker Parteitag der FPÖ 1986 gewann der Kärntner FPÖ-Parteiobmann **Jörg Haider** die Kampfabstimmung gegen Norbert Steger und wurde neuer Parteiobmann der FPÖ. Daraufhin löste Vranitzky die Koalition auf und bildete mit der ÖVP eine **Große Koalition**. Der Partei **„Die Grünen"** gelang erstmals der Einzug in den Nationalrat.

1989 wurde Haider **Kärntner Landeshauptmann**. Er musste aber 1991 zurücktreten, weil er in einer Landtagsrede die „ordentliche Beschäftigungspolitik" des Dritten Reiches gelobt hatte. Haider wurde **Klubobmann** der FPÖ im Parlament und führte seine Partei in den nächsten Jahren von Wahlsieg zu Wahlsieg. Er wetterte einerseits gegen die Privilegien und den **Proporz** der Großparteien und andererseits gegen die Ausländerpolitik der Regierung. So initiierte Haider 1993 ein **Ausländervolksbegehren** unter dem Slogan „Österreich zuerst". Gegner dieses Volksbegehrens veranstalteten im Jänner 1993 die größte Protestkundgebung der Zweiten Republik auf dem Wiener Heldenplatz. Auch traten fünf FPÖ-Nationalratsabgeordnete unter der Führung von Heide Schmidt aus der FPÖ aus und gründeten eine eigene Partei, das **Liberale Forum**.

Protestkundgebung gegen Ausländerfeindlichkeit: Lichtermeer am Heldenplatz im Jänner 1993

Ostöffnung und Briefbombenattentate

Nachdem im Sommer 1989 viele **DDR**-Bürger über Ungarn und Österreich in die **BRD** geflüchtet waren, führte dies zum Ende des **Eisernen Vorhangs**. 1991 erklärten zunächst Slowenien und Kroatien ihre Unabhängigkeit. Es kam zum Krieg mit den anderen Balkanstaaten und zum **Zerfall des Staates Jugoslawien**. Viele Flüchtlinge kamen nach Österreich, wobei der Großteil für immer blieb.

Von 1993 bis 1997 verübte **Franz Fuchs** eine Reihe von **Briefbombenattentaten**. Seine Opfer waren engagierte Journalisten, Priester und Politiker, die für mehr Toleranz Ausländern gegenüber eintraten. Bei zwei Rohrbombenattentaten im Burgenland und Kärnten wurden vier Roma getötet, ein Polizist wurde schwerst verletzt.

Nun geht's los – Aufgaben für schlaue Köpfe!

1) **Schlagzeilenmix** – Hier ist einiges verloren gegangen. **Fülle die Lücken! ★★★**

Beginn der Kleinen ______________! Öffnung des ______________ Vorhangs!

______________ gesprengt – 6 Tote!

______________skandal: Glykol nachgewiesen!

Bundeskanzler ______________ stoppt Kraftwerksbau!

Bundespräsident ______________ auf der „Watchlist"!

Die Grünen schaffen Einzug ins ______________!

Lichter______________ am Heldenplatz!

Jörg ______________ neuer FPÖ-Obmann!

Rettet die Stopfenreuther Au bei ______________!

Verstaatlichte Industrie und ______________ in der Krise!

Ausländer______________ „Österreich zuerst" gestartet!

Illegale Waffenlieferung der VOEST-Tochter ______________!

2) Bei diesen Kurzmeldungen fehlen die Schlagzeilen. **Suche die passenden Schlagzeilen aus Übung 1) und setze ein! ★★★★**

....

Vor dem Heiligen Abend verkündet Kanzler Sinowatz endlich den „Weihnachtsfrieden", der die vorübergehende Einstellung der Bau- und Rodungsarbeiten sichert.

....

Alle Flaschen werden eingezogen. Das deutsche Gesundheitsministerium warnt vor dem Genuss.

....

Ungarn öffnet seine Grenzen. In den ersten Augustwochen kommt es zu einer gigantischen Ausreisewelle in den Westen.

....

ÖVP Kandidat gewinnt in der Stichwahl vom 8. Juni 1986 mit einer Mehrheit von 53,9% der Stimmen. Internationale Historikerkommission kann keine Beteiligung an Kriegsverbrechen finden.

Nun geht's los – Aufgaben für schlaue Köpfe!

3) Das politische Wochenmagazin Profil deckt viele Skandale auf und bringt immer die aktuellsten Meldungen. Hier siehst du eine Auswahl an Titelblättern aus den 1980er und 1990er Jahren. **Wähle aus der Wortliste die fehlenden Teile aus und schreibe sie auf das Cover! ★★**

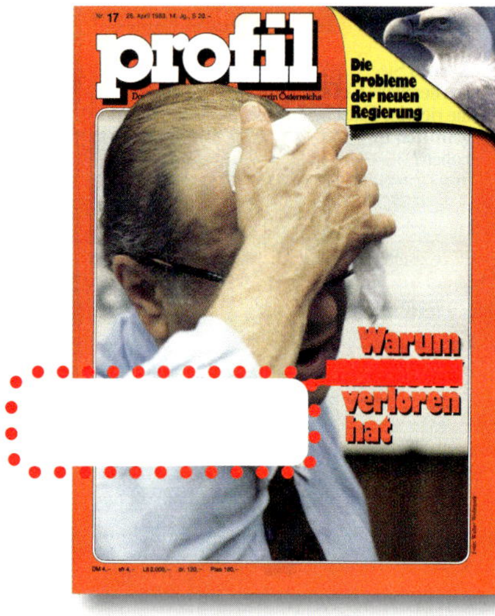

Noricum ★ Wein ★
Waldheim ★ FPÖ ★
Au ★ Koalition ★
Kreisky ★ Sinowatz ★
Hainburg ★ Lucona ★
Steger ★ Watchlist ★
Voest ★ Kampagne ★
Geächtete ★ DDR

4) **Aulabyrinth** – Wer von diesen 4 Hainburgaktivisten findet das Lager? ★

24. ÜBERBLICK: DIE EUROPÄISCHE UNION

Europarat – Montanunion – EWG – EG – EU

Der Beginn der europäischen Zusammenarbeit

Nach zwei Weltkriegen bestand in Europa der Wunsch nach einem dauerhaften Frieden. Deshalb gründeten die westeuropäischen Staaten 1949 den **Europarat**, der die Zusammenarbeit der Mitgliedsstaaten stärken sollte. Der Europarat war ein **Forum** für europäische Fragen und hatte die Aufgabe, die Demokratie in den Mitgliedsstaaten zu festigen. Damit war der Grundstein für eine Zusammenarbeit der europäischen Staaten gelegt.

Forum: öffentlicher Raum für Diskussionen

Die Gründung der Montanunion

1950 schlug der französische Außenminister **Robert Schuman** vor, die französisch-deutsche Kohle- und Stahlproduktion gemeinsam in einer neu gegründeten Organisation zu kontrollieren. Die Kohle- und Stahlindustrie sollte nicht länger zu Kriegszwecken eingesetzt werden, sondern gemeinsam verwaltet werden.

Am 18. April 1951 gründeten Belgien, die BRD, Frankreich, Italien, Luxemburg und die Niederlande die **Europäische Gemeinschaft für Kohle und Stahl (EGKS)**, die in den folgenden Jahren auch **Montanunion** genannt wurde. So kam es zum ersten Mal seit den beiden Weltkriegen zu einer engen wirtschaftlichen Zusammenarbeit zwischen den ehemaligen Erzfeinden Deutschland und Frankreich. Damit war der Grundstein für einen dauerhaften Frieden gelegt.

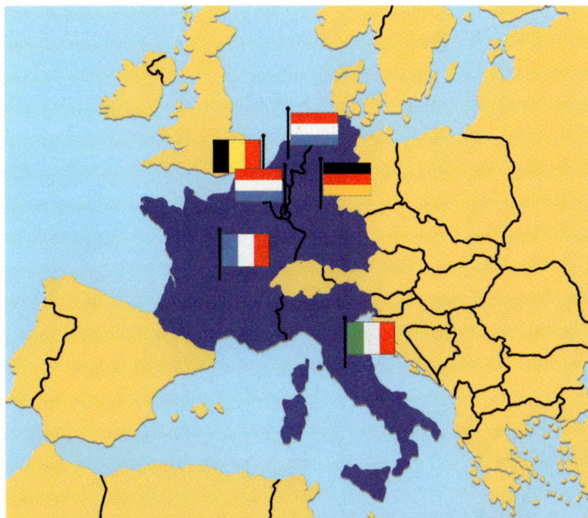

Gründungsstaaten der EGKS

montan: den Bergbau betreffend

Union: Zusammenschluss

Die Europäische Wirtschaftsgemeinschaft

Im Jahre 1957 beschlossen die Mitgliedsstaaten der Montanunion, ihre Zusammenarbeit auszuweiten. Mit der Unterzeichnung des **Vertrags von Rom** gründeten sie die **Europäische Wirtschaftsgemeinschaft (EWG)**. Die EWG setzte sich für die Schaffung eines **gemeinsamen Marktes** ein, der diese vier Freiheiten beinhaltete:

Galt nur für EWG-Mitglieder!

1. Waren: keine Zölle
2. Personen: keine Grenzkontrollen
3. Dienstleistungen: Arbeitnehmer dürfen in jedem Land der EWG arbeiten.
4. Kapital: Man kann sein Vermögen in jedem Land der EWG anlegen.

Es kam auch zur Gründung einer **Europäischen Atomgemeinschaft (EURATOM)**, um eine **gegenseitige Kontrolle** der Nutzung von Kernenergie zu gewährleisten. Ebenso verfolgt die EURATOM das Ziel der **Friedenssicherung**.

Was bedeutet der freie Personenverkehr, wenn man innerhalb der EWG verreisen will?

Vertrag von Maastricht:
- gemeinsame Außen- und Sicherheitspolitik
- gemeinsame Währung geplant

Von der EWG zur EG und schließlich zur EU

1967 schlossen sich die EGKS, die EWG und die EURATOM zur **Europäischen Gemeinschaft (EG)** zusammen. In den folgenden Jahren traten immer mehr Staaten der EG bei. 1992 wurde die EG mit dem **Vertrag von Maastricht** zur **Europäischen Union** (**EU**) umgewandelt.

Die Mitgliedsstaaten der EU 2010

Die Gemeinschaft wächst

1973: Dänemark, Irland und Großbritannien
1981: Griechenland
1986: Spanien und Portugal
1995: Österreich, Finnland und Schweden
2004: Estland, Lettland, Litauen, Polen, Slowakei, Slowenien, Tschechische Republik, Ungarn, Malta, Zypern
2007: Bulgarien und Rumänien

Derzeit gibt es Beitrittsverhandlungen mit Kroatien, Mazedonien und der Türkei.

Binnenmarkt: gemeinsamer Markt zwischen verschiedenen Staaten
Schengen: Stadt in Luxemburg
Buchgeld: keine Münzen oder Scheine; scheint nur auf einem Konto oder Sparbuch auf

Das Vereinte Europa

Im Jahr 1993 trat der **Europäische Binnenmarkt** in Kraft. Die Öffnung der innereuropäischen Grenzen ermöglicht es allen Bürgern und Bürgerinnen eines EU-Landes, sich in einem europäischen Land ihrer Wahl niederzulassen und dort Arbeit anzunehmen. Mit dem **Schengener Abkommen** von 1995 fielen nun endgültig die Grenzkontrollen zwischen jenen Staaten, die dem Abkommen beitraten. Nur mehr die Außengrenzen der Schengen-Staaten werden kontrolliert.

Schließlich führten 11 der 15 Mitgliedsstaaten am Neujahrstag 1999 eine einheitliche europäische Währung, den **Euro**, als **Buchgeld** ein. Münzen und Scheine wurden am 1. Jänner 2002 ausgegeben. Der **Euro** war ab nun in Belgien, Deutschland, Finnland, Frankreich, Irland, Italien, Luxemburg, den Niederlanden, Österreich, Portugal und Spanien offizielles Zahlungsmittel.

2007 wurden mit dem **Vertrag von Lissabon** die Institutionen der EU modernisiert. Da die EU sehr groß geworden war, musste eine demokratische Aufteilung der Aufgabenbereiche der Europäischen Union vorgenommen werden. 2009 trat der Vertrag nach langen politischen Differenzen in Kraft.

EUROPA MACHT DIE GRENZEN DICHT!

Mit 36 weiteren Afrikanern flüchtete Aminu Munkaila von Libyen in einem Schlauchboot nach Italien. Das völlig überladene Boot drohte unterzugehen. In dieser dramatischen Situation wurden die Männer vom Hilfsschiff Cap Anamur aus dem Wasser gefischt. Wochenlang weigerte sich jeder Staat, die Cap Anamur in einen Hafen einlaufen zu lassen. In den vergangenen 12 Jahren sind ca. 16 000 Flüchtlinge beim Versuch, einen EU-Staat über das Meer zu erreichen, ertrunken.

Nach Profil 21/2009

Einige Bestimmungen aus dem Lissaboner Vertrag:
- Das Europäische Parlament wird direkt von den Bürgern und Bürgerinnen gewählt.
- Die nationalen Parlamente werden stärker in die Entscheidungsfindungen der EU eingebunden.
- Bürgerinitiativen werden gesetzlich verankert.
- Die Charta der Grundrechte (Freiheit, Solidarität und Sicherheit) wird allgemein rechtsgültig – bei Verletzung dieser Grundrechte kann geklagt werden.

25. ÖSTERREICH VON 1995 BIS HEUTE

Beitritt zur EU – Große Koalitionen – Wende 2000 – Knittelfeld – Wahl 2002 – Koalitionen zwischen SPÖ und ÖVP

Österreich wird Mitglied der EU

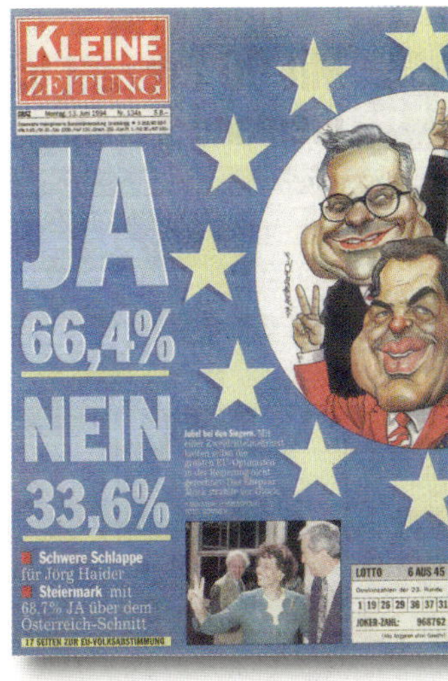

Cover der „Kleinen Zeitung" zum Ergebnis der Volksabstimmung

Welche Stimmung in Österreich drückt dieses Zeitungscover aus?

Für einen Beitritt zur EU traten vor allem die Regierungsparteien SPÖ und ÖVP ein. Von den Oppositionsparteien war nur das Liberale Forum für den Beitritt. Die **Beitragsverhandlungen** gestalteten sich aber äußerst langwierig. 1994 kam es zu einer **Volksabstimmung über den EU-Beitritt**. Allgemein wurde ein knappes Ergebnis erwartet, doch 66,4 Prozent der Österreicher und Österreicherinnen stimmten für den Beitritt zur EU.

Die **ersten Wahlen zum EU-Parlament** brachten 1996 ein überraschendes Ergebnis. So konnte die FPÖ mit ihrem EU-kritischen Kurs 27,5% der Wähler mobilisieren. Mit diesem Wahlergebnis hatte die FPÖ zum ersten Mal in ihrer Geschichte bei einer Wahl fast den gleichen Stimmenanteil erreicht wie die beiden Großparteien.

Die Zeit der Großen Koalitionen

Zwischen 1986 und 1999 regierten die beiden Großparteien SPÖ und ÖVP gemeinsam. In diesen Koalitionen stellte die SPÖ immer den Kanzler und die ÖVP den Vizekanzler. Da das **Budgetdefizit** gesenkt werden musste, beschloss die Regierung ab 1996 ein umfangreiches „Sparpaket" im Öffentlichen Dienst.

Schüssel mit Vranitzky auf der Regierungsbank im Parlament 1997

Nach dem Rücktritt **Franz Vranitzkys** als Bundeskanzler wurde **Viktor Klima** neuer Bundeskanzler. Die Zusammenarbeit zwischen SPÖ und ÖVP funktionierte mehr schlecht als recht. Streitpunkt war vor allem ein möglicher **NATO**-Beitritt Österreichs, den die ÖVP unter **Wolfgang Schüssel** befürwortete, die SPÖ aber ablehnte.

Budgetdefizit: Staat gibt mehr aus, als er einnimmt

NATO: Verteidigungsbündnis europäischer und nordamerikanischer Staaten

2000 – das Jahr der politischen Wende

Bei den Nationalratswahlen 1999 blieb die SPÖ stimmenstärkste Partei. Die ÖVP lag nur mehr auf Platz drei hinter der FPÖ. Die folgenden Koalitionsverhandlungen zwischen SPÖ und ÖVP dauerten monatelang und führten zu keinem Ergebnis. Klima trat zurück, sein Nachfolger wurde **Alfred Gusenbauer**.

Bundespräsident Klestil bei der Angelobung im Jahr 2000

Gegen den Willen von Bundespräsident **Thomas Klestil** kam es zu einer ÖVP-FPÖ Koalitionsregierung. Neue Vizekanzlerin wurde **Susanne Riess-Passer** (FPÖ), neuer Bundeskanzler Wolfgang Schüssel (ÖVP).

Angelobung: in diesem Zusammenhang - den Eid auf die Verfassung der Republik Österreich ablegen

Wegen der Regierungsbeteiligung der FPÖ kam es sowohl im Inland als auch im Ausland zu heftigen Protesten. Die zukünftige Regierungsmannschaft musste den Weg zur Angelobung vom Bundeskanzleramt in die Hofburg sogar durch einen unterirdischen Gang nehmen, da am Ballhausplatz demonstriert wurde. Der Protest setzte sich in den nächsten Jahren in den sogenannten **„Donnerstag-demonstrationen"** fort.

Cartoons von Gerhard Haderer, 2000 im Profil erschienen

Wie haben sich in den Cartoons die Sanktionen für Schüssel ausgewirkt?

Sanktionen: Zwangsmaßnahmen

Weisenbericht: Bericht von 3 erfahrenen EU-Politikern über die Lage in Österreich

Auch im Ausland verstärkte sich die Kritik an der Regierungsbeteiligung der FPÖ. Israel zog seinen Botschafter ab und die 14 EU-Staaten beschlossen **Sanktionen** gegen Österreich. So wurden die offiziellen Kontakte zur österreichischen Regierung auf ein Mindestmaß reduziert. Der Großteil der Österreicher und Österreicherinnen sah aber die Sanktionen als Einmischung in österreichische Angelegenheiten.

Nach der Erstellung eines **„Weisenberichts"** wurden die Sanktionen im September 2000 von Seiten der EU wieder aufgehoben.

Grasser bei seiner Budgetrede 2000: „Ein guter Tag beginnt mit einem sanierten Budget!"

Die schwarz-blaue Regierung

Pressekonferenz – Riess-Passer mit Schüssel 2001

Das Regierungsprogramm der **schwarz-blauen Regierung** sah eine Reihe von Maßnahmen vor, die unter dem Slogan **„mehr privat – weniger Staat"** standen. Vorrangiges Ziel war der Abbau der Staatsschulden. Unter Finanzminister **Karl-Heinz Grasser** kam es zu einer drastischen Erhöhung der Steuern und Abgaben sowie zur Einführung von Studien- und Ambulanzgebühren. Im Öffentlichen Dienst wurden Dienstposten abgebaut. Um ein **Null-Defizit** zu erreichen, wurden Staatsbetriebe privatisiert oder teilprivatisiert, sowie Gold- und **Devisen**reserven verkauft. Am 1. Jänner 2002 löste der **Euro** in Österreich den Schilling als gesetzliches Zahlungsmittel ab.

Defizit: Verlust, Fehlbetrag
Devisen: fremde Währungen
Steuerreform: Reform, bei der Steuern erhöht oder gesenkt werden; es können auch neue Steuern erlassen bzw. alte abgeschafft werden

Sondierungsgespräche: Vorgespräche zu einer möglichen Regierungsbildung

Bruch der Koalition und Gründung des BZÖ

Zwischen Jörg Haider und Vizekanzlerin Riess-Passer kam es zu schweren Meinungsverschiedenheiten über den Kurs der FPÖ. Am **Knittelfelder Parteitag** (2002) forderten führende FPÖ-Politiker eine **Steuerreform**.

Dies bedeutete nicht nur den Bruch der Koalition, sondern führte auch zu **Neuwahlen**. Bei dieser Wahl erreichte die ÖVP zum ersten Mal nach 1966 wieder den ersten Platz. Die **Sondierungsgespräche** mit der SPÖ erbrachten keine Ergebnisse, Verhandlungen mit den Grünen scheiterten und so wurde die schwarz-blaue Koalition fortgesetzt.

Im April 2005 spalteten sich alle Regierungsmitglieder und führenden Funktionäre unter Jörg Haider von der FPÖ ab und gründeten das **„Bündnis Zukunft Österreich" (BZÖ)**. Neuer Parteiführer der FPÖ wurde **Heinz Christian Strache**. Die ÖVP setzte die Koalition aber mit dem BZÖ fort.

Strache als neuer Parteiobmann 2005

Große Koalitionen der letzten Jahre

Bei den Nationalratswahlen 2006 gelang der SPÖ ein Überraschungssieg, während die ÖVP auf den zweiten Platz zurückfiel.

Gusenbauer mit Molterer – Pressekonzerenz 2007

Nach dieser Niederlage trat Schüssel zurück und neuer Parteiobmann der ÖVP wurde **Wilhelm Molterer**. Die SPÖ bildete eine Große Koalition mit der ÖVP. Die Zusammenarbeit zwischen den beiden Parteien erwies sich als äußerst schwierig. Als Kanzler Gusenbauer und der neue Parteivorsitzende **Werner Faymann** einen **EU-kritischen Leserbrief** in der Kronen Zeitung veröffentlichten, beendete Molterer mit den Worten „Es reicht!" die Koalition.

Die **Nationalratswahlen** im Herbst 2008 brachten Stimmenverluste für die SPÖ, die ÖVP und für die Grünen. Starke Stimmengewinne konnten die FPÖ und das BZÖ erringen. Der Parteiobmann des BZÖ, Jörg Haider, verunglückte wenige Tage nach der Wahl bei einem Autounfall tödlich.

Wahlplakat der ÖVP 2008

Die SPÖ, die als stimmenstärkste Partei aus den Wahlen hervorgegangen war, ging erneut mit der ÖVP eine **Große Koalition** ein. Neuer Bundeskanzler wurde **Werner Faymann** (SPÖ), neuer Vizekanzler und Parteiobmann der ÖVP **Josef Pröll**.

Als schwierigste Herausforderung für die neue Regierung stellte sich die Bewältigung der **Wirtschaftskrise** heraus. Im Herbst 2008 gerieten im Zuge von **Immobilienspekulationen** in den USA große Bankhäuser in Schwierigkeiten. Die Krise griff auch auf Europa über. Um die Wirtschaftsfähigkeit der österreichischen Banken zu erhalten, beschloss die Regierung ein **Bankenhilfspaket** in Höhe von 7 Milliarden Euro. Durch die Wirtschaftkrise war die Zahl der Arbeitslosen aber stark gestiegen. Nulllohnrunden und Kurzarbeit sollten helfen, die Krise zu bewältigen. Der Staat beschloss eine Steuerreform, um die **Konjunktur** anzukurbeln. Es galt, die Kaufkraft der Österreicher und Österreicherinnen zu steigern, um die Wirtschaft zu stärken.

Pröll mit Faymann 2010

Analysiere die Slogans der FPÖ und der Grünen! Was möchten diese Parteien damit zum Ausdruck bringen?
Wen sprechen sie damit an?

Die Parteichefin der Grünen Eva Glawischnig 2009

Mit welchem Slogan begründete die ÖVP die Auflösung der Koalition? Wann würdest du diesen Slogan verwenden?

Immobilienspekulationen: Ankauf von Wohnungen und Häusern, um sie später teurer verkaufen zu können

Konjunktur: gesamtwirtschaftliche Situation eines Staates

1995 kam es zum **EU-Beitritt** Österreichs. Bis 2000 regierte eine **Große Koalition**. 2000 trat die Wende ein. Die schwarz-blaue Regierung wurde mit **EU-Sanktionen** belegt. 2005 gründete sich das **BZÖ**. Die Wahlen 2006 und 2008 gewann die SPÖ. Seit damals gibt es wieder eine **Große Koalition**.

26. ÖSTERREICH – EIN EINWANDERUNGSLAND?

Gastarbeiter – Einwanderer – Integration – Flüchtlinge – Asyl – Vorurteile

Wie könntet ihr jemandem, der neu in eure Klasse gekommen ist, das Gefühl geben, dass er willkommen ist?

integrieren: eingliedern in eine bestehende Gruppe

Wenn du fliehen müsstest, was würdest du am meisten vermissen? Welche Menschen, Dinge, Tiere und Orte?

Asyl: Zufluchtsort für politisch Verfolgte

illegal: nicht den Gesetzen entsprechend

Gibt es in deiner Familie auch Menschen, die nach Österreich zugewandert sind? Befrage deine Eltern und Großeltern!

Viele Menschen müssen aus ihrer Heimat fliehen. Sie suchen **Schutz vor Verfolgung** in anderen Ländern. Die Themen **Asyl- und Ausländerpolitik** beherrschen seit den 1990er Jahren die österreichische Innenpolitik.

Integration

Seit den frühen 1970er Jahren holte die österreichische Regierung **Gastarbeiter** aus anderen Ländern nach Österreich. Diese sollten nur eine gewisse Zeit in Österreich bleiben, um hier zu arbeiten. Viele von ihnen blieben aber im Land und bekamen die **österreichische Staatsbürgerschaft**. Sie wurden zu **Einwanderern**, holten ihre Familien nach und ihre Kinder besuchten österreichische Schulen.

Integration muss in der Schule beginnen.

Diese Familien leben und arbeiten in Österreich, sie bezahlen Steuern und haben sich **integriert**. Sie sind keine Ausländer, da sie die österreichische Staatsbürgerschaft besitzen. Oft werden sie aber aufgrund ihres Aussehens und ihrer Sprache als „Ausländer" wahrgenommen. Deswegen haben viele von ihnen noch immer mit Vorurteilen zu kämpfen, auch dann, wenn sie schon hier geboren sind und seit Jahrzehnten in Österreich leben.

Warum verlassen Menschen ihre Heimat?

Es gibt viele Gründe dafür, warum Menschen ihre Heimat verlassen. Krieg, Hungersnöte, Hoffen auf eine bessere Zukunft sowie Verfolgung aus politischen und religiösen Gründen sind nur einige davon. So verstehen die Vereinten Nationen unter einem **Flüchtling** eine Person, die sich aus Furcht vor Verfolgung aufgrund ihrer Rasse, Religion, Nationalität oder wegen ihrer politischen Überzeugung außerhalb ihres Landes befindet und in dieses nicht zurückkehren kann. Viele dieser Flüchtlinge kommen aus den Ländern Afrikas, aus dem Fernen Osten, aus den ehemaligen Staaten der UdSSR und aus Ex-Jugoslawien. Sie suchen in Österreich um **Asyl** an.

Da sich die Zahl der Ausländer in Österreich zwischen1988 und 1994 mehr als verdoppelte, wurde das Aufenthalts- und Asylgesetz verschärft. Flüchtlinge können nur dann in Österreich bleiben, wenn sie auf direktem Weg von ihrem Heimatland nach Österreich eingereist sind. Flüchtlinge, die kein Asyl erhalten, leben oft **illegal** in Österreich, d. h. ohne Aufenthaltsbewilligung.

Die Themen Asyl- und Einwanderungspolitik beherrschen seit den 1990er Jahren die österreichische Innenpolitik. So initiierte die FPÖ 1992 ein **Volksbegehren** mit dem Titel „Österreich zuerst" und forderte damit einen Stopp der Einwanderung. Andere Parteien, aber auch kirchliche und soziale Organisationen verweisen einerseits auf die **Menschenrechtskonvention**, andererseits zeigen sie immer wieder auf, wie sehr Österreich **Migration** (Zuwanderung) braucht. Für den Arbeitsmarkt und das Sozialsystem sind Migranten eine wirtschaftliche Notwendigkeit.

Plakat der Organisation Pro Asyl

Nun geht's los – Aufgaben für schlaue Köpfe!

1) **Wer gehört zu welcher Partei?** Auf diesen Pressefotos fehlen die Parteien und die Namen (Stand 2010) dieser Politiker. Trage diese unter den Fotos ein! ★★★

2) Welche Parteien sind das? Schreibe ihre vollen Namen unter die Logos! ★

SPÖ | ÖVP | FPÖ | BZÖ | G

3) Suche Informationen zu den Parteien und gestalte eine Wandzeitung! ★★★★

4) **Politikrätsel** – Fülle diese Fahne, indem du die Fragen beantwortest! ★★★★

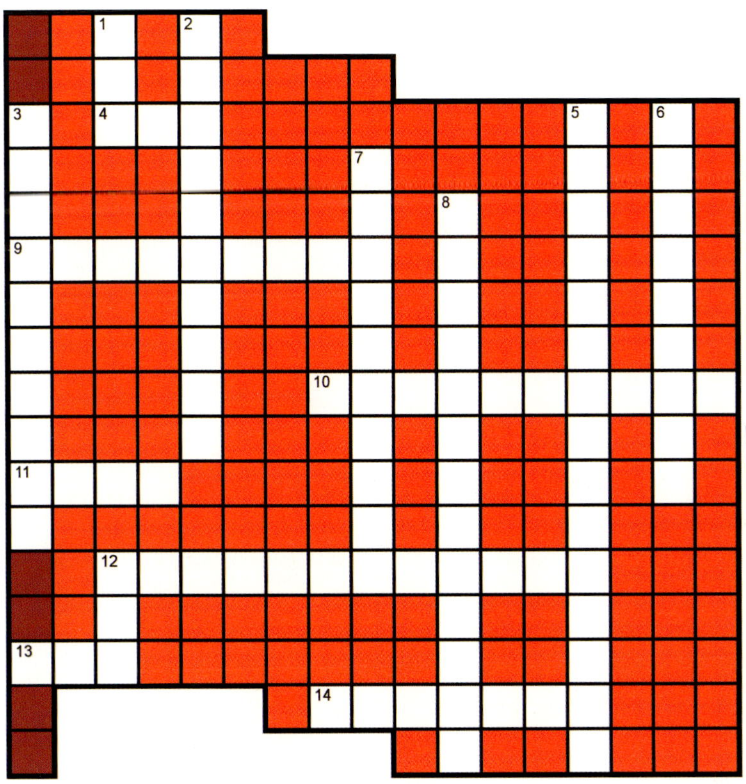

waagrecht:

4. Österreichische Volkspartei
9. Regierungsbündnis von zwei oder mehreren Parteien
10. Eid auf die Verfassung der Republik
11. Wahrung in Osterreich seit 2002
12. Reform, bei der Steuern erhöht oder gesenkt werden
13. Bündnis Zukunft Österreich
14. fremde Währungen

senkrecht:

1. Freiheitliche Partei Österreichs
2. nicht an der Regierung beteiligt
3. Zwangsmaßnahmen
5. Abstimmung aller Wahlberechtigten zu einem Gesetzesentwurf usw.
6. zogen 1986 in den Nationalrat ein
7. gesamtwirtschaftliche Situation eines Staates
8. Staat gibt mehr aus, als er einnimmt
12. Sozialdemokratische Partei Österreichs

Nun geht's los – Aufgaben für schlaue Köpfe!

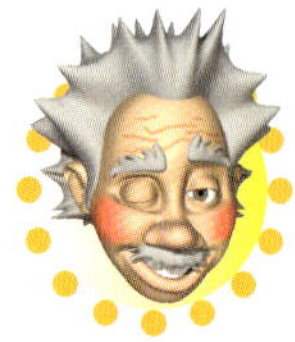

5) **Studiere mit deinem Sitznachbarn oder deiner Sitznachbarin beide Grafiken sehr genau! Versucht dann, möglichst viele Fragen zu stellen, die euch diese Grafiken beantworten können! ★★★★**

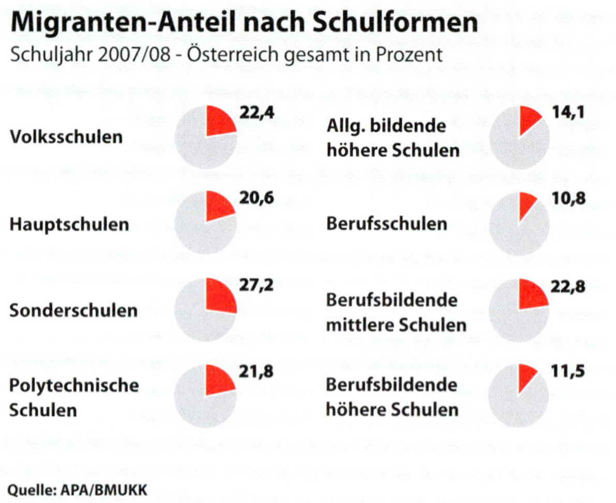

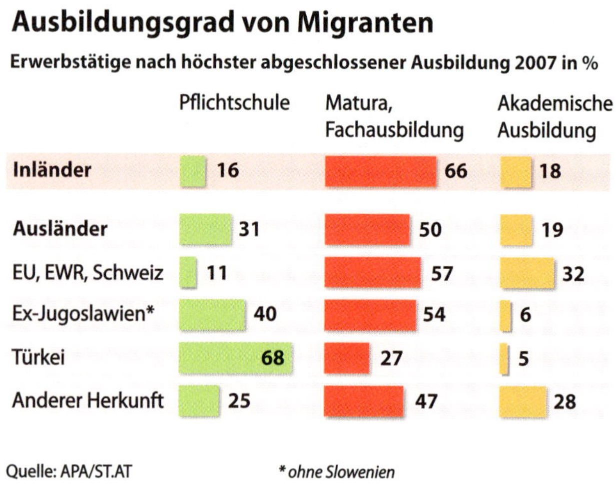

6) **Auf welche Fragen geben die Grafiken keine Antwort? Klärt diese in einem Klassengespräch! ★★★★**

7) **Verfasse einen Text zum Thema „Migration und Schulbildung", in dem du alle wichtigen Informationen aus den beiden Grafiken verwendest! ★★★★★**

8) **Lies dir diese Flüchtlingsgeschichte von Rajmonda aufmerksam durch! Dann beantworte die Fragen in deinem Heft! ★★**

Rajmonda ist Albanerin aus dem Kosovo, einer serbischen Provinz. Sie ist 20 Jahre alt.

UNHCR-Bericht 1998 „Flüchtlingsintegration in Europa"

Mein Vater ist Arzt, meine Mutter Krankenschwester, und sie arbeiteten beide in einem Krankenhaus. Ich habe zwei Schwestern und einen Bruder. Ich führte ein glückliches Leben und hatte alles – es fehlte mir an nichts. Ich lebte in Kosova. Dort sind 90 Prozent der Bewohner Albaner und zehn Prozent Serben – sie haben unterschiedliche nationale Bindungen. Nun sind wir unter serbischer Besatzung. Sie wollen, dass wir in serbische Schulen gehen und Albanisch als zweite Sprache lernen. Vorher war es umgekehrt, Serbisch war die zweite Sprache. Wir wollten die Unabhängigkeit für Kosova. Doch sie brachten immer mehr Menschen um. Dann nahmen sie den Menschen die Arbeitsplätze weg und ersetzten sie durch Serben. Die Polizei ließ uns nicht in unsere Schulen gehen, also hatten wir geheime Schulen in Häusern von Leuten, die nach Deutschland oder Großbritannien geflüchtet waren. Wir saßen am Fußboden, ganz egal, wo eben Platz war. Wir hatten nur eine Tafel, das war alles.
Ich verließ mein Land vor zwei Jahren. Mein Bruder wurde auf dem Weg zur Universität von der Polizei bedroht. Sie schickten ihm einen Brief, er müsse zur Armee. In meinem Land besteht Militärpflicht, sie dauert ein Jahr. Alle Albaner, die zum Militär gingen, wurden sofort nach Bosnien geschickt, wo Krieg war.

a) In welchem Land lebte Rajmonda? b) Wie fand der Unterricht während des Krieges statt? c) Warum forderten die Kosovo-Albaner die Unabhängigkeit? d) Von welchem Land forderten sie die Unabhängigkeit? e) Warum verließ Rajmonda ihr Land?

9) **Bildet Dreiergruppen in der Klasse! Jede Gruppe notiert möglichst viele Gründe, warum Menschen ihre Heimat verlassen. Sortiert danach eure Ergebnisse gemeinsam nach „freiwilligen" und „erzwungenen" Gründen und gestaltet ein Wandplakat! ★★★★**

27. DU UND DIE DEMOKRATIE

Staatsordnung – Wahlen – indirekte und direkte Demokratie

Was steht in der Verfassung?

Um die verschiedenen Interessen aller Staatsbürger in einem Staat berücksichtigen zu können, benötigt jeder Staat eine **Ordnung**, die in Gesetzen festgelegt ist. Das **Grundgesetz** jeder staatlichen Ordnung ist die **Verfassung**. In dieser sind die Grundrechte der Staatsbürger und Staatsbürgerinnen niedergeschrieben. Insgesamt enthält die österreichische Bundesverfassung 152 Bestimmungen. Die ersten beiden Artikel geben an, welche **Staatsform** Österreich hat.

Quelle: Auszug aus der Österreichischen Bundesverfassung
Artikel 1: Österreich ist eine demokratische Republik. Ihr Recht geht vom Volk aus.
Artikel 2: (1) Österreich ist ein Bundesstaat.

Weißt du noch? Aus welchem Jahr stammt unsere Bundesverfassung?

Was heißt das?

Artikel 1:
Die Volksvertreter (Abgeordnete) sind vom Volk gewählt. Dadurch kann jeder Staatsbürger die Politik seines Wohnbezirkes, seines Bundeslandes und des Gesamtstaates mitbestimmen.
Da Österreich eine Republik ist, gibt es keinen Monarchen.

Artikel 2:
Das österreichische Bundesgebiet (ganz Österreich) besteht aus den neun selbstständigen Bundesländern:

Da die Verfassung ein Grundgesetz ist, kann sie nur mit **Zweidrittelmehrheit** geändert werden. Sollte eine **Gesamtänderung der Verfassung** angestrebt werden, müssten die österreichischen Staatsbürger und Staatsbürgerinnen in einer **Volksabstimmung** darüber abstimmen. Die österreichische Verfassung garantiert jedem Staatsbürger und jeder Staatsbürgerin **Grundrechte**:

Zweidrittelmehrheit: 2/3 der Abgeordneten müssen dafür sein

Persönliche Freiheit:	*Jeder hat das Recht auf Leben. Jeder kann seinen Wohnsitz und seinen Arbeitsplatz frei wählen. Jeder hat das Recht auf Sicherheit.*
Meinungsfreiheit:	*Jeder kann seine Meinung frei äußern.*
Vereinsfreiheit:	*Jeder kann Vereine oder Parteien gründen.*

Überlege, was diese Grundrechte bedeuten: Wenn du in ein anderes Bundesland übersiedelst! Wenn du sagst, was du dir denkst!

In der Verfassung ist auch die Gleichheit aller Staatsbürger vor dem Gesetz garantiert.

ZUM NACHDENKEN:
DIE FREIHEIT DES EINZELNEN ENDET DORT, WO DIE FREIHEIT DES ANDEREN BEGINNT!
Immanuel Kant (1724 –1804)

Quelle: Auszug aus der Österreichischen Bundesverfassung
Artikel 7: (1) Alle Bundesbürger sind vor dem Gesetz gleich. Vorrechte der Geburt, des Geschlechts, des Standes, der Klasse und des Bekenntnisses sind ausgeschlossen. Niemand darf wegen seiner Behinderung benachteiligt werden. …
(2) Bund, Länder und Gemeinden bekennen sich zur tatsächlichen Gleichstellung von Mann und Frau. …

Was bedeutet der Ausspruch Kants für dein Handeln im Umgang mit anderen?

Informiere dich! Welche Bestimmungen des Jugendschutzes gelten in deinem Bundesland?

Wie ist der österreichische Staat aufgebaut?

In der Verfassung ist darüber hinaus festgelegt, welche Aufgaben der Bund (Gesamtstaat) zu erfüllen hat und welche Aufgaben die Bundesländer und Gemeinden haben.

BUND
Ist in folgenden Bereichen für die Gesetzgebung und Vollziehung **alleine** zuständig:
Gerichtsbarkeit, Bundesverfassung, Außenpolitik, Bundesheer, Steuern bis auf wenige Ausnahmen, Eisenbahnen, Geldwesen

LÄNDER
Der Bund beschließt zwar die Gesetze, doch die Länder **vollziehen** diese Gesetze: Staatsbürgerschaft, Straßenpolizei, Umweltverträglichkeitsprüfungen, Wohnungswesen
Gesetze, die vom Land **alleine** beschlossen werden: Kindergartenwesen, Jugendschutz

GEMEINDEN
Die Gemeinden haben folgende Aufgaben, bei denen sie auch **alleine** über die vorhandenen Geldmittel **entscheiden**: Straßenbau, Bau und Ausstattung von Pflichtschulen, Kindergärten und Altersheimen, Müllabfuhr, Wasserversorgung und Abwasserentsorgung, Melde- und Wahlbehörde

Landtag: Parlament eines Bundeslandes

Um diese Aufgaben durchführen zu können, gibt es Organe der **Gesetzgebung** (Legislative), Organe der **Verwaltung** (Exekutive) und Organe der **Gerichtsbarkeit** (Judikative).

LEGISLATIVE ⟷ **EXEKUTIVE**

- LEGISLATIVE
  - **Bund** → Nationalrat, **Bundesrat**
  - **Länder** → **Landtag**
- EXEKUTIVE
  - **Bundesregierung** → Bundeskanzler, Bundeskanzlerin
  - **Landesregierung** → Landeshauptmann, Landeshauptfrau

JUDIKATIVE
Organe der Gerichtsbarkeit
Oberster Gerichtshof, Oberlandesgerichte, Landesgerichte, Bezirksgerichte

Richter/Richterinnen sind unabhängig, unabsetzbar und unversetzbar!

Sowohl der Bund als auch die Länder beschließen Gesetze. Bundesgesetze haben Geltung in ganz Österreich, Landesgesetze nur im betreffenden Bundesland.

Bundesrat: setzt sich aus Abgeordneten aller Bundesländer zusammen; werden entsandt und nicht direkt gewählt

Beharrungsbeschluss: Die Mehrheit der Abgeordneten im Nationalrat besteht auf der Beschließung des Gesetzes.

Hast du das gewusst?

- Die **Gesetze des Bundes** werden im Nationalrat von den Abgeordneten beschlossen und im Bundesrat entweder bestätigt oder abgelehnt.
- Wird ein Gesetz im Bundesrat abgelehnt, kann der Nationalrat durch einen **Beharrungsbeschluss** trotzdem das Gesetz beschließen.
- Gesetze müssen vom zuständigen Regierungsmitglied und vom Bundespräsidenten unterschrieben und im Bundesgesetzblatt veröffentlicht werden.
- Der Bundespräsident ernennt die Bundesregierung und kann diese auch nach seinem freien Ermessen entlassen.

Die **Exekutivorgane** vollziehen die Gesetze. Auf Bundesebene ist dies die Bundesregierung. Diese besteht aus allen Ministern und Staatssekretären unter dem Vorsitz des Bundeskanzlers. Auf Landesebene ist dafür die Landesregierung zuständig.

Angelobung der österreichischen Bundesregierung 2008

Welche Wahlen gibt es?

Ab deinem 16. Geburtstag kannst du an folgenden Wahlen teilnehmen, wenn du die österreichische Staatsbürgerschaft besitzt:

BUNDESPRÄSIDENT	NATIONALRAT	* LANDTAG	* GEMEINDERAT	EU-PARLAMENT
alle 6 Jahre	alle 5 Jahre	alle 5 Jahre	alle 5 Jahre	alle 5 Jahre

* In Oberösterreich werden der Landtag und der Gemeinderat nur alle 6 Jahre gewählt.

Bei der **Bundespräsidentenwahl** wählt das Volk direkt einen Kandidaten oder eine Kandidatin.

Der **Landtag** wird von der Bevölkerung bei den Landtagswahlen gewählt. Die Abgeordneten des Landtages wählen den Landeshauptmann/die Landeshauptfrau.

Welche Grundsätze gelten bei einer Wahl?

geheimes Wahlrecht
Niemand darf die Wahlentscheidung kontrollieren – Wahl in einer Wahlzelle!

freies Wahlrecht
Niemand darf gezwungen werden, eine bestimmte Partei zu wählen!

Jungwählerin bei der EU-Wahl 2009

unmittelbares Wahlrecht
Die abgegebenen Stimmen werden direkt in Mandate umgerechnet.

allgemeines Wahlrecht
Dieses steht allen Staatsbürgern unabhängig von Bildungsstand, Einkommen, Religion oder Geschlecht zu.

gleiches Wahlrecht
Jede Stimme zählt gleich viel!

Nach dem Grundsatz „Alles Recht geht vom Volk aus" bestimmt jeder Staatsbürger mit seiner Wahlentscheidung das öffentliche Leben, die Politik seiner Wohngemeinde, seines Bundeslandes und des Gesamtstaates.

Um mitbestimmen zu können, muss man aber auch von seinem Wahlrecht Gebrauch machen.

Nenne Gründe, warum man zur Wahl gehen sollte!

Warum ist es in einer Demokratie sinnlos, nur zu kritisieren und dann nicht wählen zu gehen?

Schüler und Schülerinnen im Parlament 2010

Kinderparlament
Am 15. März 2005 tagte zum ersten Mal das Kinderparlament. „Warum dürfen wir nicht schon mit 14 Jahren wählen", fragte ein Gymnasiast gleich zu Beginn.

Weißt du noch? Ab wann darfst du wählen? Wer wird vom Volk direkt gewählt?

Überlegt gemeinsam! Was möchtet ihr in eurem Bezirk verändern?

bindend: verpflichtend

Die **Verfassung** regelt die **Grundrechte** der Staatsbürger. Es gibt eine **Aufgabenteilung** zwischen Bund, Ländern und Gemeinden. In Österreich gilt eine **Gewaltentrennung** zwischen Legislative, Exekutive und Judikative. Demokratische **Wahlen** müssen frei, geheim, gleich, allgemein und unmittelbar sein. Politische Entscheidungen werden **direkt** oder **indirekt** getroffen.

Indirekte Demokratie: Was bedeutet das?

In einer Demokratie gibt es verschiedene **Parteien**, zwischen denen der Bürger und die Bürgerin eines Staates frei wählen können. Vor einer Wahl macht jede Partei für ihre Ziele Werbung. Anhand dieser Wahlwerbung und der Parteiprogramme können sich die Wähler über die **Ideologie** der verschiedenen Parteien informieren.

Mit deiner Stimmenabgabe wählst du eine Partei. Je mehr Stimmen eine Partei bei einer Wahl bekommt, desto mehr **Mandate** (Abgeordnetensitze) hat sie im Parlament. Insgesamt werden 183 Mandate im Parlament vergeben. Parteien, die bei einer Wahl weniger als 4 Prozent der Stimmen erreichen, sind nicht im Nationalrat vertreten.

Erreicht eine Partei 92 Mandate, besitzt sie die **absolute Mehrheit** im Parlament und kann ohne die Zustimmung einer anderen Partei einfache Gesetze im Parlament beschließen. Bei der Änderung von Verfassungsgesetzen müssen aber zwei Drittel der Abgeordneten zustimmen – **Zweidrittelmehrheit**. Jene Partei, die die stimmenstärkste Partei ist, hat die **relative Mehrheit** und wird in der Regel vom Bundespräsidenten mit der Regierungsbildung beauftragt. Einigen sich zwei oder mehrere Parteien auf eine Zusammenarbeit, wird eine **Koalition** gebildet.

Direkte Demokratie: Was bedeutet das?

Die Österreichische Verfassung besteht aus Elementen der **indirekten** und **direkten** Demokratie. Politische Entscheidungen werden zum größten Teil nicht von den Staatsbürgern persönlich getroffen sondern von den gewählten Abgeordneten. Volksabstimmung, Volksbegehren und Volksbefragung sind **Instrumente der direkten Demokratie**, die es den Staatsbürgern ermöglichen, direkt eine Entscheidung zu beeinflussen.

VOLKSABSTIMMUNG → Das Volk entscheidet über die Annahme oder Ablehnung eines Gesetzes – ist für den Nationalrat **bindend.**

Zwentendorf
EU-Beitritt

Auf direktem Wege können die österreichischen Staatsbürger auch **Gesetzesvorschläge** einbringen.

VOLKSBEGEHREN → Ein Gesetzesvorschlag muss von mindestens 100 000 Wahlberechtigten unterschrieben werden, damit der Nationalrat sich damit beschäftigt – ist für den Nationalrat **nicht bindend.**

Rundfunkvolksbegehren
Frauenvolksbegehren

Der Gesetzgeber befragt jedoch auch die Wahlberechtigten zu bestimmten Themen.

VOLKSBEFRAGUNG → Es wird die Meinung der Bevölkerung zu einem Thema abgefragt – ist für den Nationalrat oder den Landtag **nicht bindend.**

EXPO-Wien
Landeshauptstadt NÖ

Nun geht's los – Aufgaben für schlaue Köpfe!

1) Was weißt du noch? Hier ist einiges verloren gegangen, deshalb fülle die Lücken! ★★★

BUNDESGESETZBLATT
FÜR DIE REPUBLIK ÖSTERREICH

Artikel 1: Österreich ist eine demokratische ____________________. Ihr Recht geht vom ____________ aus.

Artikel 2: (1) Österreich ist ein ____________________________.

Artikel 7: (1) Alle Bundesbürger sind vor dem _______________ gleich. Vorrechte der Geburt, des ________________________, des Standes, der Klasse und des _______________________ sind ausgeschlossen. Niemand darf wegen seiner ________________________ benachteiligt werden.

(2) Bund, ___________________ und Gemeinden bekennen sich zur tatsächlichen ________________________ von Mann und ______________________.

2) **Da fehlt ja einiges!** Setze ein! ★★

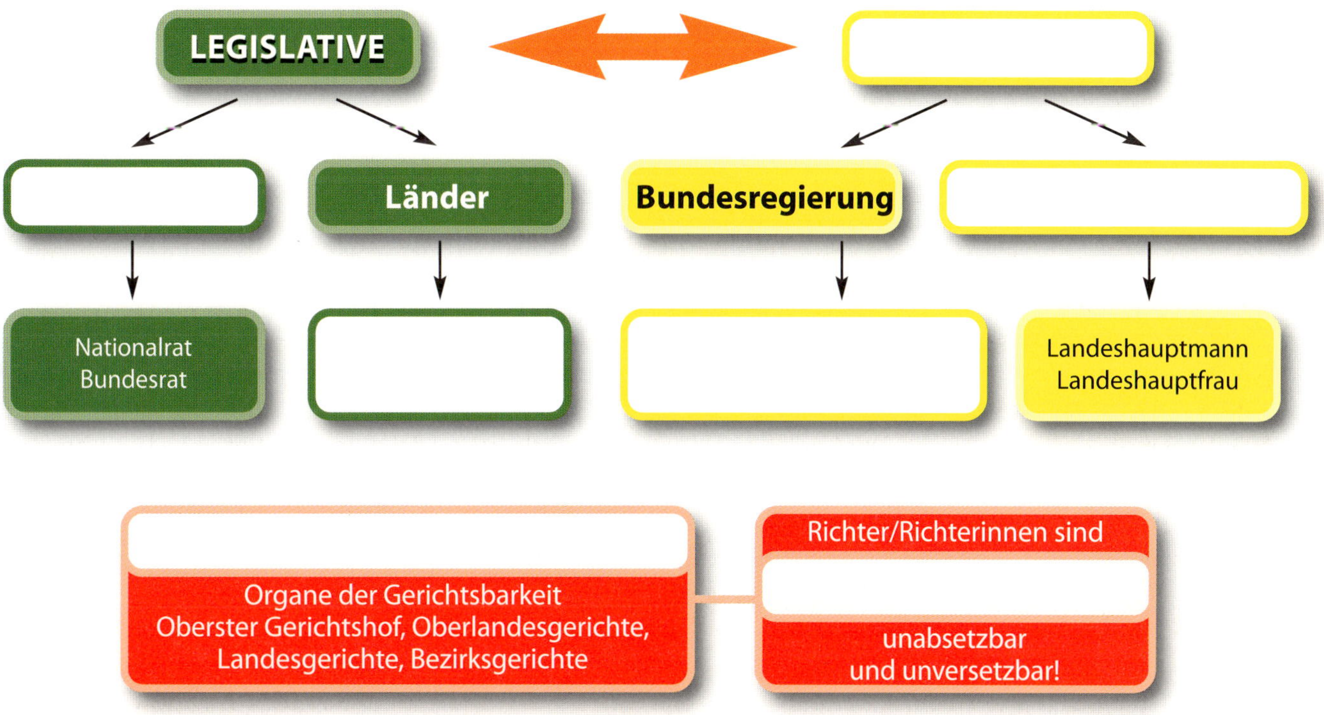

Nun geht's los – Aufgaben für schlaue Köpfe!

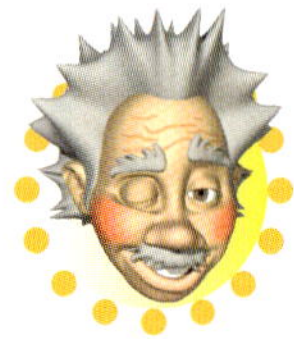

3) **Wer ist wofür zuständig?** In jedes Kästchen gehören 4 Aufgaben. Ordne richtig zu! ★★★

Wohnungswesen ★ Jugendschutz ★ Müllabfuhr ★ Bundesheer ★ Pflichtschulen ★ Geldwesen ★ Außenpolitik ★ Straßenpolizei ★ Altersheime ★ Staatsbürgerschaft ★ Straßenbau ★ Gerichtsbarkeit

BUND	LÄNDER	GEMEINDEN
______	______	______
______	______	______
______	______	______
______	______	______

4) **Wahlquiz** – Finde die passende Überschrift! ★

______
ernennt die Bundesregierung

______
beschließt Bundesgesetze

______
wählt den Landeshauptmann/die Landeshauptfrau und die Landesregierung

______
wählt den Bürgermeister/die Bürgermeisterin

______
beschließt das EU-Budget

5) **Spielanleitung – Gesetzesbeschluss im Parlament** ★★★★

- Bildet 5 unterschiedlich große Gruppen mit Namen von Parteien, die ihr selbst auswählt! Bestimmt auch eine Nationalratspräsidentin/einen Nationalratspräsidenten, die/der die Sitzung leiten wird!
- Legt fest, wie stark jede Partei ist, d. h. wie viele Stimmen sie hat! Die stimmenstärkste Partei bringt einen Antrag ein. Jede Gruppe (Partei) sammelt Argumente, die ihre Position zu diesem Gesetz darstellen (dafür oder dagegen).
- Dann diskutiert unter der Leitung des Nationalratspräsidenten/der Nationalratspräsidentin eure Positionen! Zum Schluss stimmt ihr über das Gesetz ab! Nach der Abstimmung vergesst nicht auf die

Unterschrift des ______________________ – nur dann gilt euer Gesetz.

Themenspeicher:

- Statt 9 Wochen nur mehr 5 Wochen Sommerferien!
- Unter 14-Jährige dürfen ab 20:00 nicht mehr alleine ausgehen!
- Handyverbot für Jugendliche unter 16 Jahre!

Nun geht's los – Aufgaben für schlaue Köpfe!

6) Wie lauten die 5 Grundsätze unseres Wahlrechtes? **Suche die Begriffe im Suchrätsel und setze richtig ein! ★**

________________ *Wahlrecht*

Niemand darf gezwungen werden, eine bestimmte Partei zu wählen.

________________ *Wahlrecht*

Niemand darf die Wahlentscheidung kontrollieren – Wahl in einer Wahlzelle!

B	B	V	I	M	N	I	I	Z	J	N	Y	U
K	H	B	Y	K	Q	A	L	A	E	E	J	N
Z	L	N	G	F	R	E	I	E	S	K	E	M
J	S	F	H	K	Z	I	E	I	Z	R	J	I
T	L	O	C	D	A	N	Q	K	Z	Z	H	T
J	A	V	Y	T	X	X	I	A	B	G	X	T
W	S	E	G	E	H	E	I	M	E	S	Z	E
M	Q	P	V	I	X	Y	S	O	N	I	V	L
N	A	O	F	X	W	L	O	T	X	Q	M	B
T	W	H	C	G	L	E	I	C	H	E	S	A
L	K	D	A	P	M	F	B	M	M	K	Q	R
G	O	Q	F	N	F	K	G	L	H	X	H	E
K	U	A	L	L	G	E	M	E	I	N	E	S

________________ *Wahlrecht*

Dieses steht allen Staatsbürgern unabhängig von Bildungsstand, Einkommen, Religion oder Geschlecht zu.

________________ *Wahlrecht*

Die abgegebenen Stimmen werden direkt in Mandate umgerechnet.

________________ *Wahlrecht*

Jede Stimme zählt gleich viel!

7) Um direkt mitbestimmen zu können, musst du Bescheid wissen! **Erkläre diese Instrumente der direkten Demokratie in Österreich mit eigenen Worten! ★★★★**

VOLKSABSTIMMUNG →

VOLKSBEGEHREN →

VOLKSBEFRAGUNG →

Nun geht's los – Aufgaben für schlaue Köpfe!

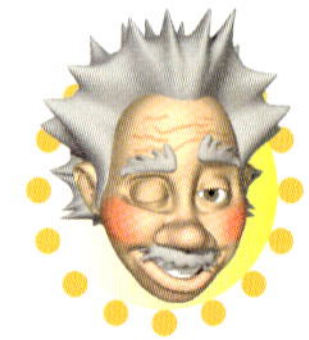

8) **Millionenquiz der Politik!** Wie weit kommst du? **Beantworte die Fragen, sie werden aber mit jeder Stufe schwieriger!** ★★★★ Ob du richtig liegst, erfährst du zum Schluss, denn die Buchstaben ergeben ein Lösungswort!

1. Wie viele Bundesländer hat Österreich?
O 12 S 9 P 10
100 €

2. Wie nennt man das Grundgesetz eines Staates?
A Verwaltung R Verpflichtung
O Verfassung
300 €

3. Wer wählt den Landeshauptmann/die Landeshauptfrau?
A Volk L Landtag C Bundesrat
500 €

4. Welche Wahl findet nur alle 6 Jahre statt?
I Bundespräsident B Nationalrat
W EU-Parlament
100 €

5. Was ist ein Mandatar?
W Wähler D Abgeordneter T Makler
5 000 €

6. Welche Mehrheit ist notwendig, um ein Verfassungsgesetz zu ändern?
C 1/3 B 1/2 A 2/3
15 000 €

7. Welche Volksabstimmung gab es nicht in Österreich?
R Gentechnik H Zwentendorf
Ü EU-Beitritt
50 000 €

8. Wer ist in Österreich für die Außenpolitik zuständig?
I Bund J Länder S Gemeinden
100 000 €

9. Wer kann in Österreich Gesetze bestätigen oder ablehnen?
Ö Nationalrat T Bundesrat
C Bundeskanzler
150 000 €

10. Wer vollzieht Gesetze?
R Legislative Ä Exekutive M Judikative
300 000 €

11. Wie viele Abgeordnete sind im Parlament vertreten?
A 163 N 193 T 183
500 000 €

12. Aus welchem Jahr stammt die Bundesverfassung?
§ 1920 $ 1921 & 1919
1 000 000 €

LÖSUNGSWORT: . . . . SYMBOL: ______

DU HAST DAS MILLIONENQUIZ GEWONNEN!

28. ÖSTERREICH UND DIE EU

Zuständigkeit – Förderungen – politische Organe – EU Wahl

Was hat sich seit dem Beitritt zur EU verändert?

Nach dem Beitritt zur EU musste Österreich einen Teil seiner Eigenstaatlichkeit aufgeben, denn kein österreichisches Gesetz darf dem geltendenden Recht in der EU widersprechen. So sind auch die Zuständigkeiten in der Gesetzgebung zwischen der EU und den Mitgliedsstaaten genau geregelt.

Wann trat Österreich der EU bei?

ausschließliche Zuständigkeit
Hier beschließt die EU Gesetze, die für alle Mitgliedsstaaten gelten:
Währung, Zollunion, Außenhandel

geteilte Zuständigkeit
Hier werden Gesetze von der EU und den Mitgliedsländern beschlossen:
Landwirtschaft, Verkehr, Energie, Umweltschutz

unterstützende Zuständigkeit
Hier beschließen die Mitgliedsländer die Gesetze, die EU unterstützt nur:
Gesundheit, Bildung, Kultur, Jugend, Industrie

Ebenso brachte die EU-Mitgliedschaft Österreich die **vier „Grundfreiheiten"** des **Binnenmarktes**.

Freizügigkeit der Arbeitnehmer: Jeder unselbständig Beschäftigte kann seinen Arbeitsplatz in jedem EU-Land frei wählen.

Diese Ziele sind aber nur teilweise erreicht, da der europäische Binnenmarkt noch nicht vollständig umgesetzt ist.

Wie finanziert sich die EU?

Das **Budget der EU** setzt sich einerseits aus Beiträgen der Mitgliedsländer und andererseits aus den Zolleinnahmen auf Waren aus Nichtmitgliedsländern zusammen. Mit diesen Geldern **fördert** die EU unterschiedlichste Projekte in den einzelnen Mitgliedsstaaten. Dazu zählen die Unterstützung der **Landwirtschaft** und die Förderung von **Forschung und Entwicklung**.

Überlege: Was bringt so ein Austausch für Schüler/Schülerinnen und Studenten/Studentinnen?

Ebenso gibt es **Austauschprogramme** für Schüler und Schülerinnen/Studenten und Studentinnen wie Leonardo und Comenius, mit deren Hilfe sie in anderen EU-Ländern lernen und studieren können.

In welchem EU-Land würdest du gerne lernen und studieren?

Österreichische Kommissare/ Kommissarinnen

1995-2004: Franz Fischler
EU-Kommissar für Landwirtschaft, Entwicklung des ländlichen Raumes und Fischerei

2004-2009: Benita Ferrero-Waldner
EU-Kommissarin für Außenbeziehungen und europäische Nachbarschaftspolitik

Seit 2010: Johannes Hahn
EU-Kommissar für Regionalpolitik

Wahlbeteiligung 2009 rückläufig!
Nur 46% der Wähler gingen 2009 zur EU-Wahl. Bei der ersten Abstimmung 1994 waren es noch 68%.

Kommissar: politischer Beauftragter
Fraktion: Zusammenschluss mehrerer Abgeordneter, die die gleichen Interessen vertreten

Die Zuständigkeit in der **Gesetzgebung** ist in der EU genau geregelt: ausschließlich, geteilt, unterstützend. Die EU **fördert** unterschiedlichste Projekte. Die vier wichtigen **politischen Organe** sind: Europäische Kommission, Europäischer Rat, Europäisches Parlament, Europäischer Gerichtshof.

Wer entscheidet in der EU?

In der EU gibt es politische Organe, die für unterschiedliche Bereiche zuständig sind.

Europäische Kommission

- besteht aus 27 **Kommissaren.** Jedes Mitgliedsland entsendet einen Kommissar.
- schlägt Gesetze vor
- überwacht die Umsetzung der europäischen Gesetze

Rat der Europäischen Union

- besteht aus den Staats- und Regierungschefs, den Außenministern und einem Kommissionspräsidenten
- entscheidet über Gesetze und das Budget
- schließt internationale Verträge ab

Europäisches Parlament

- wird alle 5 Jahre von den Bürgern und Bürgerinnen der EU gewählt
- besteht aus 785 Abgeordneten
- entscheidet über Gesetze und das Budget
- kontrolliert die Kommission

Europäischer Gerichtshof

- stellt sicher, dass das europäische Recht einheitlich in allen Mitgliedsstaaten angewendet wird

Brüssel

Brüssel

Straßburg

Luxemburg

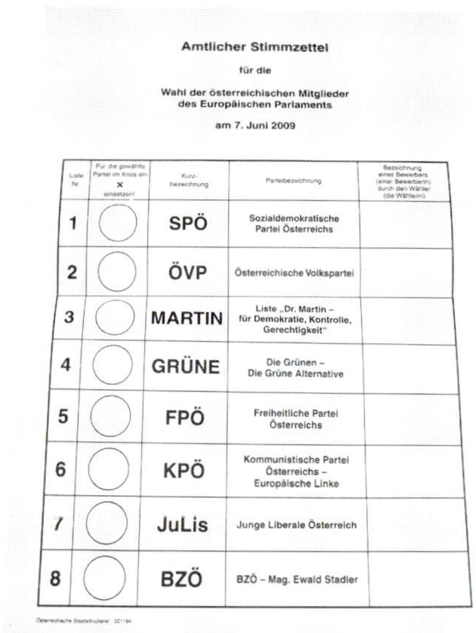

Amtlicher Stimmzettel
für die
Wahl der österreichischen Mitglieder des Europäischen Parlaments
am 7. Juni 2009

Liste Nr.	Für die gewählte Partei im Kreis ein × einsetzen!	Kurzbezeichnung	Parteibezeichnung	Bezeichnung eines Bewerbers (einer Bewerberin) durch den Wähler (die Wählerin)
1	◯	SPÖ	Sozialdemokratische Partei Österreichs	
2	◯	ÖVP	Österreichische Volkspartei	
3	◯	MARTIN	Liste „Dr. Martin – für Demokratie, Kontrolle, Gerechtigkeit"	
4	◯	GRÜNE	Die Grünen – Die Grüne Alternative	
5	◯	FPÖ	Freiheitliche Partei Österreichs	
6	◯	KPÖ	Kommunistische Partei Österreichs – Europäische Linke	
7	◯	JuLis	Junge Liberale Österreich	
8	◯	BZÖ	BZÖ – Mag. Ewald Stadler	

Österreichische Staatsdruckerei 001194

Stimmzettel EU-Wahl 2009

Wie bestimmst du in Europa mit?

Alle 5 Jahre wird das **Europäische Parlament** in allen Mitgliedsstaaten der EU neu gewählt. Dabei gibt es aber kein einheitliches Wahlverfahren, denn von Land zu Land gelten eigene Regelungen.

In Österreich können die Wahlberechtigten ab ihrem **16. Geburtstag** zur Wahl gehen und Abgeordnete für das Europäische Parlament wählen. Diese bestimmen in den **Fraktionen** die Politik in Europa mit. Es gibt aber auch Abgeordnete, die keiner Faktion angehören.

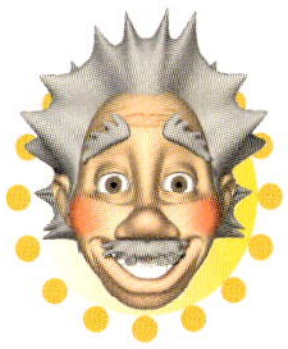

Nun geht's los – Aufgaben für schlaue Köpfe!

1) Welche Veränderungen hat es seit dem EU-Beitritt gegeben? Nur 3 Aussagen sind richtig. Suche sie, dann erhältst du ein Lösungswort! ★★

Die EU legt die Höhe des Arbeitslosengeldes in Österreich fest. **A**

Kein österreichisches Gesetz darf geltendem EU-Recht widersprechen. **G**

Österreich zahlt Mitgliedsbeiträge an die EU. **W**

Die Zollunion liegt in der ausschließlichen Zuständigkeit der EU. **E**

Österreich darf ohne Zustimmung der EU keine Waren aus den USA einführen. **S**

Österreichische Studenten und Studentinnen dürfen im Ausland nicht studieren. **H**

LÖSUNGSWORT: . . .

2) Hier siehst du Bereiche, die eine Förderung erhalten. Schreibe die Förderungen unter die Bilder! ★

______________________ ______________________ ______________________

Forschung und Entwicklung ★ Comenius ★ Landwirtschaft

____

3) **Bilderquiz:** Um welche Gebäude handelt es sich hier? Trage die Namen ein! ★★★★

Nun geht's los – Aufgaben für schlaue Köpfe!

4) Auf diesem Stimmzettel zur EU-Wahl 2009 fehlt einiges – **Fülle die Lücken! ★★★★★**

Liste Nr.	Für die gewählte Partei im Kreis ein X einsetzen!	Kurzbezeichnung	Parteibezeichnung	Bezeichnung eines Bewerbers (einer Bewerberin) durch den Wähler (die Wählerin)
1	◯	**SPÖ**		
2	◯		**Österreichische Volkspartei**	
3	◯	**MARTIN**	**Liste „Dr. Martin – für Demokratie, Kontrolle, Gerechtigkeit"**	
4	◯		**Die Grünen – Die grüne Alternative**	
5	◯	**FPÖ**		
6	◯		**Kommunistische Partei Österreichs – Europäische Linke**	
7	◯	**JuLis**	**Junge Liberale Österreichs**	
8	◯		**BZÖ – Mag. Ewald Stadler**	

5) **Fahnenquiz:** Europa ist groß – Um welche Mitgliedsländer handelt es sich hier? **Suche die Namen der Staaten aus dem Atlas heraus und schreibe sie unter die Fahnen! ★★★**

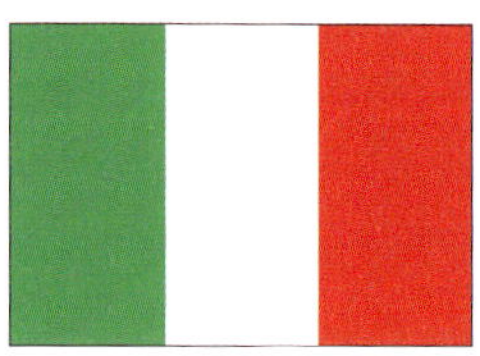

29. NEUE HERAUSFORDERUNGEN

Umweltbewusstsein – Veränderung der Arbeitswelt – Wandel der Familie

Der Umweltschutz gewinnt an Bedeutung

Der Erdölschock von 1973 brachte ein Umdenken im Umgang mit den natürlichen Lebensgrundlagen, die auf der Erde nicht unbegrenzt vorhanden sind. Große Umweltkatastrophen wie in **Seveso**, aber auch das **Fischsterben** aufgrund der **Übersäuerung der Gewässer** und das **Waldsterben** führten zur Gründung von Umweltschutzorganisationen. In Österreich setzte sich vor allem die Partei **Die Grünen** politisch für den Umweltschutz ein.

Seveso: italienische Gemeinde, in der 1976 bei einem Unfall das hochgiftige Dioxin TCDD freigesetzt wurde

Aber auch die anderen Parteien „entdeckten" nach und nach, dass der Umweltschutz ein wichtiges Anliegen für die Zukunft ist. Viele Maßnahmen wurden umgesetzt wie das Atomsperrgesetz (1979), der verpflichtende Einbau von Katalysatoren in PKWs (1986) und die Einführung eines österreichischen Umweltzeichens (1990).

Welchen Beitrag kannst du leisten, um den Umweltschutz zu unterstützen?
Wie kannst du im Alltag Energie sparen?

Nach wie vor sind aber viele andere Umweltprobleme noch nicht gelöst. So sehen die Österreicher und Österreicherinnen folgende Bereiche als vordringlichste Umweltprobleme an.

Statistik Austria: Mikrozensus Umweltbedingungen – Umweltverhalten, 2007

Österreichisches Umweltzeichen: Es wird an umweltfreundliche Produkte und Betriebe vergeben.

Auch der **steigende Transitverkehr** entwickelte sich in den letzten Jahrzehnten in einzelnen Regionen wie in Tirol und Ostösterreich zu einem großen umweltpolitischen Problem.

Transitverkehr durch das Tiroler Inntal 2009

Daneben war und ist auch die **globale Erwärmung** durch zu viel CO_2 in der Atmosphäre seit den 1980er Jahren ein wichtiges umweltpolitisches Thema (Klimawandel). Mit der Nutzung **alternativer Energieformen** und der **thermischen Sanierung** von Gebäuden soll der CO_2 Ausstoß reduziert werden.

thermische Sanierung: Anbringen von Wärmeschutzfassaden und Austausch von Fenstern, um den Wärmeverlust zu stoppen

Die Arbeitswelt verändert sich

Nach dem Zweiten Weltkrieg veränderte sich die Berufswelt in Österreich grundlegend. Berufe in Landwirtschaft, Industrie und Gewerbe verloren zunehmend an Bedeutung, während die Zahl der Beschäftigten im **Dienstleistungssektor** anstieg. In diesem Bereich gibt es zumeist aber keine durchgängige Erwerbstätigkeit, d. h. die Arbeit ist immer wieder durch Arbeitslosigkeit unterbrochen. So entstanden in den letzten Jahren neue Arbeitszeitmodelle wie z. B. Teilzeitarbeit und **geringfügige Beschäftigung**.

Dienstleistungssektor: Berufsgruppen, die nichts herstellen, sondern Dienstleistungen erbringen

geringfügige Beschäftigung: geringes Einkommen; der Beschäftigte ist nur unfallversichert; keine Kranken- und Pensionsversicherung

Welche neuen Berufe sind durch technische Innovationen in den letzten Jahren entstanden?

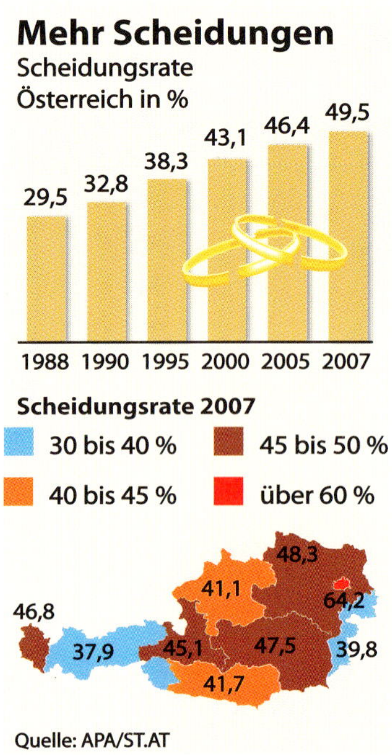

Scheidungen 1988 – 2007

Kernfamilie: Vater-Mutter-Kind-Familie

forcieren: beschleunigen

Patchworkfamilie: Familie mit Kindern aus anderen Verbindungen eines Elternteiles

Ab den 1970er Jahren wurde der **Umweltschutz** immer wichtiger. Auch die **Arbeitswelt** veränderte sich. Die Einführung des **Internets** revolutionierte das Informationswesen. Durch den Anstieg der Scheidungszahlen entstanden **neue Familienformen**.

Frauen, die vorwiegend im Dienstleistungssektor arbeiten, sind verstärkt armutsgefährdet. So sind 71% aller geringfügig Beschäftigten Frauen. Auch arbeiten 40% aller erwerbstätigen österreichischen Frauen nur Teilzeit. Doch auch Frauen, die einer Vollzeitbeschäftigung nachgehen, verdienen für die gleiche Arbeit noch immer ein Drittel weniger als Männer.

1993 führte die Einführung des **Internet** zur größten Revolution des Informationswesens seit der Erfindung des Buchdrucks. 2009 nutzten bereits 75% der österreichischen Bevölkerung das Internet. Das World Wide Web (www) hat Auswirkungen auf alle Bereiche des täglichen Lebens und natürlich auch auf die Arbeitswelt (Teleworking).

Die Familie im Wandel

Familie in den 1950er Jahren: Zu dieser Zeit sah man die Rolle der Frau ausschließlich als Hausfrau und Mutter. In dieser Zeit wurden viele Ehen geschlossen, viele Kinder geboren (Baby-Boom) und es gab wenige Scheidungen. Die **Kernfamilie**, in der Vater und Mutter mit zwei bis drei Kindern eine Familie bildeten, war das vorherrschende Familienmodell.

Familie in den 1970er Jahren: Im Zuge der Studentenbewegung forderten auch die Frauen ab Ende der 1960er Jahre mehr **Selbstbestimmung** in allen Bereichen – **Emanzipation der Frau**. Durch das Wirtschaftswachstum in den 1970er Jahren waren genügend Arbeitsplätze vorhanden, die Bildung der Frauen wurde **forciert** und immer mehr entschieden sich dafür, einen Beruf auszuüben. Die wirtschaftliche Unabhängigkeit und die Reform des Scheidungsrechts ermöglichte es nun den Frauen, unglückliche Beziehungen und Ehen zu beenden. So stiegen die Scheidungszahlen ab Mitte der 1970er Jahre deutlich an.

Familie heute: Es gibt viele unterschiedliche Formen des Zusammenlebens. So steigt sowohl die Zahl an **Alleinerzieherinnen** in Österreich als auch die Zahl der **Patchworkfamilien**. Aber auch innerhalb der traditionellen Kernfamilie kam und kommt es zu einer Veränderung der Rollenaufteilung. Eine fixe Zuteilung der Aufgaben – der Mann geht arbeiten, die Frau ist für den Haushalt und die Kinder zuständig – ist heute nicht mehr allgemein gültig. So sind in vielen Familien beide Elternteile berufstätig. Dennoch sind die Frauen neben dem Beruf zumeist für den Haushalt und die Kindererziehung zuständig.

Obwohl in den letzten Jahrzehnten viele familienpolitische Maßnahmen gesetzt wurden, sank die **Zahl der Geburten** in Österreich. Experten und Expertinnen führen dies auf die unzureichende Kinderbetreuung zurück. So ist es für österreichische Frauen im Gegensatz zu Frauen in den skandinavischen Ländern und Frankreich schwieriger, Familie und Beruf zu vereinbaren.

Nun geht's los – Aufgaben für schlaue Köpfe!

1) **Lies dir diesen Text durch! Dann übertrage die Verursacher von Treibhausgasemissionen mit den Prozenten in die Tabelle! ★★**

In Österreich gibt es viele Verursacher von Treibhausgasemissionen. Jeweils 2% entfallen dabei auf Abfallwirtschaft und fluorierte Gase (Kühlmittel, Spraydosen). 13% verursachen die Raumwärme und sonstiger Kleinverbrauch. Die größten Verursacher von Treibhausgasen sind aber mit 29% die Industrie und das produzierende Gewerbe, dicht gefolgt vom Verkehr mit 28%. Kohlekraftwerke und Wasserkraftwerke dienen der Energieaufbringung und machen 16% der Emission aus. Weitere 9% verursacht die Landwirtschaft. 1% entfallen auf sonstige Treibhausgasemissionen.

	Prozent	Verursacher
1 		
2 		
3 		
4 		
5 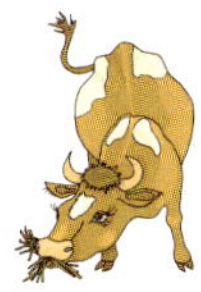		
6  		
7 Sonstige		

2) Das österreichische Umweltzeichen stammt vom Maler Friedensreich Hundertwasser. Diese Abbildung ist beschädigt. **Versuche dich als Maler/Malerin und ergänze sie!**

Nun geht's los – Aufgaben für schlaue Köpfe!

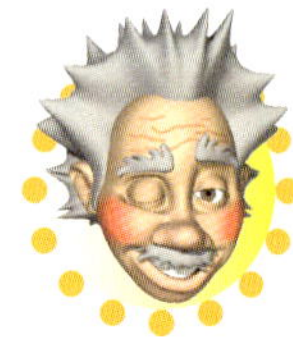

3) **Berufe raten** - Ordne die folgenden Berufe den verschiedenen Sektoren zu! ★★★

Goldschmied ★ Bäcker ★ Bäuerin ★ Kellnerin ★ Priester ★ Schuster ★ Förster ★ Jäger ★ Kosmetikerin ★ Fischer ★ Imker ★ Krankenpfleger ★ Schneiderin ★ Winzer ★ Köchin ★ Waldarbeiter ★ Stahlarbeiter ★ Tischler ★ Frisör ★ Lehrerin ★ Schauspieler ★ Schmied ★ Holzfäller ★ Glasbläser

Land- und Forstwirtschaft	Industrie und Gewerbe	Dienstleistungen

4) **Familienquiz** - Ordne den Bildern die richtigen Bezeichnungen zu, indem du die Zahlen einsetzt! ★★

1. Familie 1955 ★ 2. griechische Familie 490 v. Chr. ★ 3. mittelalterliche Familie 1350 ★ 4. germanische Familie 200 n. Chr. ★ 5. großbürgerliche Familie 1890 ★ 6. Familie 1976 ★ 7. Familie 1755 ★ 8. Familie 2010

Österreich NEWS

Als Wien kurz Chicago war

In den letzten Tagen des Krieges drehte Willi Forst in den Parkanlagen von Schönbrunn den Film „Wiener Mädel". Dazu wurden Kulissen aufgestellt, die die Stadt Chicago zeigten. Auch die Kapelle der deutschen Luftwaffe trug amerikanische Uniformen. Zuschauer bei den Dreharbeiten fragten völlig fassungslos: „Ist es schon so weit? Sind die Amis schon hier?"
Schauspieler: Curd Jürgens, Hans Moser, Judith Holzmeister

Der Blitz aus Kitz

1956: Unser Toni Sailer aus Tirol gewinnt bei den Winterspielen in Cortina d´Ampezzo 3 Goldmedaillen.

Travnicek und die Wahl

Freund: Travnicek, nächsten Sonntag ist der Tag, wo Sie zur Urne schreiten sollen.
Travnicek: Was is da? A Begräbnis?
Freund: Aber! Wo Sie sich entscheiden sollen.
Travnicek: Ob ich wegfahr oder ins Kino geh.
Freund: Nein! Nächsten Sonntag geht der pflichtbewusste Staatsbürger zur Wahl.
Travnicek: Na ja, wann's regnet und er keine Kinokarten kriegt, kann er ja zur Wahl gehen.
Freund: Was, Travnicek, glauben Sie, weswegen Sie zur Wahl gehen?
Travnicek: Weil i an Zettel krieg.
Freund: Nein! Der Politiker braucht den Kontakt mit dem Volke. Durch diesen Zettel erfährt er, was Sie als Wähler von ihm halten.
Travnicek: Des kann i ihm auf'n Zettel aufschreiben?
Freund: Nein, dann ist er ungültig! Was machen Sie am Sonntag in der Wahlzelle?
Travnicek: Des is mei Wahlgeheimnis.

Lassie ist der Liebling Österreichs

1961: 250 000 Fernsehgeräte gibt es in Österreich. Zu den TV-Hits zählen „Lassie" und „Heinz Conrads"!

Innsbruck ist Olympiastadt

1964: Zum ersten Mal finden in Österreich Olympische Spiele statt. Am Tag der Eröffnung steigt die Temperatur so an, dass von den umliegenden Bergen 25 000 Tonnen Schnee nach Innsbruck transportiert werden müssen. Österreich gewinnt 4 Gold-, 5 Silber- und 3 Bronzemedaillen.

Kennedy-Chruschtschow in Wien

Wien 1961: Die mächtigsten Männer der Welt treffen sich in Wien. Die First Lady Jacky Kennedy bezaubert Wien mit ihrem Charme. Sie besucht auch die Spanische Hofreitschule.

SIEG BEIM SONG CONTEST

März 1966: Udo Jürgens gewinnt bei seinem dritten Antreten mit dem Lied „Merci Chérie" den Song Contest für Österreich.

Österreich NEWS

CARTOON DER WOCHE

Palmers entführt!

November 1977: Einer der reichsten Männer Österreichs wird gegen 31 Millionen Schilling Lösegeld freigelassen. Als er zu Hause ankommt, sagt er zu seiner Frau: „Ich habe mich zum Nachtmahl um 100 Stunden verspätet."

Farbfernsehen in Österreich

Neue Geräte eingetroffen!

Der ORF startet sein Farbprogramm mit 1.1.1969.

Wohnen im Hundertwasserhaus!

Suchen Sie eine Gemeindewohnung? Dieses Haus ist eine Besonderheit. Erbaut wurde es von 1983 bis 1985 nach den Vorlagen des österreichischen Malers Friedensreich Hundertwasser!

Heftige Proteste gegen den Besuch des US-Präsidenten Nixon

Salzburg 1972: Bei der Ankunft des US-Präsidenten protestierte auch Kreiskys Sohn Peter gegen den Vietnamkrieg.

Hofburg brennt!

In der Nacht auf den 27. Nov. 1992 brennt die Hofburg. Zum Glück gelingt es der Feuerwehr, den Brand rechtzeitig einzudämmen. Die wertvollen Bücher der Nationalbibliothek und die Schätze in der Schatzkammer konnten gerettet werden.

Was gibt es Neues?

- **1976 kommt es um 4:43 Uhr am Morgen zum Einsturz der Wiener Reichsbrücke; dabei gibt es ein Todesopfer.**
- **Der österreichische Formel I-Weltmeister Niki Lauda überlebt 1976 einen Feuerunfall auf dem Nürburgring mit schweren Verbrennungen. 30 Tage später kehrt er ins Cockpit zurück. 1977 wird er zum 2. Mal, 1983 zum 3. Mal Formel I-Weltmeister.**
- **1990 stirbt Altbundeskanzler Bruno Kreisky im Alter von 79 Jahren.**
- **Im Jahr 2008 veranstaltet Österreich mit der Schweiz die Fußballeuropameisterschaft, scheidet aber in der Vorrunde aus.**

Oscar für Österreich

24. 02. 2008: Mit seinem KZ-Drama „Die Fälscher" gewinnt der österreichische Regisseur Stefan Ruzowitzky den Oscar für den besten nichtenglischsprachigen Film.

Reise in die Vergangenheit:

1945–1955:	Besatzungszeit in Österreich
15. 5. 1955:	Österreich erhielt den Staatsvertrag.
26. 10. 1955:	Der Nationalrat beschloss die immerwährende Neutralität.
1956:	Ungarnkrise
1970–1983:	Alleinregierung Kreisky
1978:	Volksabstimmung über den Bau des Atomkraftwerkes Zwentendorf
1984:	Besetzung der Hainburger Au
1995:	Österreich trat der EU bei.
1998:	Restitutionsgesetz beschlossen – Fond für die Opfer der NS-Zeit eingerichtet
2000–2006:	Schwarz-blaue Koalition
2006 & 2008:	Rot-schwarze Koalitionen

Buchtipps

Christoph Konrath: Und was macht eigentlich das Parlament? Politik in Österreich. Erklärt für Jugendliche und andere wissbegierige Menschen (Czernin Verlag).

Johann Vysek: Das Österreich-Quiz für clevere Kids (Ueberreuter Verlag).

30. DER KALTE KRIEG

Teilung Europas – Marshallplan – NATO und Warschauer Pakt – Ungarnkrise – Berliner Mauer – Prager Frühling

Aus Verbündeten werden Gegner

Im Zweiten Weltkrieg kämpften die USA und die Sowjetunion noch gemeinsam gegen das nationalsozialistische Deutschland. Nach dem Krieg wurden aus den Verbündeten aber wieder Gegner. Die Gegensätze zwischen **Kapitalismus** und **Kommunismus** traten in den Vordergrund.

In den sowjetisch besetzten Gebieten Europas setzte die UdSSR rücksichtslos ihre Macht durch. **Polen**, die **Tschechoslowakei, Ungarn, Bulgarien** und **Rumänien** wurden zu **„Volksdemokratien"** mit kommunistischen Regierungen. Unter dem Einfluss der Sowjetunion wurden andere Parteien verboten, deren Anhänger verfolgt und eingesperrt, aber auch Grundbesitzer und Unternehmer enteignet und ihr Besitz **verstaatlicht**. Die Macht der Sowjetunion reichte dadurch bis nach Westeuropa. Die Grenzen der kommunistisch orientierten Staaten sicherte man mit Stacheldrahtzäunen, Wachtürmen und Minenfeldern. Bis 1989 trennte dieser **„Eiserne Vorhang"** West- und Osteuropa.

Eiserner Vorhang: Stacheldrahtzaun, Beobachtungstürme und Minenfelder

Kapitalismus: Wirtschaftssystem, das hauptsächlich durch das Gewinnstreben des Einzelnen geprägt ist

Kommunismus: Gesellschaftsordnung, in der alle Produktionsmittel gemeinsames Eigentum sein sollen – Ziel ist die klassenlose Gesellschaft

Ausschnitt aus einem sowjetischen Relief

Was glaubst du, wollte der Künstler mit dieser Darstellung ausdrücken?

Der Marshallplan

Entladen von amerikanischen Hilfslieferungen

Nach dem Zweiten Weltkrieg herrschte in ganz Europa Not und Hunger. Mit dem **Marshallplan** halfen die USA Europa. So boten sie **finanzielle Unterstützung** und die Lieferung von **lebensnotwendigen Gütern** an. Als einzige Bedingung mussten sich die unterstützten Staaten zu wirtschaftlicher Zusammenarbeit verpflichten.

Mit der wirtschaftlichen Hilfe für Europa versuchten die USA aber auch, den wachsenden Einfluss der Sowjetunion zu stoppen. Der Marshallplan wurde allen europäischen Staaten angeboten. Die **Ostblockstaaten** mussten aber unter dem Druck der Sowjetunion darauf **verzichten**. Damit begann die **wirtschaftliche Teilung Europas**.

Während sich in den unterstützten Ländern die Wirtschaft rasch und gut entwickelte, **stagnierte** sie in Osteuropa. Die Gegensätze zwischen Ost und West wuchsen. Beide Seiten versuchten, den Gegner mit feindseliger Propaganda, mit militärischen Drohungen und wirtschaftlichen Blockaden zu schwächen. Der **Kalte Krieg** hatte begonnen.

Warnschild vor der Grenze zwischen Ost und West

Welche Länder sind heute von der Hilfe anderer abhängig? Wer hilft diesen Ländern?

stagnieren: stehen bleiben, sich nicht weiter entwickeln

Kalter Krieg: nicht offen (militärisch) ausgetragener Konflikt zwischen den West- und Ostmächten

Die Blockade Berlins
Berlin war in vier Besatzungszonen aufgeteilt, lag jedoch inmitten des sowjetischen Besatzungsgebiets. Als 1948 im westlichen Teil die Westmark eingeführt wurde, reagierte die sowjetische Führung mit einer Blockade Berlins. Die Stadt war dadurch völlig isoliert. Um zu verhindern, dass Berlin ganz von den Sowjets übernommen wurde, organisierten die USA und Großbritannien eine Luftbrücke. Von Juni 1948 bis Mai 1949 versorgten die sogenannten „Rosinenbomber“ die Bevölkerung Westberlins mit lebensnotwendigen Gütern.

Blockade: Absperrung der Zufuhr

Checkpoint Charlie: Grenzübergang zwischen West- und Ostberlin

Was glaubst du, warum hat niemand Peter Fechter geholfen?

Die Teilung Deutschlands

Die **Zweiteilung Europas** zeigte sich ganz besonders deutlich am Beispiel **Deutschlands**. Nach dem Zweiten Weltkrieg gab es in Deutschland, wie in Österreich, **vier Besatzungszonen**. Nach heftigen Auseinandersetzungen zwischen den westlichen Besatzungsmächten und der Sowjetunion entstanden **1949 zwei deutsche Staaten**. Die **BRD** (Bundesrepublik Deutschland) im Westen und die von der Sowjetunion abhängige **DDR** (Deutsche Demokratische Republik) im Osten. Die BRD entwickelte sich rasch zu einer starken Wirtschaftsmacht, man sprach vom **„deutschen Wirtschaftswunder“.**

„Deutsches Wirtschaftswunder“
Werbeplakat 1949

Da die wirtschaftliche Situation im Osten schlechter war als im Westen, versuchten immer mehr Menschen aus dem Osten, in den Westen zu gelangen. Nach einem missglückten **Volksaufstand** 1953 flüchteten bis 1961 ca. 2,6 Millionen Ostdeutsche in die BRD. Viele dieser Flüchtlinge waren jung, hoch qualifiziert und wären für den Wiederaufbau der DDR dringend benötigt worden.

Der Bau der Berliner Mauer

Der Eiserne Vorhang trennte zwar Ost- und Westeuropa, aber in der geteilten Stadt **Berlin** konnte man noch ungehindert in den Westen gelangen. Um diese Fluchtmöglichkeit zu unterbinden, wurde im Jahr 1961 von den Sowjetmächten die **„Berliner Mauer“** gebaut.

Teilung Berlins

Mehrsprachiges Schild in Berlin, das davor warnte, dass man den amerikanischen Sektor verließ

Vom Tag des Mauerbaus am 13. 8. 1961 bis zum Fall der Berliner Mauer am 9. 11. 1989 kamen an der Berliner Mauer bei dem Versuch, die Grenzanlagen zu überwinden, mindestens 123 namentlich bekannte Personen ums Leben. So wurde unweit des **Checkpoint Charlie** am 17. 8. 1962 der 18-jährige Peter Fechter erschossen. Er verblutete vor den Augen der Alliierten und der Westberliner Polizei auf dem Gebiet der DDR.

Militärische Bündnisse entstehen

Die Gegensätze zwischen Ost und West führten dazu, dass zwei **militärische Bündnisse** entstanden:

Vergleiche die Ziele der NATO und des Warschauer Pakts!

West

NATO – Nordatlantikpakt

- gegründet: 4. 4. 1949
- politisch-militärisches Bündnis unter Führung der USA
- richtete sich gegen die **Expansionsbestrebungen** der Sowjetunion

Die NATO besteht heute noch.

Ost

Warschauer Pakt

- gegründet: 14. 5. 1955
- politisch-militärisches Bündnis unter Führung der Sowjetunion
- richtete sich gegen die wirtschaftliche, politische und militärische Übermacht der USA

Der Warschauer Pakt bestand bis 1. 7. 1991.

Es gab aber auch Staaten, die **keinem Bündnis** angehörten. Dazu zählten **neutrale Staaten** wie die Schweiz, Schweden und Österreich, aber auch **blockfreie Staaten** wie Jugoslawien und Albanien ab 1968.

Expansionsbestrebungen: der Versuch, seinen Machtbereich zu vergrößern

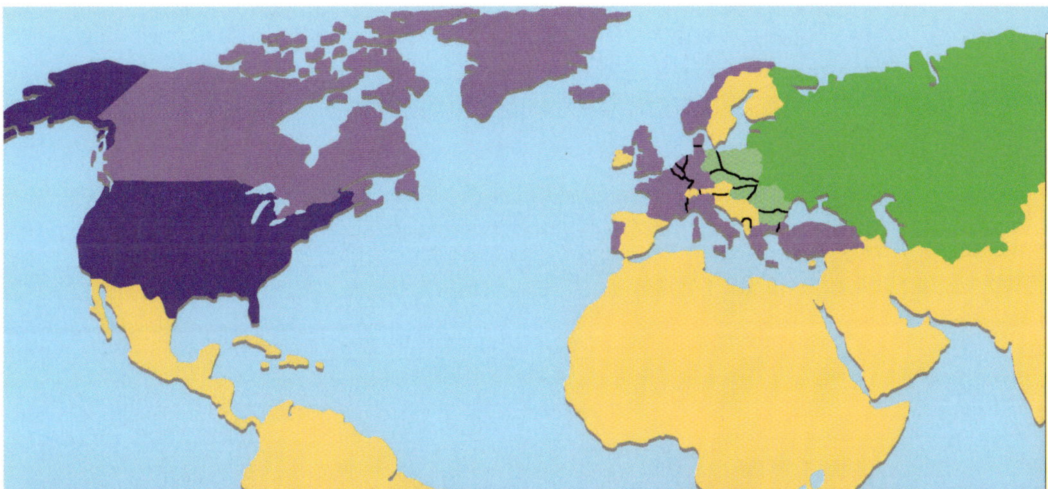

Länder der NATO und des Warschauer Pakts 1959

USA/NATO
UdSSR/Warschauer Pakt

Wettrüsten
Der Kalte Krieg führte zu einem erbitterten **Wettrüsten zwischen Ost und West.** Auf beiden Seiten wurden bedrohliche Waffenarsenale angelegt: Kampfflugzeuge, U-Boote und auch Atombomben sollten den Gegner in Schach halten und so den Weltfrieden sichern.

Der Kalte Krieg

Nach dem Zweiten Weltkrieg hatten sich **zwei Supermächte** gebildet: die **USA** und die **UdSSR**. Beide Staaten versuchten, eine Vormachtstellung zu erlangen. Man nennt diese Epoche die **Zeit des Kalten Krieges**, weil es zwar **nie zu direkten militärischen Auseinandersetzungen** zwischen den USA und der UdSSR kam, die Beziehung zwischen den beiden Staaten aber **extrem feindselig** war. Der Kalte Krieg beeinflusste viele auch nicht militärische Bereiche des Lebens.

1946: US-Wissenschaftler beobachten einen Atombombentest auf dem Bikini-Atoll.

neutrale Staaten: verpflichten sich, in einem möglichen Kriegsfall unabhängig zu bleiben

blockfreie Staaten: gehören keinem Militärbündnis an

Warum kann Wettrüsten den Frieden sichern?
Informiere dich! Wo liegt das Bikini-Atoll? Welche Auswirkungen hatten die Tests? (Internet)

Wettlauf ins All

Im Kampf der Supermächte spielte auch die **technologische Überlegenheit** eine wichtige Rolle. Die Eroberung des Weltalls war dabei ein wesentlicher Faktor. Die Sowjetunion schickte 1957 mit Sputnik 1 den ersten Satelliten um die Erde und mit **Juri Gagarin 1961** den ersten Menschen ins All. Den Amerikanern gelang **1969** die erste **bemannte Mondlandung** – **Neil Armstrong** betrat als erster Mensch den Mond.

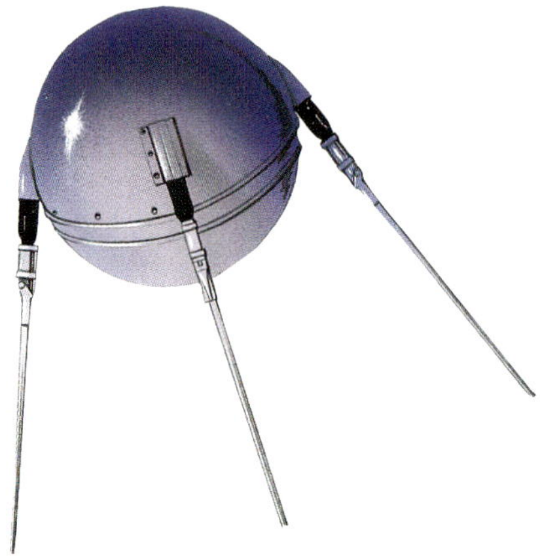

Der Sputnik 1 (russisch für Satellit) war eine Metallkugel mit 58 cm Durchmesser.

Wie sieht heute der „Wettlauf ins All“ aus? Wie weit ist die Technik seit dem ersten Menschen im All fortgeschritten? (Internet)

In den Spionageromanen und -filmen des Westens waren „die Bösen“ immer russische Agenten. James Bond, der britische Geheimagent, siegte immer.

Welche Gruppen stehen sich in neueren Filmen kämpferisch gegenüber?

Sozialismus mit menschlichem Antlitz: Verwirklichung der kommunistischen Ziele, aber mehr persönliche Freiheiten für den Einzelnen

Konflikte im Ostblock

Nach 1949 waren alle Ostblockstaaten Europas politisch und wirtschaftlich völlig von der Sowjetunion abhängig. Im Gegensatz zum Westen Europas ging der Wiederaufbau im Osten nur langsam voran. Die schlechte Versorgung mit Gütern des täglichen Lebens, der steigende Arbeitsdruck und die Bevormundung durch die kommunistische Partei führten in der Bevölkerung zu **Unzufriedenheit**. Nach dem Tod Stalins 1953 kam es daher immer wieder zu Versuchen dieser Staaten, sich aus der Abhängigkeit von der Sowjetunion zu befreien. Alle diese Aufstände wurden von sowjetischen Truppen mit **Waffengewalt** niedergeschlagen.

Der Ungarnaufstand 1956

Zerstörung einer Stalin-Statue in Ungarn 1956

Im Oktober 1956 kündigte der bei der Bevölkerung beliebte ungarische Ministerpräsident **Imre Nagy** durchgreifende **Reformen** an. Er verlangte den sofortigen Abzug der in Ungarn stationierten sowjetischen Truppen, trat für die **Neutralität** Ungarns ein und kündigte **freie Wahlen** an. Die Sowjetunion sah darin eine Gefahr für den Zerfall des kommunistischen Blocks in Osteuropa und schritt mit Waffengewalt ein. Bei der mehrtägigen Schlacht um die Hauptstadt Budapest gab es mehrere tausend Tote. Eine Viertelmillion Ungarn floh nach Österreich und teilweise weiter ins westliche Ausland. Viele Regimekritiker – Politiker, Offiziere und Intellektuelle – wurden nach der Niederschlagung des Aufstandes inhaftiert oder wie Imre Nagy hingerichtet.

Nach dem Zweiten Weltkrieg traten die **Gegensätze zwischen Kapitalismus (USA) und Kommunismus (UdSSR)** wieder in den Vordergrund. In Osteuropa entstanden unter der Führung der UdSSR **„Volksdemokratien“**. In der Zeit des **Kalten Krieges** standen sich der Westen und der Osten feindlich gegenüber, ohne dass es zu kriegerischen Auseinandersetzungen kam.

Der Prager Frühling

Eine ähnliche Situation gab es 1968 in der **Tschechoslowakei**. Als unter der Führung von **Alexander Dubcek** demokratische Reformen unter dem Motto **„Sozialismus mit menschlichem Antlitz“** durchgeführt wurden, schickte die Sowjetunion wieder Panzer und Soldaten, die den Aufstand blutig beendeten.

Wo gibt es heute noch Länder, in denen sich Menschen gegen Unterdrückung wehren müssen? (Internet)

Prager Bürger werfen brennende Fackeln gegen Panzer, 21. 8. 1968.

Nun geht's los – Aufgaben für schlaue Köpfe!

1) NATO und Warschauer Pakt: **Bemale die Staaten der NATO und des Warschauer Pakts mit je einer Farbe!** ★

2) **Ordne die Länder dem richtigen Bündnis zu!** ★★★ Tipp: Nimm deinen Atlas zu Hilfe!

Rumänien ★ USA ★ Belgien ★ Dänemark ★ Ungarn ★ Frankreich ★ Großbritannien ★ Polen ★ Island ★ Italien ★ Kanada ★ UdSSR ★ Luxemburg ★ Niederlande ★ DDR ★ Norwegen ★ Bulgarien ★ Portugal ★ Tschechoslowakei

Nato	Warschauer Pakt
1. ______	1. ______
2. ______	2. ______
3. ______	3. ______
4. ______	4. ______
5. ______	5. ______
6- ______	6. ______
7. ______	7. ______
8. ______	
9. ______	
10. ______	
11. ______	
12. ______	

Nun geht's los – Aufgaben für schlaue Köpfe!

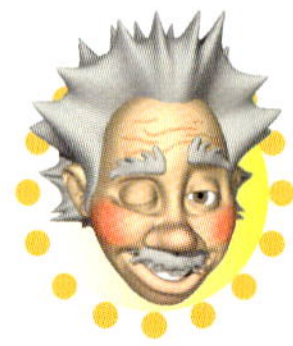

3) **Wer sagt was?** Ordne die Personen den Aussagen zu! ★★★

US-Pilot ★ George Marshall ★ Josef Stalin ★ Juri Gagarin ★ Alexander Dubcek ★ Imre Nagy ★ ein Schweizer ★ ungarische Flüchtlinge

Wir hoffen, dass uns Österreich aufnimmt.

Ich war der erste Mensch im All.

Die Freundschaft mit der Sowjetunion bringt Frieden.

Nach mir ist der Hilfsplan für Europa benannt.

Wir wollen einen „Sozialismus mit menschlichem Antlitz".

Unser Land bleibt neutral.

Wir fordern den Abzug der sowjetischen Truppen und freie Wahlen.

Wir verhindern, dass Berlin ganz von den Sowjets übernommen wird.

4) Welche der folgenden Begriffe haben mit der Zeit des Kalten Krieges zu tun? Suche sie heraus, dann erhältst du ein Lösungswort! ★★

Zwischenkriegszeit B	**Marshallplan** K	**Berliner Mauer** T
Aufklärung C	**Volksdemokratie** S	**Schloss Versailles** H
Rosinenbomber I	**Russlandfeldzug** M	**Eiserner Vorhang** P
Prager Frühling U	**Landsknecht** O	**Bikini-Atoll** N

LÖSUNGSWORT: . . . .

31. AMERIKA NACH 1945

Koreakrieg – Kubakrise – Vietnamkrieg – Rassentrennung – Martin Luther King – John F. Kennedy – Watergate

Weltweite Konflikte in der Zeit des Kalten Krieges

Europa war nicht der einzige Krisenherd in der Zeit des Kalten Krieges. In sogenannten **Stellvertreterkriegen** griffen die USA und die UdSSR immer wieder in militärische Auseinandersetzungen zwischen anderen Ländern ein. Nur die Angst vor den Atomwaffen des Gegners hielt beide Großmächte von direkten kriegerischen Auseinandersetzungen ab.

Stellvertreterkriege: So nennt man Kriege, in denen sich die Gegner (USA und UdSSR) nicht direkt bekämpfen, sondern ihren Konflikt über andere Staaten austragen lassen, die sie militärisch und wirtschaftlich unterstützen.

Der Koreakrieg 1950 – 1953

Die **asiatische Halbinsel** Korea war nach dem Zweiten Weltkrieg in ein kommunistisches Nordkorea und ein demokratisches Südkorea geteilt. 1950 fielen nordkoreanische Truppen in Südkorea ein. Die **UNO** schickte Truppen **unter der Führung Amerikas** nach Korea. Die kommunistische Volksrepublik **China unterstützte Nordkorea**. Nach drei Jahren Krieg wurde **1953 ein Waffenstillstand** geschlossen. Die Grenze zwischen Nord- und Südkorea blieb weiter bestehen. Erst 1992 unterzeichneten beide Seiten einen Nichtangriffspakt.

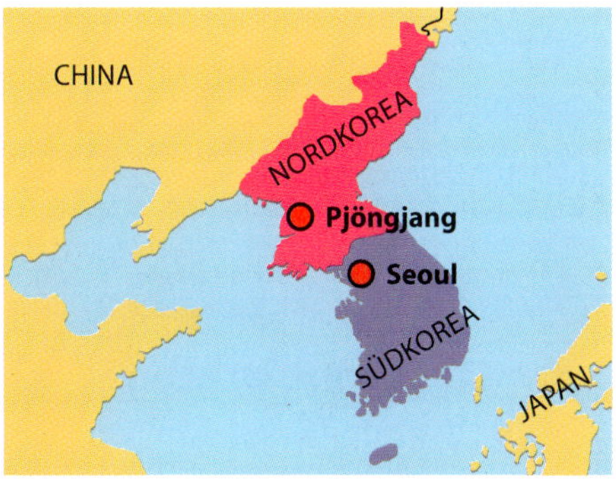

Nord- und Südkorea

Suche Korea im Atlas!

Die Kubakrise 1962

Ende der 1950er Jahre hatten Revolutionäre unter der Führung **Fidel Castros** in **Kuba** die Macht errungen und eine **kommunistische Diktatur** errichtet. Als der sowjetische Ministerpräsident **Nikita Chruschtschow** auf Kuba **Raketenabschussrampen** errichten ließ, geriet die Welt im Oktober 1962 für einige Tage gefährlich nahe an den Rand eines Atomkrieges. Diese atomaren Raketen **„direkt vor der Haustür der Amerikaner"** waren eine massive Bedrohung für Amerika. Daher verhängte US-Präsident **John F. Kennedy** über die Insel Kuba eine **Seeblockade**. Er verlangte die sofortige Entfernung der Raketen, obwohl auch sein Land Atomraketen auf Ziele in der Sowjetunion gerichtet hatte.

Kuba: Inselstaat vor der amerikanischen Ostküste

Fidel Castro

Informiere dich: Wie ist die Lage Kubas heute? Wer regiert den Inselstaat?

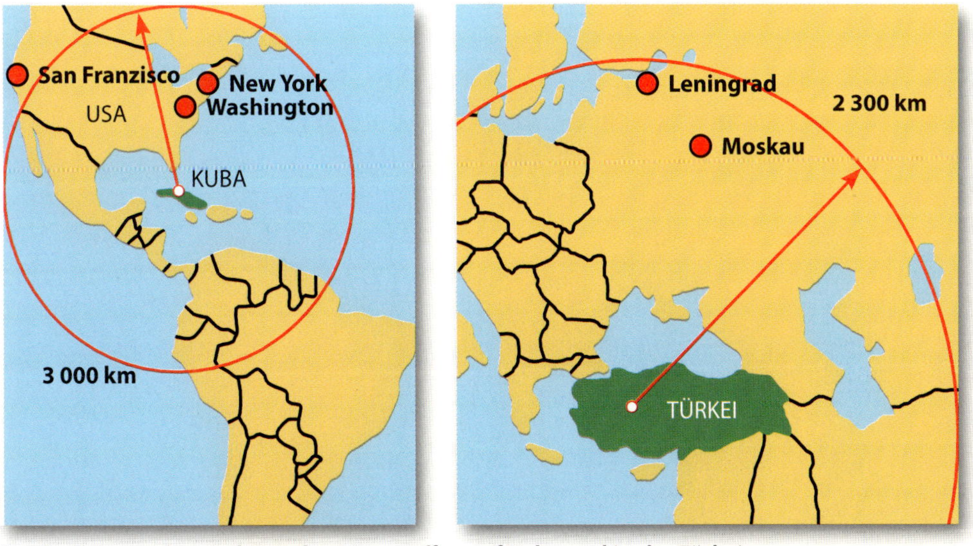

Sowjetische und amerikanische Atomwaffen auf Kuba und in der Türkei

Nach einem geheimen Briefwechsel zwischen dem **Weißen Haus** und dem **Kreml** lenkte die Sowjetunion ein und entfernte die Raketen. Im Gegenzug demontierten die USA ihre Raketen in der Türkei.

Weißes Haus: Amtssitz des amerikanischen Präsidenten

Kreml: Amtssitz des sowjetischen Ministerpräsidenten

Was glaubst du, warum haben beide Länder ihre Atomraketen wieder entfernt?

Um den Feind im Dschungel besser sehen zu können, versprühten die Amerikaner in Vietnam **chemische Entlaubungsmittel**. Schon kleine Mengen dieses Gifts sind **krebserregend**. Millionen Vietnamesen erkrankten und starben an den Spätfolgen dieses Gifteinsatzes.

Chruschtschow und Kennedy in einer Karikatur von 1962: „Einverstanden, Herr Präsident, wir wollen verhandeln!"

Wie würdest du diese Karikatur deuten?

Um eine solch gefährliche Situation in Zukunft zu vermeiden, wurde zwischen Washington und Moskau eine direkte Telefonleitung eingerichtet: das **„Rote Telefon"**.

Der Vietnamkrieg 1965 – 1973

Seit dem 19. Jh. war Vietnam **französisches Kolonialgebiet**. Nach dem Zweiten Weltkrieg errichtete die kommunistische „Liga für die Unabhängigkeit Vietnams" unter Führung ihres Gründers **Ho Chi Minh** eine **„Demokratische Republik Vietnam"**. Frankreich wollte seine Kolonialherrschaft aber nicht aufgeben – es kam zum Krieg. Obwohl Amerika die französischen Truppen finanziell und mit Waffen unterstützte, musste sich Frankreich geschlagen geben. 1954 wurde ein Waffenstillstand geschlossen. Vietnam wurde geteilt: in ein **kommunistisches Nord**- und ein von den USA unterstütztes **diktatorisch regiertes Südvietnam**. Die im Waffenstillstandsabkommen geforderten freien Wahlen fanden aber nie statt.

In Südvietnam entwickelte sich eine **kommunistische Widerstandsbewegung – der Vietcong**. Unterstützt von China und der UdSSR führte der Vietcong einen **Guerillakrieg** gegen die südvietnamesische Regierung. Südvietnam wurde von den USA unterstützt, zunächst mit Geld und Waffen, doch ab **1964 schickte Amerika auch Soldaten**. Es folgte ein besonders grausamer Krieg. Die USA setzten **Brand- und Giftbomben** ein, die viele Opfer in der Zivilbevölkerung forderten. Die USA konnten aber diesen Dschungelkrieg nicht gewinnen. In der amerikanischen Bevölkerung wuchs die Ablehnung gegen diesen „schmutzigen Krieg". 1973 zogen die amerikanischen Truppen ab. 1976 wurden Nord- und Südvietnam zur kommunistischen **„Sozialistischen Republik Vietnam"** vereinigt.

Warum glaubst du, waren Korea und Vietnam für die USA und die UdSSR so wichtig?

Informiere dich: Wo gibt es heute noch Kriege, an denen die USA oder Russland beteiligt sind?

Napalm: Brandstoff, der in Bomben abgeworfen wurde

Demonstration gegen den Vietnamkrieg vor dem Weißen Haus 1966

Ein Bild, das um die Welt ging: Die 9-jährige Kim Phuc Phan Thi wurde mit anderen 1972 Opfer eines Napalm-Angriffs der Amerikaner.

Amerika – ein Land voller Widersprüche

Die Jahre nach dem Zweiten Weltkrieg waren für viele Länder eine Zeit des **wirtschaftlichen Aufschwungs**. In den USA, wo es keine Kriegsschäden zu beseitigen gab, erlangten viele Menschen einen bisher noch nie da gewesenen **Wohlstand**. Weiße amerikanische Mittelstandsfamilien konnten sich ab den 1950er Jahren Einfamilienhäuser, Autos, elektrische Haushaltsgeräte und vieles mehr leisten. Aber nicht alle hatten Anteil am Wohlstand Amerikas. Vor allem Afroamerikaner, Einwanderer aus Lateinamerika, die arme Landbevölkerung und andere, meist schlecht ausgebildete Bevölkerungsschichten, lebten in Armut.

Seit 1939 gab es Fernsehen in Amerika.

Weißt du noch? Seit wann gibt es Fernsehen in Österreich?

Rassenprobleme und Bürgerrechtskämpfe

Seit 1865 war die Sklaverei in Amerika zwar abgeschafft, doch durch das gesetzlich festgelegte **System der Rassentrennung** wurden die **Afroamerikaner**, vor allem in den Südstaaten, weiterhin **massiv benachteiligt**. Die **Trennung** der Schwarzen von den Weißen betraf alle **öffentlichen Einrichtungen** – Schulen, Krankenhäuser, Verkehrsmittel, Kinos, Theater und Parks.

Mitte der 1950er Jahre entstand in Amerika eine **Bürgerrechtsbewegung**, die sich für die rechtliche Gleichstellung der Afroamerikaner einsetzte. Ihr Anführer, der afroamerikanische Prediger **Martin Luther King**, rief zu **gewaltlosem Widerstand** und **zivilem Ungehorsam** auf. Es kam zu friedlichen Protestmärschen, **Sit-ins** in Restaurants für Weiße und zu einem Boykott der Busse. Alle diese Aktionen sollten die Unsinnigkeit der Rassentrennung aufzeigen. Angehörige des **Ku-Klux-Klans** verübten aber immer wieder brutale, gewalttätige Überfälle auf Afroamerikaner.

Sit-in: Sitzstreik; ist eine gewaltfreie Art der Demonstration

Ku-Klux-Klan: rassistischer Geheimbund in den Südstaaten der USA

Große Teile der Bevölkerung Amerikas, allen voran **Präsident John F. Kennedy**, unterstützten Martin Luther Kings Bewegung bereits. 1963 kam es zum **Marsch auf Washington**: 250 000 Menschen – Schwarze und Weiße – versammelten sich in der Nähe des Weißen Hauses, wo Martin Luther King seine berühmte Rede: **„I have a dream"** hielt.

1955 weigerte sich die Afroamerikanerin Rosa Parks, ihren Sitzplatz für einen Weißen zu räumen. Als man sie deswegen verhaftete, boykottierte die schwarze Bevölkerung von Montgomery mehr als 12 Monate lang das Busunternehmen.

Quelle: Aus der Rede M. L. Kings „I have a dream", 1963

Heute sage ich euch, meine Freunde, trotz der Schwierigkeiten von heute und morgen habe ich einen Traum ... Es ist ein Traum, ... dass alle Menschen gleich erschaffen sind...Ich habe einen Traum, dass meine vier kleinen Kinder eines Tages in einer Nation leben werden, in der man sie nicht nach ihrer Hautfarbe, sondern nach ihrem Charakter beurteilen wird.

Im Jahr **1964** wurde das **Bürgerrechtsgesetz** verabschiedet, das die **Rassentrennung in Amerika aufhob**. Im selben Jahr erhielt Martin Luther King den **Friedensnobelpreis**. Der **Voting Rights Act** (das Wahlrechtsgesetz) von **1965** ermöglichte allen Afroamerikanern die Teilnahme an Wahlen. In diesem Gesetz wurden die bis dahin üblichen „Lese- und Verständnistests" vor der Wählerregistrierung abgeschafft.

1968 wurde **Martin Luther King** bei einem **Attentat getötet**.

Hat sich der Traum M. L. Kings erfüllt?

Martin Luther King in Washington, 28. 8. 1963

Georg W. Bush war Präsident der USA, als am 11. 9. 2001 Selbstmordattentäter der islamistischen Terrororganisation Al Kaida Anschläge auf das Pentagon (amerikanisches Verteidigungsministerium) und die beiden Türme des World Trade Centers in New York verübten.

Der amerikanische Präsident – ein mächtiger Mann

Die Verfassung der USA, die seit 1787 gilt, gibt dem amerikanischen Präsidenten große Macht. Er ist gleichzeitig **Staatsoberhaupt und Regierungschef**. Ihm gegenüber steht der amerikanische **Kongress** (Parlament). Der Kongress beschließt alle Gesetze. In ihrer politischen Arbeit müssen Präsident und Kongress eng zusammenarbeiten.

Wie ist die Situation in Österreich? Wer ist Staatsoberhaupt, wer Regierungschef? Welche Aufgaben haben sie?

John F. Kennedy – der jüngste Präsident Amerikas

John F. Kennedy war nur von 1961 bis 1963 amerikanischer Präsident. Trotzdem wird er als einer der bedeutendsten Präsidenten Amerikas angesehen. Er war Mitglied der **Demokratischen Partei** und der jüngste Präsident der USA. John F. Kennedy bemühte sich in seiner Regierungszeit um Reformen. Er unterstützte die Bürgerrechtskämpfer und versuchte, das Leben der ärmeren Bevölkerung Amerikas zu verbessern. Die Lösung der Kubakrise – gemeinsam mit Nikita Chruschtschow – gilt als sein wichtigster außenpolitischer Erfolg. 1963 besuchte Kennedy West-Berlin, wo er in einer Rede den berühmten Satz „Ich bin ein Berliner!" sagte. Am 22. November 1963 wurde er während einer Fahrt im offenen Wagen in Dallas erschossen.

John F. Kennedy

Demokraten und Republikaner: sind die beiden großen politischen Parteien in Amerika

Informiere dich: Was ist ein Rüstungsbegrenzungsabkommen? Was bezeichnet man als politischen Amtsmissbrauch?

Richard Nixon – der einzige Präsident, der zurücktrat

Richard Nixon, ein **Republikaner**, regierte von 1969 bis 1974. Er war der erste amerikanische Präsident, der zu Staatsbesuchen in die Sowjetunion und nach China reiste. Nixon war um Abrüstung und Entspannung bemüht. 1972 unterzeichnete er gemeinsam mit dem sowjetischen Parteichef **Leonid Breschnew** ein **Rüstungsbegrenzungsabkommen** (SALT I) in Wien.

Nixon (rechts) mit Breschnew in Wien 1972

Die **Watergate-Affäre** führte zum Rücktritt Richard Nixons. Im Watergate-Gebäude, in dem sich die Büros der Demokratischen Partei befanden, wurden im Juni 1972 fünf Einbrecher verhaftet. Sie hatten versucht, Dokumente zu fotografieren und Abhörgeräte („Wanzen") anzubringen. Die Ermittlungen der Polizei zeigten, dass die Auftraggeber der Einbrecher enge Mitarbeiter Präsident Nixons waren und mit dem Wissen des Präsidenten gehandelt hatten. Nixon musste im August 1974 zurücktreten.

In den **Stellvertreterkriegen** standen sich die USA und die UdSSR in **Korea** und **Vietnam** gegenüber. Die **Kubakrise** führte zu einer gefährlichen militärischen Situation. Mitte der 1950er Jahre entstand in Amerika eine **Bürgerrechtsbewegung**, die sich für die rechtliche Gleichstellung der Afroamerikaner einsetzte.

Barack Obama – der erste Afroamerikaner im Weißen Haus

Seit 20. Jänner 2009 ist der Demokrat **Barack Obama** Präsident der USA. Viele Menschen, vor allem die Mittelschicht und die Arbeiterschaft, erhoffen sich von ihm eine Verbesserung ihrer wirtschaftlichen Lage. Im Dezember 2009 bekam er den Friedensnobelpreis verliehen.

Barack Obama

Nun geht's los – Aufgaben für schlaue Köpfe!

1) In den Buchstabenschlangen haben sich Begriffe zu zwei verschiedenen Themen versteckt. **Ordne sie und gib den Themen Überschriften!** ★★★★★

KUBAKOLONIALGEBIETROTESTELEFON

DSCHUNGELKRIEGFIDELCASTRO

WEISSESHAUSGUERILLAKRIEG

RAKETENABSCHUSSRAMPENKREML

HOCHIMINHKENNEDYVIETCONG

SEEBLOCKADENAPALMBRANDBOMBEN

VIETNAMCHRUSCHTSCHOWGIFTBOMBEN

Thema 1: ______________________

Thema 2: ______________________

Nun geht's los – Aufgaben für schlaue Köpfe!

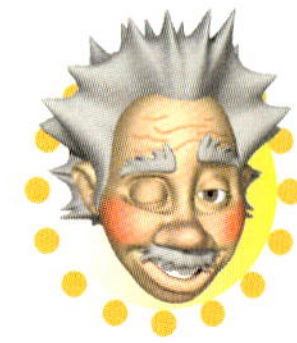

2) **Rock Around the Clock** – Dieser Text ist voller Noten und damit schwer lesbar. Versuche, ihn zu entschlüsseln! ★★

♪ie mu♪ikalische Sensa♫on d♫
50♪r-♫hre w♪r ♪er Rock a♫ Roll. ♪or al♫m die
Ju♫nd f♪hlte si♪h v♪n d♫ser re♫llischen u♪d ♫lden
Mu♫k an♪ezogen. Erst♫ls mach♪e d♫ Wir♫chaft ♫gendliche
♪ur ♫elgruppe ♪ür Fi♫e, Scha♫platten u♪d M♫e. De♪
ameri♫nische Rock-a♫-Roll-St♫ Elvis Presley schock♫rte
m♪t sein♫ beto♫en Hü♫schwung ♪iele äl♪ere L♫te.
E♪ t♫g d♪n B♫namen „El♫s t♪e Pelvis" –
El♫s d♪s ♫cken.

Welchen Beinamen trug Elvis?

____

3) Erstelle Steckbriefe zu diesen amerikanischen Präsidenten! ★★ Zwei davon kennst du noch nicht. Versuche, über sie Informationen im Internet zu finden! ★★★

Name: ______________________

____

____

____

Name: ______________________

____

____

____

Name: Ronald Reagan

____

____

____

Name: Bill Clinton

____

____

____

Name: ______________________

____

____

____

Name: ______________________

____

____

____

32. DIE „WILDEN“ 1960er JAHRE

Studentenunruhen – Woodstock – Hippies

Studentenunruhen in Europa

In den 1960er Jahren entstanden zuerst in den USA und etwas später auch in Westeuropa **Protestbewegungen**. Junge, kritische Menschen, meist Studenten und Studentinnen, wandten sich gegen den konservativen Lebensstil ihrer Eltern. Zunächst demonstrierten sie für bessere Studienbedingungen, später wurden ihre Forderungen politischer. Sie **protestierten gegen die konservativen Regierungen** der Nachkriegsjahre, denen sie vorwarfen, nur am wirtschaftlichen Aufschwung und an militärischer Macht interessiert zu sein. In Paris und Berlin kam es zu **blutigen Zusammenstößen** zwischen Demonstrierenden und Polizei. Verhaftungen und Demonstrationsverbote folgten. Die breite Bevölkerung hatte wenig Verständnis für die Forderungen der Jungen und deren Bewunderung für **Revolutionäre** wie **Mao Tse-tung** in China oder den Südamerikaner **Che Guevara**.

Studentendemonstration gegen den Vietnamkrieg in Berlin (Deutschland) 1973

Peace-Zeichen

Studenten besetzten die Sorbonne (Pariser Universität) 1968

T-Shirt mit Che Guevara

Musik als Lebensgefühl der 1960er

1960 gründeten vier junge Musiker aus Liverpool eine Band mit dem Namen **„The Beatles“**. Mit ihren Pilzköpfen und ihrer Beatmusik lösten sie eine fanatische Begeisterungswelle bei ihren Fans aus, wie sie nur der junge Elvis Presley in den 1950er Jahre erzeugt hatte.

Im August 1969 fand in der Nähe von New York ein großes **Musikfestival** statt. Bekannte Bands wie „The Who“ und Santana, aber auch Musiker wie Joe Cocker, Jimi Hendrix und Joan Baez traten auf. Der Name **Woodstock** wurde zum Symbol der Jugendkultur dieser Zeit und stand drei Tage lang für Frieden und Musik.

The Beatles 1960

Woodstock 1969

Jimi Hendrix

Welche dieser Musiker kennst du? Vielleicht könnt ihr im Musikunterricht CDs dieser Musiker hören oder Lieder wie z. B.: „Sag mir, wo die Blumen sind“ von Joan Baez singen!

Welche aktuellen großen Musikfestivals kennst du? Welche Musiker treten dort auf?

Kleidung der Hippies

Kommune: Lebensgemeinschaft nicht miteinander verwandter Menschen

Legalisierung: etwas gesetzlich erlauben

konventionell: üblich, althergebracht

unkonventionell: vom Üblichen (Althergebrachten) abweichend

Welche Jugendgruppen gibt es heute? Wie unterscheiden sie sich voneinander? Welches weibliche Schönheitsideal gilt heute?

In den 1960er Jahren entstanden **Protestbewegungen**, in denen sich junge Menschen gegen die Werte der Elterngeneration wandten. Sie protestierten gegen die Maßnahmen der konservativen Regierungen.

Hippies: „Make love – not war"

Von San Francisco (USA) ausgehend entstand in der zweiten Hälfte der 1960er Jahre auch eine **friedliche Protestbewegung** gegen die Wohlstandsgesellschaft. Die **Hippies**, auch **Blumenkinder** genannt, strebten nach einer friedfertigen und gewaltlosen Welt. Ihr Symbol waren Blumen, die sie Soldaten und Polizisten bei Demonstrationen in die Gewehrläufe steckten. So entstand der Begriff „flower-power".

Hippies übergeben 1976 vor dem Buckingham Palast eine Einladung zu einem „Love-in" an die Queen.

Die Hippies trugen bunte Kleider, Stirnbänder, Sandalen und lange Haare. Sie wollten nicht so leben wie ihre Eltern und verurteilten das Streben nach Wohlstand und das Festhalten an althergebrachten Werten wie Fleiß, Gehorsam, Disziplin und Respekt. Die Hippies lebten in **Kommunen** zusammen. Sie traten für die freie Liebe und die **Legalisierung** von Drogen wie LSD und Haschisch ein.

WERTVORSTELLUNGEN

- für eine humane soziale Welt
- gegen Krieg und Staatsgewalt
- gegen den Kapitalismus
- für die antiautoritäre Erziehung
- für die freie Liebe
- Leben in der Kommune
- **unkonventionelle** bunte Kleidung

- für die Leistungsgesellschaft
- für eine starke Staatsgewalt
- gegen den Kommunismus
- für „anständiges" Benehmen, „gute" Erziehung
- für die Ehe
- Leben im Einfamilienhaus oder in einer Wohnung
- **konventionelle** Kleidung (Anzug, Kostüm)

Der **Protest** der jungen Frauen der 1960er Jahre zeigte sich auch in der **Mode**. Jeans, Minirock, Bikini und lange Haare waren Ausdruck der neuen Freiheiten.

Das extrem dünne Modell Twiggy (engl.: dünner Zweig) wurde zum Gesicht der 1960er Jahre. Mit ihrer Figur war sie Vorbild für Millionen junger Mädchen und Frauen, die diesem unrealistischen Schlankheitsideal nacheiferten.

Twiggy

34. KRISENHERD NAHER OSTEN

Der arabische Raum – Gründung Israels – Suezkrise – PLO – Sechs-Tage-Krieg – Jom-Kippur-Krieg

Der Nahe Osten

Als **Nahen Osten** bezeichnet man Teile von **Nordafrika und Vorderasien**. Dieses Gebiet war Jahrtausende hindurch von unterschiedlichen Völkern besiedelt: arabische Stämme, Israeliten, Ägypter, Griechen, Römer und Osmanen.

Naher Osten

Nach dem Ende des Ersten Weltkrieges und dem Zerfall des Osmanischen Reiches entstanden im Nahen Osten arabische Staaten. Gemeinsamkeiten sind die arabische Sprache, die arabische Schrift und der Islam.

In politischen Fragen waren sie aber meist uneinig.

Der Wiener Journalist Theodor Herzl (1860–1904) forderte in seinem Buch „Der Judenstaat" einen eigenen Staat für die Juden. Er gilt als Begründer des Zionismus.

Zionismus: Bewegung für die Errichtung eines jüdischen Nationalstaats in Palästina
Palästina: Region an der südöstlichen Mittelmeerküste

Was glaubst du? Wie rechtfertigen Juden und Araber ihre Vorgehensweise?

Zionisten gründen den Staat Israel

Gegen Ende des 19. Jh. entstand weltweit eine **jüdische Nationalbewegung:** der **Zionismus**. Die Zionisten forderten einen **eigenen jüdischen Staat** in **Palästina** – das die Juden als das Land ihrer Vorfahren betrachteten. Vor allem während des Zweiten Weltkrieges, als die jüdische Bevölkerung in ganz Europa verfolgt und ermordet wurde, suchten immer mehr Juden Zuflucht in Palästina. Zwischen den Zuwanderern und den in Palästina seit Jahrhunderten lebenden Arabern kam es aber immer wieder zu Konflikten.

Die Suezkrise
1956 verschärften sich die Probleme zwischen Israel und Ägypten. Ägypten sperrte den Suezkanal für israelische Schiffe. Es kam zum Krieg, an dem sich auch die ehemaligen Kolonialmächte England und Frankreich beteiligten. Auf Druck der USA und der UdSSR zogen sich die Gegner zurück. Truppen der UNO sicherten danach die Durchfahrt durch den Kanal.

So beschloss die **UNO** eine **Teilung des Landes** in einen jüdischen und einen arabischen Staat. Am **14. 5. 1948** wurde der **Staat Israel** gegründet. Am selben Tag erklärten die arabischen Staaten Israel den Krieg. Im **ersten Israelisch-Arabischen Krieg** besetzten die Israelis weiteres Land. Viele Palästinenser flohen und durften danach nicht mehr in ihre Heimat zurück. In den nächsten Jahren zogen immer mehr Juden nach Israel und siedelten sich in den eroberten Gebieten an.

Die Klagemauer in Jerusalem ist einer der heiligsten Orte der Juden. Gläubige Juden gehen dort hin, um zu beten. Sie stecken Zettel mit Bitten an Gott in die Mauerritzen.

Jerusalem ist für Juden, Christen und Muslime eine heilige Stadt. Daher beanspruchen Israelis und Palästinenser die Stadt für sich.

Jassir Arafat war von 1968 bis 2004 Chef der PLO.

Die Gründung der PLO

1964 wurde auf Initiative des ägyptischen Präsidenten **Nasser** die **Palästinensische Befreiungsorganisation (PLO)** gegründet. Ihr **Ziel** war es, die von Israel eroberten **Gebiete zurückzugewinnen** und einen **eigenen palästinensischen Staat** zu gründen. Die PLO wurde zu einer gefürchteten Terrororganisation, die in der westlichen Welt immer wieder Anschläge durchführte. Seit 1974 wird die PLO von der UNO als Vertreterin der Palästinenser anerkannt.

Der Sechs-Tage-Krieg 1967

Israel und die besetzten Gebiete

Von seinen arabischen Nachbarstaaten immer wieder bedroht und angegriffen, löste Israel am 5. 6. 1967 einen Krieg aus. Im Laufe dieses nur **sechs Tage dauernden Krieges** eroberte Israel das Westjordanland von Jordanien, den Gazastreifen und die Halbinsel Sinai von Ägypten sowie die Golanhöhen von Syrien. Die Altstadt von Jerusalem wurde ebenfalls erobert.

In den besetzten Gebieten kamen hunderttausende Palästinenser unter israelische Besatzung oder flüchteten in arabische Nachbarstaaten. Gleichzeitig setzten die Israelis ihre **Siedlungspolitik** in den Palästinensergebieten weiter fort, indem sie jüdische Menschen dort ansiedelten.

Jom Kippur: höchster Feiertag der Juden

Intifada: (arab.) sich erheben, loswerden, abschütteln

Informiere dich: Wie ist die Situation im Nahen Osten jetzt? (Internet/ Zeitungen)

Der Jom-Kippur-Krieg 1973

Am 6. 10. 1973, an **Jom Kippur**, griffen Ägypten und Syrien überraschend gleichzeitig Israel an. Nach Anfangserfolgen der arabischen Verbündeten konnte Israel den drei Wochen dauernden Krieg gewinnen.

Schritte auf dem Weg zum Frieden

Gegen Ende der 1970er Jahre gab es eine erste Annäherung zwischen Israel und den arabischen Staaten.

- **1979:** **Israel** und **Ägypten** unterzeichneten einen **Friedensvertrag**. Die Halbinsel Sinai wurde an Ägypten zurückgegeben.
- **1987:** Es begann die **1. Intifada**, der Widerstand der Palästinenser in den besetzten Gebieten. Gewalt, Terrorakte und Selbstmordattentate wurden von der israelischen Armee mit Waffengewalt beantwortet.
- **1993:** **Israel** und die **PLO** einigten sich auf die **gegenseitige Anerkennung**.
- **1994:** Die Palästinenser erhielten schrittweise die Autonomie in den besetzten Gebieten.
- **1994:** Es kam zum **Frieden** zwischen **Israel** und **Jordanien**.
- **2000:** Die Friedensbemühungen stockten, es kam zur **2. Intifada**.
- **2006:** Es kam zum **Krieg** zwischen **Israel** und dem **Libanon**.

Die großen Probleme des Nahen Ostens sind auch heute noch nicht gelöst, die **„Spirale der Gewalt“** dreht sich weiter.

1948 kam es zur **Gründung** des **Staates Israel**. Seither kommt es zwischen dem jüdischen Staat Israel und seinen arabischen Nachbarn immer wieder zu **kriegerischen Konflikten**. Terroranschläge, Selbstmordattentate, Gewalt und Elend prägen den Alltag im Nahen Osten.

Nun geht's los – Aufgaben für schlaue Köpfe!

1) **Für Nahost-Experten/Expertinnen** - Bemale folgende Landkarte! ★★

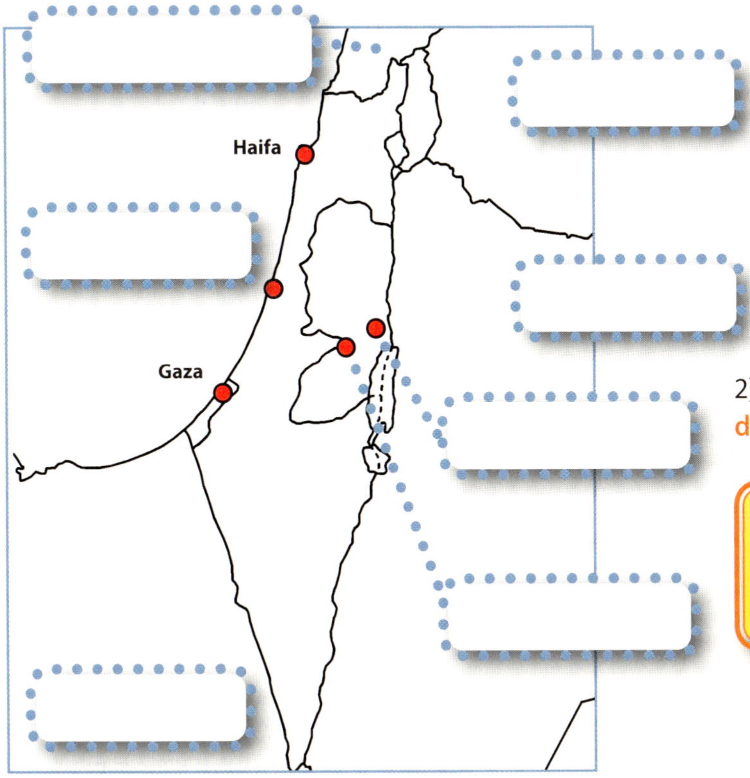

- Mittelmeer, Totes Meer, See Genezareth (blau)
- Israel (grün)
- Golanhöhen, Gazastreifen und Westjordanland (gelb)

2) Trage nun folgende Namen richtig in die Karte ein! ★

Libanon ★ Syrien ★ Jordanien ★ Ägypten ★ Jerusalem ★ Tel Aviv ★ Jericho

3) **Wer wurde hier ausgezeichnet?** – Jede Zahl steht für einen Buchstaben im Alphabet. Setze richtig ein! ★★

1978 kam es zu einem historischen Treffen zwischen dem ägyptischen Präsidenten
___ ___ ___ ___ ___ ___ ___ ___ ___ ___ ___ ___ und dem israelischen Ministerpräsidenten
1 14 23 1 18 / 1 12 / 19 1 4 1 20
___ ___ ___ ___ ___ ___ ___ ___ ___ ___ ___ ___ ___ Die Verhandlungen auf „Camp David",
13 5 14 1 3 8 9 13 / 2 5 7 9 14
dem Feriensitz des amerikanischen Präsidenten ___ ___ ___ ___ ___ ___ ___ ___ ___ ___ ___,
10 9 13 13 25 / 3 1 18 20 5 18
führten schließlich zum Israelisch-Ägyptischen Friedensabkommen. ___ ___ ___ ___ ___ und
19 1 4 1 20
___ ___ ___ ___ ___ erhielten 1978 für das „Camp-David-Abkommen" den Friedensnobelpreis.
2 5 7 9 14

4) **Der Nahe Osten heute!** Informiert euch, wie die Situation im Nahen Osten heute ist! Gestaltet dazu eine Wandzeitung! ★★★★★ Versucht, folgende Themen zu behandeln:

- Wie ist das Leben in den Ländern der Region? Wie geht es den Menschen? Wer regiert diese Länder (welche Staatsform)?
- Gab es in den letzten Monaten (Jahren) weitere Kriege, Terroranschläge? Wie stehen sich die Nachbarländer gegenüber?
- Gab es weitere Friedensverhandlungen? Wenn ja, mit welchen Ergebnissen?
- Wie steht der „Rest der Welt" (Europa, USA, Russland) zu der Situation im Nahen Osten?

Nun geht's los – Aufgaben für schlaue Köpfe!

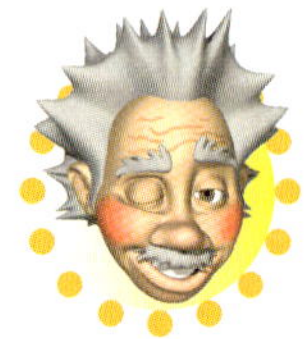

5) **Was gehört hier zusammen?** - Finde die passenden Paare und setze sie zusammen! ★★

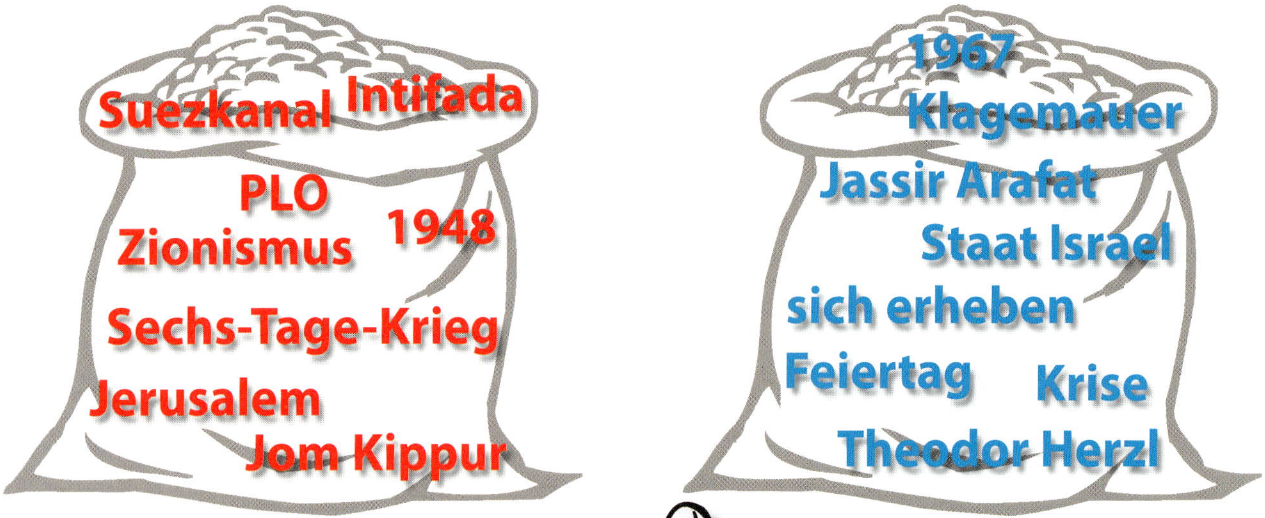

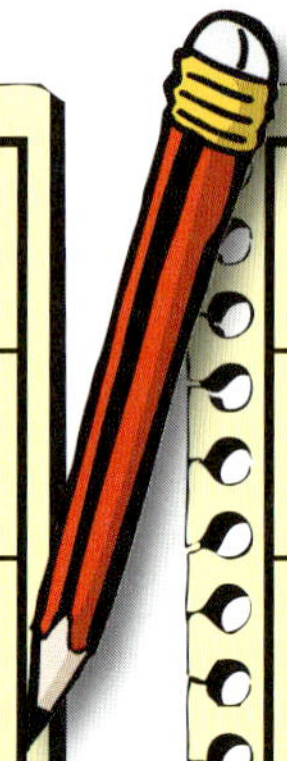

6) Beantworte folgende Fragen! ★★★

Welche Staaten waren seit 1948 in Konflikte mit Israel verwickelt?	
Welche Gebiete eroberte Israel im Sechs-Tage-Krieg?	
Wie kam es zur Suezkrise?	
Wer war Jassir Arafat?	
Welche Länder griffen Israel im Jom-Kippur-Krieg an?	

35. ENTKOLONIALISIERUNG IN ASIEN UND AFRIKA

Indien: Gandhi – Südafrika: Nelson Mandela – Ruanda

Entkolonialisierung

Seit der Zeit der Entdeckungsfahrten im 15. Jh. besaßen europäische Staaten in Afrika und Asien **Kolonien**. Nach dem Zweiten Weltkrieg strebten die Menschen in den Kolonien immer stärker nach Unabhängigkeit. 1960 beschloss die UNO-Generalversammlung, dass **„alle Menschen ein Recht auf Selbstbestimmung"** hätten. Unterstützt von solchen Gedanken entstanden in vielen Kolonien Widerstands- und Befreiungsbewegungen. In den meisten Ländern vollzog sich der Prozess der Entkolonialisierung etappenweise und friedlich, in einigen Ländern kam es aber auch zu blutigen Auseinandersetzungen.

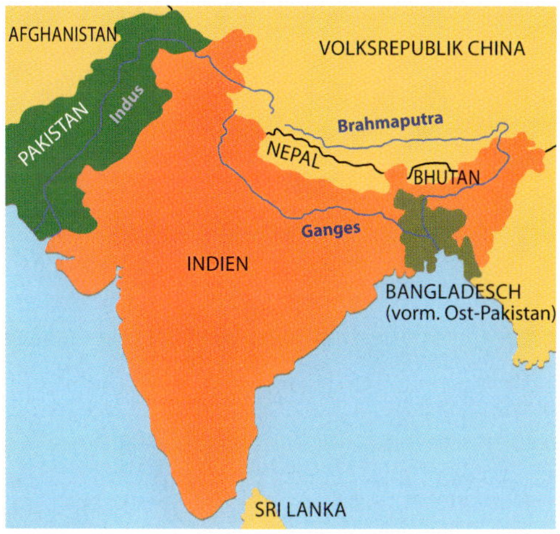

Indien, Pakistan und Bangladesch

Gewaltloser Widerstand in Indien

Bereits vor dem Zweiten Weltkrieg entstand in der britischen Kolonie Indien eine Unabhängigkeitsbewegung, an deren Spitze der Rechtsanwalt **Mahatma Gandhi** stand. Er trat für die politische und wirtschaftliche Unabhängigkeit Indiens ein. Gandhi lehnte jede Art von Gewalt ab und rief die Inder zum **gewaltlosen Widerstand** gegen die britischen Kolonialherren auf. Sie sollten keine englischen Waren mehr kaufen, keine Steuern bezahlen und ihre Kinder nicht mehr in britische Schulen schicken. Immer mehr Menschen schlossen sich seiner Bewegung an. Viele seiner Anhänger wurden bei friedlichen Demonstrationen festgenommen, verprügelt und getötet. Gandhi, der auch mehrmals verhaftet wurde, erhielt den Beinamen „Mahatma", das heißt: „Dessen Seele groß ist". 1948 wurde er von einem fanatischen **Hindu** erschossen.

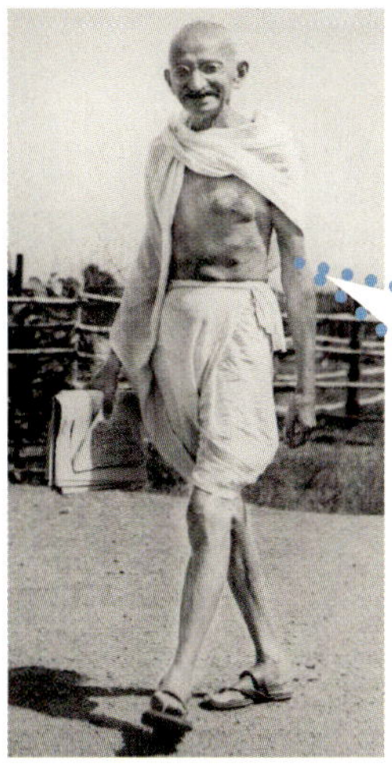

Gandhi

Quelle: Ausspruch von Mahatma Gandhi
Gewalt ist die Waffe des Schwachen; Gewaltlosigkeit die des Starken.

Hindu: Angehöriger der Religionsgemeinschaft Hinduismus

Auch zwischen den Anhängern der **beiden großen Religionen Indiens**, den **Hindus** und den **Moslems**, kam es immer wieder zu Auseinandersetzungen. **1947** wurde die Kolonie Britisch-Indien in **zwei unabhängige Staaten** geteilt: in das vorwiegend **hinduistische Indien** und das überwiegend **muslimische Pakistan**. Bis heute stehen sich Indien und Pakistan feindlich gegenüber. Besonders gefährlich ist dabei die Tatsache, dass beide Länder über Atomwaffen verfügen.

Informiere dich über die Religionen Hinduismus und Islam! Welche großen Religionen gibt es noch?

Indien gehört heute zu den **ärmsten Ländern der Welt**. Es gibt ein **Kastensystem**, das Menschen von Geburt an einer gesellschaftlichen Gruppe (Kaste) zuordnet. Viele Menschen können nicht lesen und schreiben, besonders benachteiligt sind Frauen und Mädchen. In armen ländlichen Gegenden müssen Kinder arbeiten, um das Überleben der Familie zu sichern. Verarmte Bauern verkaufen ihr Land und ziehen in der Hoffnung auf Arbeit in die Großstädte, wo sie aber in **Slums** weiter in Armut leben.

Filmplakat aus Bollywood (Synonym für indische Filmindustrie)

Kinder arbeiten in einer Ziegelfabrik in Indien 2006.

Vergleiche das Filmplakat mit dem wirklichen Leben in Indien!

Slums: Armenviertel in Großstädten

Buren: niederländisches Wort für Bauern

Apartheid: bedeutet auf **Afrikaans** Trennung.

Afrikaans: Sprache der Buren

Sogar WC-Anlagen wurden nach Rassen getrennt: Toilets for Blacks, Asians and „colored" people.

ANC: African National Congress

Massaker: Massenmord an der Bevölkerung eines Landes

Informiert euch: Wie ist heute die Situation in Afrika? Gestaltet Plakate zu einzelnen Ländern!

Im 20. Jh. wurden die Kolonien in Afrika und Asien entkolonialisiert. In Indien führte **Mahatma Gandhi** den gewaltlosen Widerstand gegen die britischen Kolonialherren an. In Südafrika kämpfte **Nelson Mandela** gegen die Apartheid. In vielen Ländern Afrikas gibt es bis heute keine stabile Regierung.

Apartheid in Südafrika

Seit der Zeit der Entdeckungsfahrten war die **Südspitze Afrikas** ein wichtiger Handelsstützpunkt. Niederländische Bauern, die **Buren**, siedelten sich an und versklavten die einheimische Bevölkerung. Gegen Ende des 18. Jh. übernahmen die **Briten die Herrschaft** in Südafrika.

1948 wurde in Südafrika das System der **Apartheid** eingeführt. Per Gesetz unterschied man nun offiziell nach „Rassen". Der **weißen Minderheit** wurde in allen Bereichen des Lebens eine **Vorrangstellung** eingeräumt. Alle anderen Menschen in Südafrika – **Schwarzafrikaner, Mischlinge oder Asiaten** - galten als **Menschen „zweiter Klasse"**. Sie wurden enteignet, in Reservate (Homelands) umgesiedelt, durften nicht wählen, bekamen nur schlecht bezahlte Arbeitsplätze und hatten wenig Aussicht auf gute Schulbildung.

Demonstration für Mandela

Im Lauf der Zeit wuchs der **Widerstand** gegen die Apartheid. Die Vormachtstellung der Weißen konnte nur mit militärischer Gewalt aufrecht erhalten werden. Auch die UNO und viele westliche Staaten übten Kritik an dem System in Südafrika. Aber erst in den 1990er Jahren kam es zu Veränderungen.

Bei den ersten freien Wahlen 1994 wurde **Nelson Mandela** zum Staatspräsidenten gewählt. Mandela hatte sich schon 1944 der Unabhängigkeitsbewegung **ANC** angeschlossen und den Kampf gegen die Apartheid angeführt. 1962 wurde er zu einer lebenslangen Gefängnisstrafe verurteilt. Als Mandela 1990 nach 28 Jahren freikam, trat er erneut für die Rechte der Schwarzen in Südafrika ein. 1993 erhielt er den **Friedensnobelpreis**, 1994 wurde er zum ersten schwarzen Präsidenten Südafrikas gewählt.

Nelson Mandela

Seit **1996** haben **alle Menschen** in Südafrika die **gleichen Rechte**.

Afrika am Ende des 20. Jahrhunderts

In vielen Ländern Afrikas gibt es **bis heute keine stabile Regierung**. Immer wieder kommt es zu Konflikten zwischen unterschiedlichen Stämmen. So brach 1994 zwischen den Hutu und Tutsi, zwei in Ruanda und Burundi beheimateten afrikanischen Bevölkerungsgruppen, ein grausamer **Bürgerkrieg** aus. 500 000 Menschen kamen bei **Massakern** ums Leben, zwei Millionen mussten in Nachbarländer fliehen.

Ein starkes Bevölkerungswachstum, Dürrekatastrophen und finanzielle Abhängigkeit von westlichen Industriestaaten sind dafür verantwortlich, dass ein Großteil Afrikas bis heute **arm und wirtschaftlich unterentwickelt** geblieben ist. Die Armut führt in vielen afrikanischen Staaten auch zu Bürgerkriegen wie z. B. in **Somalia**. Seit 1991 gibt es in diesem ostafrikanischen Land keine stabile Regierung. In den letzten Jahren nahmen somalische Bürgerkriegskämpfer vermehrt ausländische Schiffsbesatzungen als Geiseln, um Lösegeld zu erpressen und so ihre Waffen zu finanzieren.

Nun geht's los – Aufgaben für schlaue Köpfe!

1) **Kinder im Krieg** – Lies diesen Text aufmerksam durch!

Kriege und bewaffnete Konflikte treffen heute mehr denn je unschuldige Kinder. Überfälle auf Dörfer und gezielter Terror gegen Frauen und Kinder gehören immer öfter zur Taktik von Kriegsherren. Die Kriegsparteien machen aber Kinder auch zu Tätern. Die UNICEF schätzt, dass weltweit ca. 300 000 Kinder zum Töten und Kämpfen gezwungen werden. Viele von ihnen sind gerade einmal zehn Jahre alt. Als Kindersoldaten bezeichnet man Kämpfer und deren Helfer, die unter 18 Jahre alt sind.

Kinder im Krieg – Kongo 2007

2) Sucht nun Informationen über das Leben von Kindern im Krieg! Gestaltet dazu eine Heftseite oder ein Plakat in Gruppenarbeit! ★★★★★

3) **Kreuzworträtsel: Indien und Südafrika** – Löse folgendes Rätsel! ★★★★

1a, 1b) In welchen beiden Staaten wurde die Kolonie Britisch-Indien 1947 geteilt?

2) Wie heißen Bauern auf Niederländisch?

3) Wie hieß das offizielle System der Rassentrennung in Südafrika?

4) Wer stand an der Spitze der indischen Unabhängigkeitsbewegung?

5) Wie nennt man die Armenviertel in Großstädten?

6) Wie hieß der erste schwarze Staatspräsident Südafrikas?

7a, 7b) Wie heißen zwei afrikanische Stämme in Ruanda und Burundi?

8) Wie nennt man die indische Filmindustrie?

9) Wie nennt man die Wohngebiete (Reservate) der Schwarzafrikaner in Südafrika?

10) Wie heißt die Sprache der Buren?

11a, 11b) Wie heißen die Anhänger der beiden großen Religionen Indiens?

Nun geht's los – Aufgaben für schlaue Köpfe!

4) Lies dir diese Berichte zuerst einmal genau durch! Schreibe dann je eine Überschrift in die Berichte! ★★★

Bollywood ★ Prozess ★ Kindersoldaten ★ Überfälle ★ Piraten ★ Kinderarbeit ★ Apartheid ★ Salzmarsch ★ Flüchtlinge

1.

____

Die UNICEF schätzt, dass weltweit ca. 300 000 Kinder zum Töten und Kämpfen gezwungen werden.

2.

____

Von der strikten Trennung zwischen Schwarz und Weiß waren nicht einmal Brücken ausgenommen.

3.

____

In Ruanda mussten 10 000 Menschen das Land verlassen.

4.

____

Nach Überfällen verschleppten die Rebellen unschuldige Kinder in ihre Lager und hielten sie dort gefangen.

5.

____

Mit diesem Marsch über 385 km wollte Gandhi das Salzmonopol der Briten brechen.

6.

____

In Bangladesch, einem der ärmsten Länder der Welt, müssen schon 3-Jährige im Steinbruch arbeiten.

7.

____

Seit Beginn der 1990er Jahre werden vor der Küste Somalias immer mehr Schiffe angegriffen.

8.

____

In Indien werden jährlich mehr Filme produziert als in jedem andern Land – bis zu 250 Filme.

9.

____

Gandhi wurde oft verurteilt. Insgesamt saß er 8 Jahre im Gefängnis.

5) Jetzt setze die Nummern zu den passenden Bildern! ★★

36. UMBRÜCHE IN LATEINAMERIKA

Landreform in Mexiko – Rigoberta Menchú – Drogenkartelle – Evita Peron – Allende und Pinochet

Die Länder **Lateinamerikas** erhielten bereits im 19. Jh. die Unabhängigkeit von den europäischen Kolonialmächten. Es blieb aber eine starke wirtschaftliche und kulturelle Beziehung zu Spanien, Portugal, Frankreich und den Niederlanden bestehen. Bis in die 1920er Jahre bestimmten die reichen **Großgrundbesitzer**, die oft direkte Nachkommen der Kolonialherren waren, in den meisten lateinamerikanischen Ländern die Politik.

Lateinamerika

Später wurden diese alteingesessenen **Eliten** oft durch **Militärdiktaturen** abgelöst, die durch Gewalt an die Macht gekommen waren. In vielen Ländern entstanden **Guerillabewegungen** gegen diese Diktaturen. Heute sind die meisten Diktaturen Lateinamerikas durch demokratische Staatsformen abgelöst worden. Viele **wirtschaftliche und soziale Probleme** sind aber noch immer ungelöst.

Elite: Oberschicht

Militärdiktatur: autoritäres Regime durch das Militär

Ernesto Guevara de la Serna – genannt **Che Guevara** – erkannte bereits in jungen Jahren die wirtschaftlichen und sozialen Ungerechtigkeiten in den Ländern Mittel- und Lateinamerikas. Che Guevara, der an der Seite Fidel Castros in Kuba kämpfte, unterstützte auch revolutionäre Gruppen in anderen Ländern. 1967 wurde er in Bolivien von Regierungstruppen gefangen genommen und hingerichtet.

Mexiko: Revolution um Land

Anfang des 20. Jh. führten die schlechten Lebensbedingungen der Bauern – der **Campesinos** – zum Ausbruch einer blutigen Revolution. Die Bauern, die in Abhängigkeit von den reichen Großgrundbesitzern lebten, forderten eine **gerechtere Verteilung des Landes**.

Nachdem eine **Landreform** eingeleitet worden war, beruhigte sich die Lage. Aber auch heute noch gibt es **große soziale Unterschiede** in Mexiko. 1994 kam es im Süden Mexikos zu **Aufständen** der **Indios**, den Ureinwohnern Südamerikas, die eine Landreform und bessere Lebensbedingungen forderten.

Was könnte man tun, um den Anbau von Kokapflanzen zu verhindern, ohne den Bauern ihre Lebensgrundlage zu nehmen?

Guatemala: Rigoberta Menchú

In vielen Ländern Lateinamerikas werden die Indios auch heute noch wie Menschen zweiter Klasse behandelt. In Guatemala setzt sich **Rigoberta Menchú** dafür ein, dass die Indios ihre Sprache und ihre traditionelle Lebensweise beibehalten können. Die Politikerin mit indianischen Wurzeln erhielt 1992 für ihren Einsatz um die Menschenrechte den **Friedensnobelpreis** verliehen.

Rigoberta Menchú

Bolivien, Kolumbien: Drogenkartelle beherrschen das Land

In vielen lateinamerikanischen Ländern leben vor allem die indianischen **Bauern in großer Armut**. Oft stellt der **Anbau der Kokapflanze**, aus der die Droge Kokain hergestellt wird, die einzige Einnahmequelle dar. In Ländern wie Bolivien und Kolumbien haben kriminelle Vereinigungen, die so genannten **Drogenkartelle**, die den Handel mit Rauschgift organisieren, großen wirtschaftlichen und politischen Einfluss.

Evita Peron

Argentinien: Evita Peron

1946 wurde in Argentinien **General Juan Peron** zum Präsidenten gewählt. Großen Anteil an seinem Erfolg hatte seine Frau **Eva Duarte** – auch **„Evita"** genannt. Die ehemalige Schauspielerin **engagierte** sich für sozial benachteiligte Menschen. Evita gründete ein **soziales Hilfswerk** und setzte das **Frauenwahlrecht** durch. Da sie beim Volk sehr beliebt war, wurde sie nach ihrem frühen Tod 1952 wie eine Heilige verehrt. 1955 wurde Juan Peron durch einen **Militärputsch** gestürzt und musste das Land verlassen. 1972 kehrte er aus dem Exil zurück und wurde wieder zum Präsidenten gewählt.

Nach dem Tod Perons im Jahr 1974 ergriff das **Militär** erneut die Macht. In dieser Zeit wurde jegliche **Opposition gewaltsam unterdrückt**. 30 000 politisch Andersdenkende verschwanden spurlos. Nach der Rückkehr zur Demokratie im Jahr 1982 forderten die Mütter und Frauen der Verschwundenen Aufklärung über das Schicksal ihrer Söhne und Männer.

engagieren: sich einsetzen

Militärputsch: gewaltsamer Sturz der Regierung durch das Militär

Argentinische Frauen mit Bildern ihrer vermissten Angehörigen 2005

Chile: Allende, Pinochet

1970 wurde in Chile der Sozialist **Salvador Allende** zum Präsidenten gewählt. Er wollte eine Agrarreform durchsetzen und die Bergbaugesellschaften, die in amerikanischem Besitz waren, verstaatlichen. 1973 wurde Allende bei einem **Militärputsch** gestürzt und beging Selbstmord.

Mit Unterstützung der USA kam **General Augusto Pinochet** an die Macht. Seine Militärregierung unterdrückte das Volk, Widersprüche gegen das Regime kosteten tausenden Menschen das Leben. So wurden 3 200 Menschen hingerichtet oder verschwanden spurlos. Weitere 28 000 wurden verhaftet und gefoltert. Erst 1988 konnte Pinochet durch eine demokratische Wahl abgesetzt werden. Er verließ das Land und flüchtete nach Großbritannien. 1998 wurde Pinochet **verhaftet**, wegen **Menschenrechtsverletzungen** vor Gericht gestellt, aber nie verurteilt. Die britischen Behörden entließen ihn aus gesundheitlichen Gründen aus der Haft. Pinochet kehrte nach Chile zurück und starb 2007.

Quelle: Pinochet, 11. 10. 1973
Die Demokratie muss gelegentlich in Blut gebadet werden, damit sie fortbestehen kann.

Was hältst du von der Aussage Pinochets? Überlegt: Warum unterstützten die USA den Putsch durch Pinochet?

Prostitution: sich gegen Bezahlung zum Geschlechtsverkehr anbieten

In Lateinamerika lebt auch heute ein Großteil der Bevölkerung unter sehr **schwierigen Verhältnissen**. Während der Zeit der **Militärdiktaturen** gab es massive **Menschenrechtsverletzungen**.

Straßenkinder

Wie überall auf der Welt sind auch in Lateinamerika die Kinder von **Armut** am stärksten betroffen. Viele dieser **„Straßenkinder"** leben in den Slums großer Städte. Betteln, Müllsammeln oder **Prostitution** sind für sie Möglichkeiten zu überleben. Heute versuchen immer mehr soziale Projekte, diesen Kindern ein Zuhause, Bildung und damit eine Zukunft zu geben.

Straßenkinder in Mexico City

37. EIN NEUES CHINA

Vom Kaiserreich zur Volksrepublik – Kulturrevolution – Massaker am „Platz des Himmlischen Friedens" – Tibet – Hongkong

Ende des Kaiserreichs und Anfänge der Republik

Die Kultur Chinas ist eine der ältesten der Welt. Mehr als 2 000 Jahre herrschten in China **Kaiser**. 1911 wurde der letzte Kaiser Pu Yi, der erst fünf Jahre alt war, abgesetzt und die **Republik China** ausgerufen. Es folgten Jahrzehnte der Unruhen und der Kämpfe um die Macht.

Pu Yi, der letzte Kaiser von China, als junger Mann

China ist heute mit 1,3 Milliarden Menschen das bevölkerungsreichste Land der Erde.

Die Volksrepublik China

Nach dem Zweiten Weltkrieg brach in China erneut ein **Bürgerkrieg** aus. Die Nationale Volkspartei unter **Chiang Kai-shek** kämpfte gegen die Kommunisten unter **Mao Tse-tung**. 1949 nahmen die Kommunisten den Großteil des Landes ein und riefen die **„Volksrepublik China"** aus. Ähnlich wie in anderen kommunistischen Ländern begann man auch in China mit der **Verstaatlichung** von Grund und Boden sowie von Industrieanlagen, Handelsbetrieben und Banken. Begleitet wurden diese Veränderungen von brutaler **politischer Unterdrückung**. Politische Gegner und Andersdenkende wurden gefangen genommen, in **Umerziehungs- und Arbeitslager** geschickt oder hingerichtet.

Mao Tse-tung

Wo hast du den Begriff „Volksrepublik" schon gehört?

Leben in einer Volkskommune
Eine Volkskommune umfasste ca. 5 000 Kleinbauern. Da die Arbeit zentral eingeteilt wurde, verloren die Bauern den Bezug zu „ihrem Land". Es gab auch kein traditionelles Familienleben, denn die Menschen wohnten in Schlafbaracken und wurden in Kantinen verköstigt. Auch der private Hausrat wurde auf die Kommunen aufgeteilt, da niemand mehr Eigentum besitzen durfte.

Der „Große Sprung nach vorn"

1958 leitete Mao den **„Großen Sprung nach vorn"** ein. Er wollte die wirtschaftliche Lage des Landes verbessern. Bisher selbstständige Bauern hatten sich zu **Volkskommunen** zusammenzuschließen. Viele Bauern mussten nun in Industriebetrieben arbeiten. In diesen Fabriken wurden große Mengen von Waren hergestellt, meist aber von schlechter Qualität. Die Folgen des „Großen Sprungs nach vorn" waren wirtschaftlich verheerend. Ein großer Teil der Industrieprodukte wurde nicht gebraucht und die Volkskommunen produzierten zu wenig Nahrungsmittel. Die Jahre 1960 bis 1962 kosteten Millionen Chinesen das Leben.

Propagandabild: Der junge Mao unterhält sich mit einem Bauern.

Studenten lesen die Mao Bibel

Mao Bibel: gesammelte Aussprüche von Mao Tse-tung

Welche Rolle spielte die Jugend in der „Kulturrevolution"?

Die „Große Proletarische Kulturrevolution"

Um nach dem Scheitern des „Großen Sprunges" seine Position wieder zu festigen, leitete Mao 1966 die **„Große Proletarische Kulturrevolution"** ein. Diese richtete sich nicht nur gegen **westliche Gedanken**, sondern auch **gegen traditionelle chinesische Denk- und Lebensweisen**.

Mädchen in der Roten Garde

Mao rief die Jugend dazu auf, die ältere Generation – Gebildete, Lehrer und auch Eltern – zu kritisieren. Mehr als eine Million Schüler und Studenten wurden bewaffnet, um in den **„Roten Garden"** zu dienen. Sie versetzten das Land in Angst und Schrecken. Millionen von Menschen wurden gefangen genommen, gefoltert und getötet. Jahrhundertealte Kulturgüter wie Tempel und Kirchen ließ man zerstören. Viele Schulen und Universitäten blieben in dieser Zeit geschlossen. Erst 1969 beendete Mao selbst die Kulturrevolution durch den Einsatz der Armee. Heute gibt China zu, dass die Kulturrevolution eine Fehlentscheidung Maos war.

Öffnung nach Westen

Reklametafel für die Wirtschaftsreformen 1978

Womit wirbt Deng Xiaoping? Wie und womit werben Politiker bei uns?

Nach dem Tod Mao Tse-tungs (1976) wurde **Deng Xiaoping** Parteivorsitzender der kommunistischen Partei Chinas. Er begann mit dem Wiederaufbau der Wirtschaft. Ab 1978 holte er **westliche Unternehmen** nach China. Die Volkskommunen wurden aufgelöst, Bauern arbeiteten jetzt teilweise wieder selbstständig. Chinas **Wirtschaft** gehört seither zu den am **schnellsten wachsenden** der Welt. Gleichzeitig steigen aber auch die **Unterschiede zwischen Arm und Reich**. Auch die **Korruption** innerhalb der politischen und militärischen Führungsschichten und die **Unterdrückung politisch Andersdenkender** sind in China nach wie vor ein Problem.

Korruption: Bestechung

Gewalt gegen friedliche Demonstranten

1989 begann in Europa der **Zerfall des kommunistischen Systems**. Auch in China **demonstrierten junge Menschen für mehr Demokratie**. Anders als in Europa wurden die Demonstranten in Peking – auf dem **„Platz des Himmlischen Friedens"** – aber von Soldaten mit Panzern überrollt. Mehr als 3 000 Menschen starben dabei.

Demonstranten auf dem Platz des Himmlischen Friedens 1989

Nach dem Zweiten Weltkrieg gründeten die Kommunisten die **Volksrepublik China**. Seit 1978 gibt es eine wirtschaftliche Zusammenarbeit mit dem Westen. In politischer Hinsicht blieb China aber bis heute strikt kommunistisch.

China und Tibet

1950 besetzten chinesische Truppen das Nachbarland Tibet. Der **Dalai Lama**, das politische und religiöse Oberhaupt Tibets, musste 1959 das Land verlassen. Er lebt seither im **Exil** und setzt sich für das Ende der Herrschaft Chinas in seiner Heimat ein.

Dalai Lama

Nun geht's los – Aufgaben für schlaue Köpfe!

1) **Lateinamerika:** Ordne die Begriffe den lateinamerikanischen Ländern zu! ★

Campesinos ★ Augusto Pinochet ★ Landreform ★ Rigoberta Menchú: Friedensnobelpreis ★ Salvador Allende ★ Kokapflanze ★ Evita ★ Drogenkartelle ★ Juan Peron ★ Frauenwahlrecht

MEXIKO

GUATEMALA

ARGENTINIEN

CHILE

BOLIVIEN/KOLUMBIEN

2) Schreibe zu jedem Land mit Hilfe dieser Wörter kurze Merktexte in dein Heft! ★★★

3) **Wer sagt was?** Ordne die Aussagen den richtigen Personen zu! ★★

In unserem Land sollen auch Frauen wählen können. ★ Die Demokratie muss gelegentlich in Blut gebadet werden. ★ Meine Frau hat großen Anteil an meinem Wahlerfolg. ★ Wir wollen unsere traditionelle Lebensweise beibehalten. ★ Ich will wissen, was mit meinem Sohn geschehen ist.

Evita

Menchú

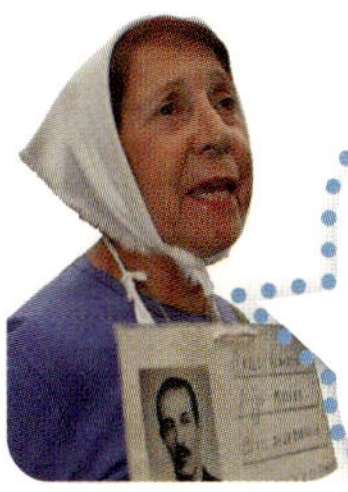

chilenische Frau

Pinochet

Juan Peron

Nun geht's los – Aufgaben für schlaue Köpfe!

4) Diese Chronik der Geschichte Chinas ist durcheinander geraten. **Bringe sie in die richtige zeitliche Reihenfolge, dann erhältst du ein Lösungswort! ★★★★★**

CHRONIK DER GESCHICHTE CHINAS

O: *Bürgerkrieg zwischen der Nationalen Volkspartei und der Kommunistischen Partei.*
M: *Privates Eigentum wird verstaatlicht.*
M: *Mao stirbt.*
I: *Der Dalai Lama muss Tibet verlassen und lebt seither im Exil.*
N: *Der „Große Sprung nach vorn" soll gemacht werden.*
K: *Der letzte Kaiser von China wird abgesetzt.*
S: *Die „Große Proletarische Kulturrevolution" beginnt.*
U: *Tibet wird von China besetzt.*
M: *Die Volksrepublik China wird gegründet.*
U: *Westliche Unternehmen werden nach China geholt.*
S: *Auf dem „Platz des Himmlischen Friedens" werden Demonstranten von Panzern überrollt.*

LÖSUNGSWORT: . . . .
1 2 3 4 5 6 7 8 9 10 11

5) **Schreib nun die geordneten Sätze in dein Heft! ★**

6) **Wer ist das?** – **Erstelle zu folgenden Personen kurze Steckbriefe! ★★★**

Name: ______________________

Name: ______________________

Name: ______________________

38. DER FALL DES „EISERNEN VORHANGS“

Perestroika und Glasnost – Fall des Eisernen Vorhangs – Ende der Volksdemokratien

In den 1970er Jahren wurde immer deutlicher, dass sich die UdSSR in ernsten Schwierigkeiten befand. Die wirtschaftliche Entwicklung stand still, die meisten Menschen lebten in Armut und ohne Aussicht auf eine Besserung ihrer Lebensbedingungen. Gleichzeitig kontrollierte die kommunistische Partei alle Bereiche des Lebens und ließ keine Kritik zu.

Michail Gorbatschow

Der Zerfall der UdSSR und …

1985 wurde **Michail Gorbatschow** Generalsekretär der **KPdSU** und damit Staatschef. Er leitete **Reformen** ein, mit denen er das kommunistische System **modernisieren** wollte, um einen **demokratischen** und **wirtschaftlichen Aufschwung** zu ermöglichen. Unter den Schlagwörtern **Perestroika (Umgestaltung)** und **Glasnost (Transparenz)** wurde ein radikaler Umbau der Gesellschaft eingeleitet. Privateigentum und Meinungsfreiheit waren plötzlich erlaubt. 1990 wurden erstmals auch andere Parteien neben den Kommunisten zu Wahlen zugelassen. Die Politik Gorbatschows leitete einen Demokratisierungsprozess in ganz Osteuropa ein. 1990 erhielt er dafür den **Friedensnobelpreis**.

KPdSU: Kommunistische Partei der Sowjetunion

Von welchen Friedensnobelpreisträgern hast du in den letzten Kapiteln gehört?

Welche Gemeinsamkeiten haben sie? Worin unterscheiden sie sich?

Gestaltet eine Wandzeitung zu den Friedensnobelpreisträgern der letzten Jahre!

1991 versuchten Kommunisten mit Hilfe des Militärs, Gorbatschow zu entmachten. Der Putschversuch misslang und **Boris Jelzin**, ein Weggefährte Gorbatschows, wurde neuer Staatschef. Die UdSSR begann auseinanderzubrechen. Es bildeten sich **15 neue Staaten**, von denen sich **12**, unter der Vorherrschaft Russlands, zu der **„Gemeinschaft Unabhängiger Staaten“ (GUS)** zusammenschlossen. Die UdSSR existierte nicht mehr. Weder Jelzin noch sein Nachfolger **Wladimir Putin** konnten die Probleme Russlands lösen. Arbeitslosigkeit und Armut, hohe Kriminalität und **Korruption** prägen auch heute noch das Leben in Russland.

Wladimir Putin

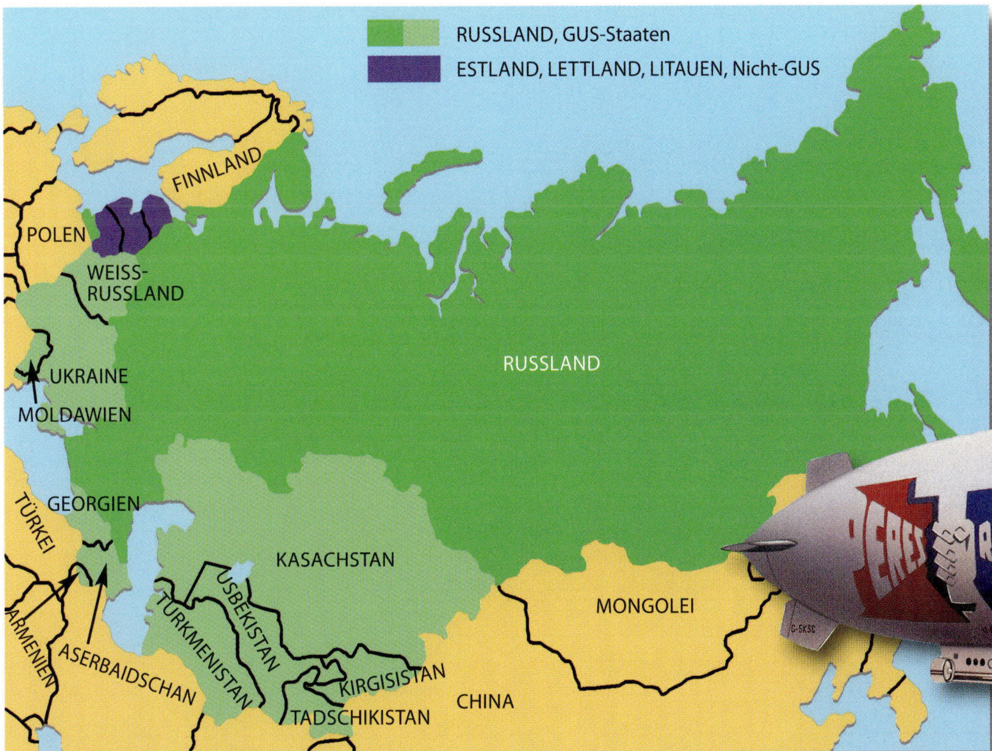

Russland und die anderen 11 GUS-Staaten

Zeppelin mit der Aufschrift: Perestroika 1989

Demontage einer kommunistischen Statue

Demontage: Abbau

Vergleiche die Ereignisse des Jahres 1989 mit der Zeit des Kalten Krieges!

Werft: Anlage zum Bau von Schiffen

Solidarität – solidarisch sein: zusammenhalten, zusammengehören

standrechtlich: nach Kriegsrecht; ohne Prozess vor einem Zivilgericht

Informiere dich: Wie ist das Leben in den ehemals kommunistischen Staaten heute? (Internet)

Michail Gorbatschow leitete mit den Schlagworten **Perestroika** und **Glasnost** eine grundlegende Veränderung in der Sowjetunion und in Osteuropa ein. **1989** wurde zum **Jahr der „Wende"**.

… das Ende der Volksdemokratien …

Die Politik Michail Gorbatschows hatte auch Auswirkungen auf die kommunistischen Staaten in Osteuropa. So sagten sich **1989** alle Staaten Osteuropas vom Kommunismus los und erklärten ihre **Unabhängigkeit von der Sowjetunion**.

… in Ungarn

Mock und Horn

Ungarn war das erste osteuropäische Land, das 1989 nach dem Zusammenbruch der UdSSR seine Grenzen zum Westen öffnete. Der damalige österreichische Außenminister **Alois Mock** durchtrennte gemeinsam mit seinem ungarischen Amtskollegen **Gyula Horn** den Stacheldraht zwischen Österreich und Ungarn und öffnete so symbolisch den „Eisernen Vorhang". Ungarn hatte damit entscheidenden Anteil an der politischen Wende in den Ostblockstaaten.

… in Polen

Bereits 1980 gründete **Lech Walesa**, ein Elektriker der Danziger **Werft**, mit einigen Mitstreitern die erste freie **Gewerkschaft** Polens mit dem Namen **Solidarnosc** (**Solidarität**). 1981 rief das Regime das Kriegsrecht aus und verbot die Solidarnosc. Führende Mitglieder, darunter auch Lech Walesa, wurden inhaftiert. 1983 erhielt er den Friedensnobelpreis. Bis 1989 arbeitete die Solidarnosc im Untergrund. Als im Juni 1989 die Regierung die **ersten freien Wahlen** zuließ, siegte die Solidarnosc mit überwältigender Mehrheit. Lech Walesa wurde 1990 zum Präsidenten gewählt.

Lech Walesa

… in der Tschechoslowakei

Václav Havel

Ähnlich wie in Ungarn kam es auch in der Tschechoslowakei zu einem friedlichen Ende des Kommunismus. Im Dezember 1989 wurde der Schriftsteller und Regimekritiker **Václav Havel** zum Präsidenten gewählt. In den Jahren danach kam es aber zwischen den beiden in der Tschechoslowakei lebenden Volksgruppen – den Tschechen und den Slowaken – zu Auseinandersetzungen. Man einigte sich auf eine Trennung. 1993 wurden die **Tschechische** und die **Slowakischen Republik** gegründet.

… in Rumänien

Auch in Rumänien fand 1989 ein Umbruch statt. Das Regime des verhassten Diktators **Nikolae Ceauşescu** wurde durch einen **blutigen Volksaufstand** beendet. Tausende Menschen verloren dabei ihr Leben. Man stellte Ceausescu und seine Frau vor ein Militärgericht. Noch am Tag der Urteilsverkündung wurden beide **standrechtlich** erschossen.

Junge Rumänen mit Flagge, aus der das Symbol der Kommunistischen Partei herausgeschnitten wurde

Nun geht's los – Aufgaben für schlaue Köpfe!

1) **Die Sowjetunion nach 1989** – Setze die Zahlen zu den Ländern ein! ★★★★

1. Armenien ★ 2. Aserbaidschan ★ 3. Estland ★ 4. Georgien ★ 5. Kasachstan ★ 6. Kirgisistan ★ 7. Lettland ★ 8. Litauen ★ 9. Moldawien ★ 10. Russland ★ 11. Tadschikistan ★ 12. Turkmenistan ★ 13. Ukraine ★ 14. Usbekistan ★ 15. Weißrussland

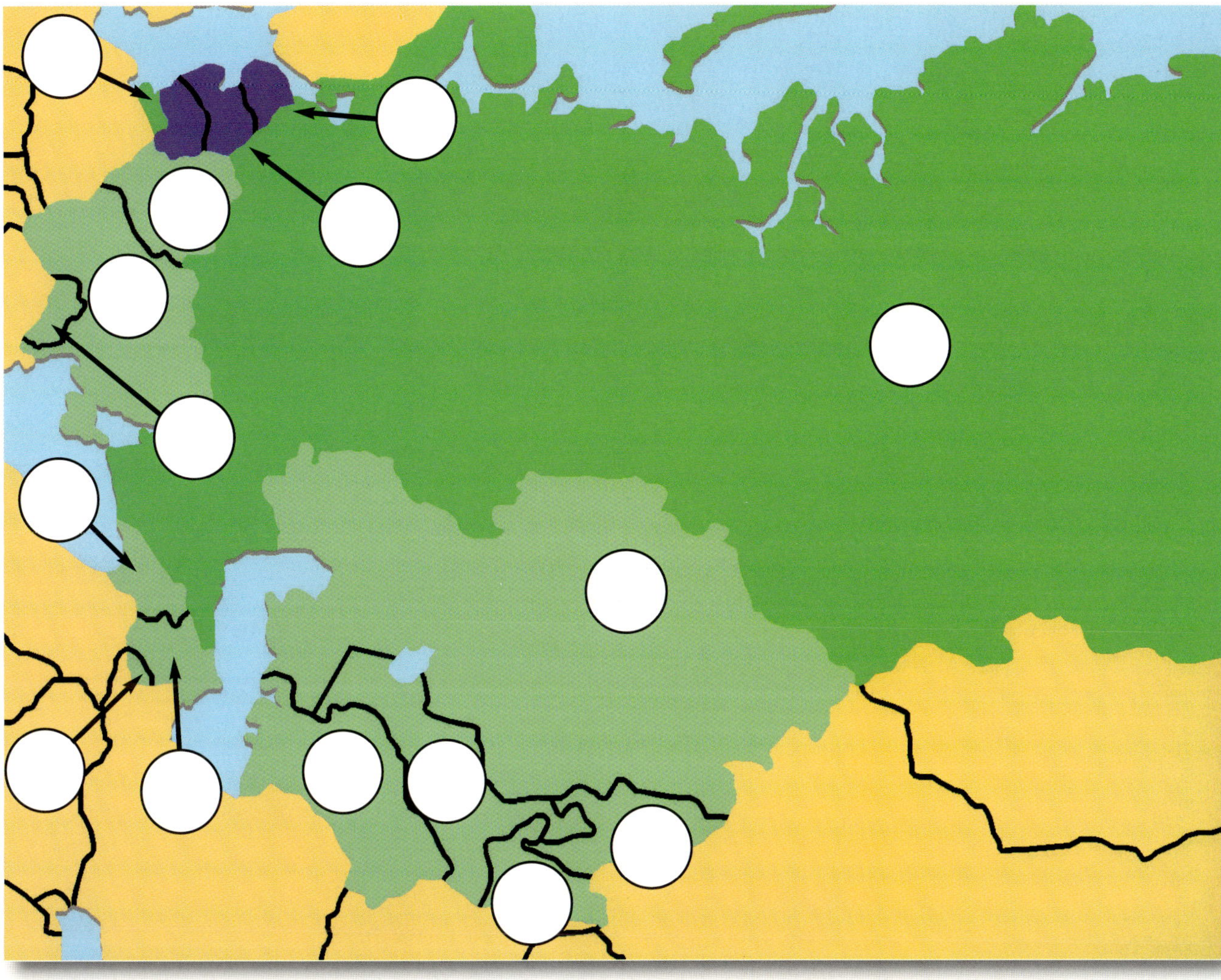

2) Welche 3 Staaten gehören nicht zur GUS? Suche diese auf der Landkarte heraus und schreibe sie auf! ★★

_______________ / _______________ / _______________

3) **Um welche Länder handelt es sich?** – Schreibe zu den Kurzmeldungen den richtigen Ländernamen! ★

____
1989: In einem blutigen Volksaufstand wird der verhasste Diktator Ceauşescu gestürzt.

____
1981: Das Kriegsrecht wird ausgerufen, die Solidarnosc verboten und Lech Walesa eingesperrt.

____
1989: Der Eiserne Vorhang wird geöffnet – damit wird eine politische Wende eingeleitet.

Nun geht's los – Aufgaben für schlaue Köpfe!

4) **Wer sind diese Politiker? Zu welchem Land gehören sie?** Beschrifte die Tabelle! ★

Name:				
Land:				

5) **Richtig oder falsch?** Markiere den richtigen Buchstaben, dann bekommst du ein Lösungswort! ★★

	richtig	falsch
Glasnost heißt Umgestaltung.	T	P
Michail Gorbatschow leitete in der UdSSR Reformen ein.	E	R
KPdSU heißt Kommunistische Partei Russlands.	W	R
Michail Gorbatschow erhielt den Literaturnobelpreis.	U	E
15 Nachfolgestaaten schlossen sich zur GUS zusammen.	A	S
1989 erklärten die Staaten Osteuropas ihre Unabhängigkeit.	T	S
Lech Walesa gründete die Gewerkschaft Solidarnosc.	R	E
Alois Mock durchtrennte den „Eisernen Vorhang" zu Italien.	L	O
Václav Havel wurde der erste Präsident der Tschechoslowakei.	I	F
Die Tschechoslowakei zerfiel in die Tschechische und die Slowenische Republik.	W	K
Nicolae Ceauşescu wurde durch demokratische Wahlen gestürzt.	B	A

LÖSUNGSWORT: . . . .

6) Schreib nun den Lösungstext fehlerfrei in dein Heft! ★

39. WIEDERVEREINIGUNG UND ZERFALL

Wiedervereinigung Deutschlands – Jugoslawien, ein Vielvölkerstaat zerbricht

Die Deutsche Einheit

Wie alle anderen osteuropäischen Staaten war auch die DDR jahrzehntelang von der Sowjetunion politisch und wirtschaftlich unterdrückt worden. In Zeiten von Perestroika und Glasnost wuchs die Unzufriedenheit der Bevölkerung in der DDR. Nachdem im Juni 1989 Ungarn seine Grenzen zu Österreich geöffnet hatte, flüchteten viele DDR-Bürger über Ungarn in den Westen. Als auch noch der sowjetische Staatschef Michail Gorbatschow die Reformforderungen in der DDR unterstützte, musste der Parteisekretär der **SED**, **Erich Honecker**, zurücktreten. Friedliche Massendemonstrationen – die **„Montagsdemonstrationen"** – und die anhaltende **Massenflucht** aus der DDR führten schließlich dazu, dass am **9. 11. 1989** die Grenzen zwischen der DDR und der BRD geöffnet wurden.

SED: Sozialistische Einheitspartei Deutschlands; die einzige in der DDR zugelassene Partei

In der Nacht vom 9. zum 10. 11. 1989 begannen die Menschen, die Berliner Mauer einzureißen.

Montagsdemonstrationen: Die erste fand am 4. 9. 1989 in Leipzig statt. Später trafen sich auch in anderen ostdeutschen Städten Menschen, um friedlich gegen die politischen Verhältnisse zu demonstrieren. Im Lauf der Zeit wurde aus der Parole: *„Wir sind das Volk"* die Forderung: *„Wir sind ein Volk"*.

Was meinten die Demonstranten mit diesen Parolen?

Im Frühjahr 1990 kam es in der DDR zu den ersten freien Wahlen, aus denen die von der BRD unterstützte **„Allianz für Deutschland"** als Sieger hervorging. In der **Volkskammer** wurde der Beitritt zur BRD beschlossen, der am **3. 10. 1990** vollzogen wurde. **Das seit 1949 geteilte Deutschland war wieder vereint**.

Volkskammer: Parlament der DDR

Die Wiedervereinigung Deutschlands ging aber nicht ohne Probleme vor sich. Noch heute gibt es **soziale** und **wirtschaftliche Unterschiede** und Konflikte zwischen ehemals West und Ost. Die beiden nachstehenden Witze lassen diese Probleme erkennen.

Was ist der Unterschied zwischen Gott und einem Wessi? – Gott weiß alles, Wessi weiß alles besser.

Meint ein Ossi zum Wessi: „Wir sind ein Volk." Antwortet der Wessi dem Ossi: „Ja, wir auch!"

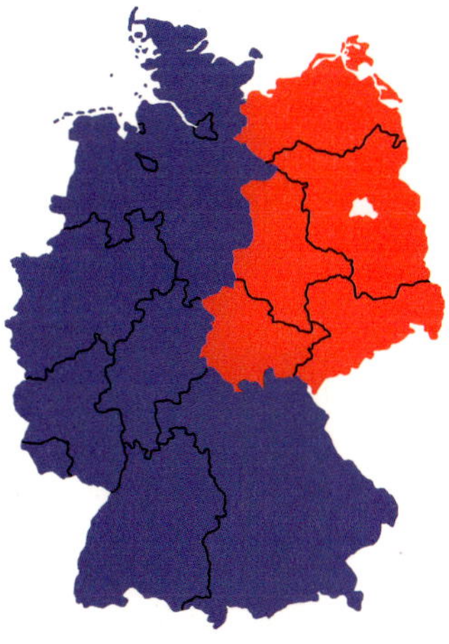

BRD und DDR vor der Wiedervereinigung

Im Vielvölkerstaat Jugoslawien lebende Nationalitäten:
Slowenen, Kroaten, Serben, Bosniaken, Mazedonier, Montenegriner, Kosovo-Albaner, Ungarn, Rumänen, Bulgaren
All diese Nationalitäten hatten teilweise unterschiedliche Sprachen, Kulturen und Religionen.

Der Vielvölkerstaat Jugoslawien

Nach dem Zweiten Weltkrieg gründeten die Kommunisten unter Führung von **Josip Broz,** genannt **Tito,** die **Volksrepublik Jugoslawien.** In Jugoslawien lebten viele unterschiedliche Nationalitäten zusammen. Tito, der Staatspräsident auf Lebenszeit war, hielt den **Vielvölkerstaat** mit eiserner Faust zusammen. Nach seinem Tod 1980 traten die Spannungen zwischen den verschiedenen Völkern wieder in den Vordergrund. In den Teilrepubliken wurde der Wunsch nach **Unabhängigkeit** laut.

Abspaltung und Krieg

1991: Slowenien, Kroatien und Mazedonien erklärten ihre Unabhängigkeit.

In Slowenien und Kroatien kam es daraufhin zu Kämpfen zwischen slowenischen bzw. kroatischen Soldaten und Truppen der jugoslawischen Volksarmee. In Slowenien endete der Konflikt nach zehn Tagen, während in Kroatien der Krieg bis 1995 dauerte. Hier kämpfte die Volksarmee gemeinsam mit Soldaten der serbischen Minderheit in Kroatien. Auf beiden Seiten wurde dieser Krieg mit großer Härte geführt. Eine halbe Million Menschen mussten ihre Heimat verlassen. Erst nach Eingreifen einer UNO-Friedenstruppe konnten sich die kroatischen Truppen durchsetzen.

Nachfolgestaaten Jugoslawiens

1992: Bosnien-Herzegowina erklärte ebenfalls seine Unabhängigkeit.

Auch hier kam es zu blutigen Kämpfen. Drei Bevölkerungsgruppen kämpften gegeneinander: moslemische Bosniaken, serbisch-orthodoxe Serben und katholische Kroaten. Auf allen Seiten kam es zu grausamen Verbrechen gegen die Zivilbevölkerung. Massenerschießungen, Massenvertreibungen und Vergewaltigungen von Frauen und Mädchen konnten auch von UNO-Soldaten nicht verhindert werden. Erst das Eingreifen von NATO-Truppen zwang die Gegner zur Unterzeichnung eines Abkommens. Bosnien-Herzegowina wurde ein **Bundesstaat**, der aus der **„muslimisch-kroatischen Föderation“** und der **„serbischen Republik“** besteht. Beide Teilrepubliken haben eine eigene Regierung.

Am 9. 11. 1989 fiel die Berliner Mauer, die Grenzen zwischen Ost- und Westdeutschland wurden geöffnet. 1990 wurde **das geteilte Deutschland wieder vereint.** In den Jahren nach 1991 **zerfiel der Vielvölkerstaat Jugoslawien.** Die Nachfolgestaaten erreichten ihre Unabhängigkeit teilweise nur nach blutigen Kriegen.

1998: Es kam zum Krieg im Kosovo.

Die albanische Befreiungsarmee des Kosovo (**UCK**) kämpfte für die Unabhängigkeit des Landes von Serbien. Wieder mussten zehntausende Menschen vor dem Krieg flüchten und ihre Heimat verlassen. Erst 1999, als die NATO einen Bombenkrieg gegen Restjugoslawien begann, zogen die Serben ihre Soldaten ab. Die UNO übernahm die Kontrolle. **2008** erreichte der Kosovo seine **Unabhängigkeit**.

2006: Die Abspaltung Montenegros von Serbien erfolgte auf friedlichem Weg.

Kosovoalbaner auf der Flucht

Nun geht's los – Aufgaben für schlaue Köpfe!

1) **Deutsche Wiedervereinigung** – Teste dein Wissen! ★ Wenn du richtig liegst, ergeben die Buchstaben bei den Lösungen ein Lösungswort.

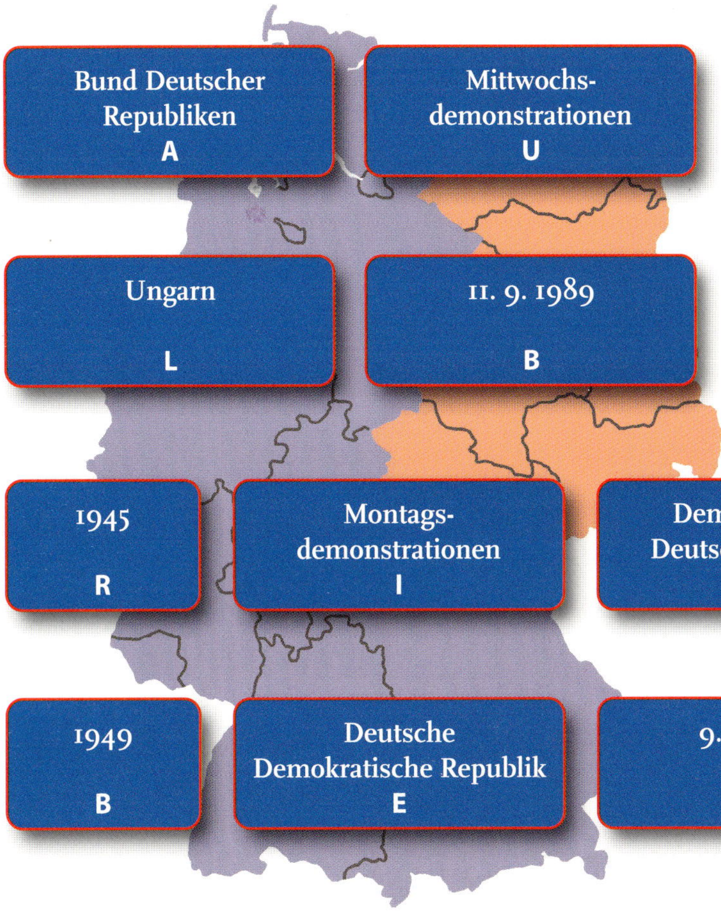

- Bund Deutscher Republiken – A
- Mittwochs-demonstrationen – U
- Ungarn – L
- 11. 9. 1989 – B
- 1945 – R
- Montags-demonstrationen – I
- Demokratische Deutsche Republik – P
- Bundesrepublik Deutschland – R
- 1949 – B
- Deutsche Demokratische Republik – E
- 9. 11. 1989 – N
- Tschechoslowakei – S

1. Seit wann war Deutschland geteilt?
2. Was heißt die Abkürzung DDR?
3. Was heißt die Abkürzung BRD?
4. Über welches Land flüchteten viele DDR-Bürger in den Westen?
5. Wie nannte man die friedlichen Massendemonstrationen in der DDR?
6. Wann fiel die Berliner Mauer?

LÖSUNGSWORT: . . . . . .
1 2 3 4 5 6

2) **Was für ein Durcheinander** – Bring die Sätze in die richtige Reihenfolge, indem du sie nummerierst! ★★

- ◯ **In der DDR finden freie Wahlen statt.**
- ◯ **Erich Honecker tritt zurück.**
- ◯ **Ungarn öffnet seine Grenzen zu Österreich.**
- ◯ **Das geteilte Deutschland wird wieder ein Staat.**
- ◯ **Friedliche Massendemonstrationen finden statt.**
- ◯ **Die Unzufriedenheit in der DDR wächst.**
- ◯ **Gorbatschow unterstützt die Reformforderungen in der DDR.**
- ◯ **Die Grenzen zwischen der DDR und der BRD werden geöffnet.**

3) Schreibe den geordneten Text fehlerfrei in dein Heft! ★

Nun geht's los – Aufgaben für schlaue Köpfe!

4) **Kartenquiz** – Nachfolgestaaten Jugoslawiens. Male zuerst das Meer blau an. Dann bemale jedes Land in einer Farbe und beschrifte die Karte richtig! ★★★ (Atlas)

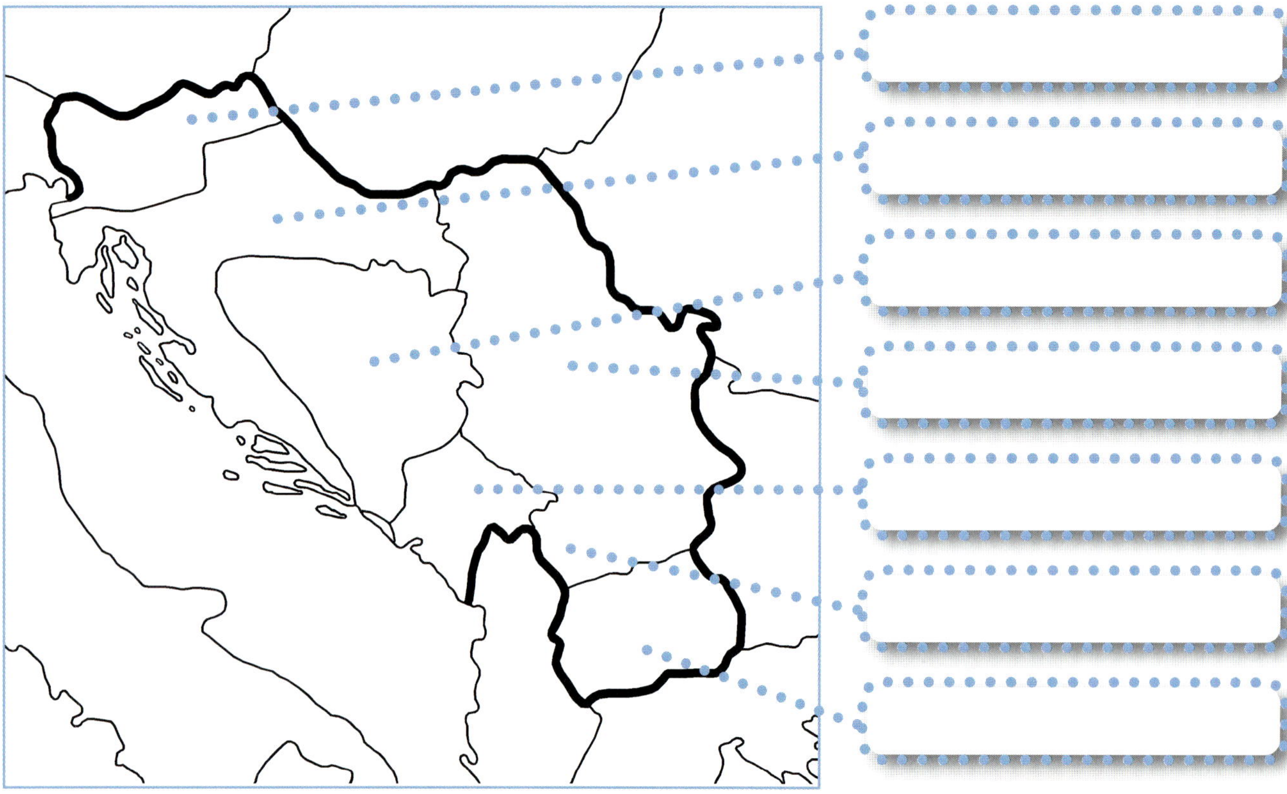

Bosnien-Herzegowina ★ Kosovo ★ Kroatien ★ Serbien ★ Slowenien ★ Mazedonien ★ Montenegro

5) Bilde aus den Satzteilen ganze Sätze und schreibe sie in dein Heft! ★

Der Vielvölkerstaat Jugoslawien

Josip Broz Tito gründete die	bis 1995.
Jugoslawien war	die Unabhängigkeit.
1991 erklärten	Volksrepublik Jugoslawien.
Der Krieg in Kroatien dauerte	Verbrechen gegen die Zivilbevölkerung.
In Bosnien-Herzegowina kämpften	Slowenien, Kroatien und Mazedonien ihre Unabhängigkeit.
In den Kriegen kam es zu	ein Vielvölkerstaat.
Bosnien-Herzegowina besteht	erfolgte friedlich.
Montenegros Abspaltung	Bosniaken, Kroaten und Serben gegeneinander.
Der Kosovo erreichte 2008	heute aus zwei Teilrepubliken.

40. ÜBERBLICK: TERRORISMUS

RAF – ETA – IRA – Al Kaida

Ursprünge des Terrorismus

Assassinenkrieger

Terrorismus bedeutet, dass **politisch motivierte** Einzelpersonen oder Gruppen für die Verwirklichung ihrer Ziele **Gewalttaten** verüben. Der Terror wird als Druckmittel eingesetzt, um einen politischen oder gesellschaftlichen Wandel herbeizuführen. Terrorismus als **Phänomen** gab es in der Geschichte schon seit der Zeit des Römischen Kaiserreiches. So kämpfte die Gruppe der **Zeloten** im 1. Jh. n. Chr. gegen die römische Besatzung von Palästina. Im Mittelalter wiederum verübten Attentäter der **ismailitischen Sekte** der **Assassinen** im Orient politisch motivierte Morde. Schon Marco Polo und die Kreuzritter berichteten von den gefürchteten Assassinen, die mit einem Dolch ihre Auftragsmorde ausführten.

Phänomen: bemerkenswerte Erscheinung

Zeloten: religiöse Fanatiker

ismailitisch: islamisch-schiitische Glaubensgemeinschaft

Sekte: eine von der Mutterreligion abgespaltene religiöse Gemeinschaft

Erstmals wurde der Begriff Terror im 18. Jh. während der **Französischen Revolution** für das Schreckensregime unter Robespierre verwendet. Personen, die unter dem Verdacht standen, keine Anhänger der Revolution zu sein, ließ das Regime mit der **Guillotine** hinrichten. So wurden 16 594 Todesurteile zwischen 1793 und 1794 vollstreckt.

Weißt du noch? Wann war die Französische Revolution? Welcher französische König und welche französische Königin wurden auf der Guillotine hingerichtet?

Im 20. Jh. erhielt der Terrorismus mit dem Aufkommen von Massenmedien eine stärkere öffentliche Beachtung. Dies machten sich die Terroristen auch zunutze, indem sie aufsehenerregende Attentate, Geiselnahmen und Anschläge verübten, um ihre Ziele einer breiten Öffentlichkeit bekannt zu machen. Die terroristischen Aktivitäten wandten sich immer mehr auch gegen unbeteiligte Personen.

Terror in Europa

In **Deutschland** verübte **die Rote Armee Fraktion (RAF)** zwischen 1968 und 1982 Anschläge und Attentate, um einen Wandel des Systems zu erzwingen. Sie wandten sich gegen den Kapitalismus, gegen die parlamentarische Demokratie und gegen die bürgerliche Lebensform. Die RAF wurde nach ihren führenden Mitgliedern Andreas Baader und Ulrike Meinhof auch **„Baader-Meinhof-Bande"** genannt.

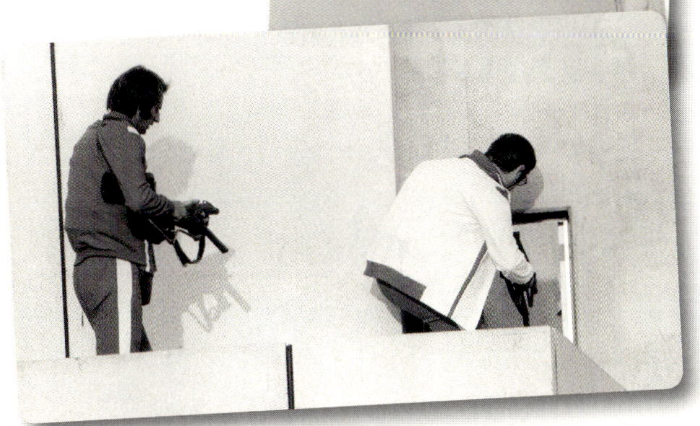

oben: Terrorist am Balkon des israelischen Quartiers 1972
unten: als Sportler verkleidete Polizisten

Bei den **Olympischen Spielen 1972** in München nahm die palästinensische Terrorgruppe „**Schwarzer September**" elf israelische Sportler als Geiseln. Die Terroristen verlangten die Freilassung von Andreas Baader und Ulrike Meinhof. Bei der Befreiungsaktion durch die Deutsche Polizei starben alle Geiseln, drei Terroristen und ein Polizist. Nach einem Trauertag wurden die Olympischen Spiele jedoch fortgesetzt.

1977 entführten RAF-Terroristen eine **Lufthansa-Maschine** nach **Somalia**. Nach der Befreiung der Geiseln durch die Antiterrorismuseinheit der deutschen Bundespolizei begingen führende RAF-Terroristen wie Andreas Baader und Gudrun Ensslin Selbstmord. Bis 1982 wurden viele Mitglieder der RAF verhaftet, doch einigen gelang die Flucht in den Nahen Osten und in die DDR.

Somalia: Staat in Afrika

eskalieren: steigern, ausweiten

Suche im Atlas Irland!

1921 wurde der Süden Irlands zur **Unabhängigen Republik Irland,** während der Norden bei Großbritannien blieb. Die **Irische Republikanische Armee (IRA)** wollte die vollständige Unabhängigkeit Irlands von Großbritannien erreichen und sah sich als Vertreter der Katholiken im Norden des Landes. Ab 1969 **eskalierte** die Gewalt in Nordirland, es kam zu bürgerkriegsähnlichen Unruhen. Bombenattentate und ein Übergreifen der Anschläge auf London führten zu Vergeltungsmaßnahmen von Seiten der Briten. Im April 1998 schlossen die britische und die irische Regierung sowie die Parteien Nordirlands ein Abkommen – **Good Friday Agreement.** Dieses war die Grundlage dafür, dass die IRA 2005 den bewaffneten Kampf für beendet erklärte.

Bombenanschlag auf einen Doppeldeckerbus in London

Basken: nationale Minderheit im Gebiet der spanisch-französischen Grenzregion in den Pyrenäen

Seit 1959 kämpft die **baskische** Befreiungsorganisation **ETA** für ein von **Spanien** unabhängiges Baskenland. Während der Franco-Diktatur sympathisierten noch viele Spanier mit den Aktivitäten der ETA. Doch nach dem Tod Francos, als Spanien zur Demokratie wurde, sah die Bevölkerung die ETA zunehmend als reine Terrororganisation an. Bombenanschläge und gezielte Tötungen von Polizisten schockten das Land.

Internationaler Terror

Der Internationale Terror geht über die Grenzen eines Landes hinaus, da Anschläge auf der ganzen Welt verübt werden. Ziele dieses Terrors sind: eine Änderung der bestehenden Wirtschaftsordnung und eine Beseitigung der Demokratie.

Osama bin Laden

Seit 1993 verübt die Terrororganisation **Al Kaida** unter ihrem Anführer **Osama bin Laden** weltweit Anschläge. Die Al Kaida sieht in Terrorakten ein Mittel, alle Muslime im sogenannten „Befreiungskampf" gegen den Einfluss der westlichen Staaten zu vereinen. Hauptangriffsziele sind die USA, ihre Botschaften in anderen Ländern, aber auch Israel.

Am **11. September 2001** entführten Attentäter der Al Kaida vier US-Passagierflugzeuge. Um 8:46 Uhr lenkten die Terroristen das erste Flugzeug in den Nordturm des **World Trade Centers (WTC)**. 17 Minuten später rammte ein zweites Flugzeug den Südturm des WTC. Beide Türme stürzten ein, tausende Menschen starben. Ein drittes Flugzeug traf um 9:37 Uhr das Pentagon in Washington. In der vierten entführten Maschine kam es zu einem Kampf zwischen den Entführern und den Passagieren. Um 10:03 Uhr stürzte das Flugzeug in der Nähe von Pittsburgh ab.

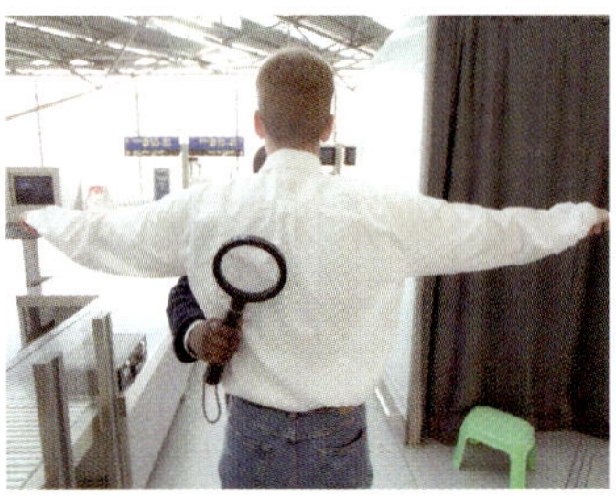

Seit dem 11. September gibt es verstärkte Sicherheitskontrollen auf Flughäfen.

Neun Tage später hielt der damalige US-Präsident Bush eine Rede zur Lage der Nation, in der er den **„Krieg gegen den Terror"** ankündigte. In weiterer Folge kam es zu einem Krieg in Afghanistan und gegen den Irak. Vermeintliche Terroristen wurden ohne Gerichtsverfahren jahrelang im Gefangenenlager **Guantanamo** festgehalten und gefoltert.

Erkundige dich im Reisebüro oder im Internet! Was darf man im Handgepäck bei einem Flug nicht mitnehmen?

Von welchen Terroranschlägen hast du in der letzten Zeit gehört oder gelesen?

Guantanamo: Stützpunkt der US-Marine auf Kuba

Anschlag auf das WTC am 11. 9. 2001

41. AFGHANISTAN, IRAN UND IRAK

Taliban – Mudschaheddin – Al Kaida – Golfkriege – Saddam Hussein

Afghanistan – ein Krisenstaat

Afghanistan, ein zum größten Teil gebirgiges Land, gehört zu den **ärmsten Ländern der Welt**. Seit Jahrzehnten gibt es immer wieder Kriege und Bürgerkriege.

Mudschaheddin

Ab 1978 regierte ein von der UdSSR unterstützter **kommunistischer Revolutionsrat** das Land. Eine muslimische Oppositionsgruppe, die **Mudschaheddin**, bekämpften diesen Revolutionsrat mit Waffen aus den USA. 1989 mussten sich die sowjetischen Truppen erfolglos aus Afghanistan zurückziehen.

Doch der Krieg war damit nicht zu Ende. Eine andere radikal-islamische Gruppe, die **Taliban**, begannen ihren Kampf gegen die Mudschaheddin. 1996 eroberten sie die afghanische Hauptstadt **Kabul** und übernahmen die Macht.

Die Taliban errichteten in Afghanistan einen **„islamischen Gottesstaat"**. In diesem steht die Religion über allem. Es gibt keine öffentlichen Veranstaltungen und es gilt das drastische Recht der **Scharia**. **Frauen** in Afghanistan sind besonders benachteiligt. So müssen sie sich völlig verschleiern und die **Burka** tragen. Dies ist ein bodenlanger Umhang, bei dem die Augen zusätzlich von einem Gitterstoff verdeckt sind. Frauen dürfen auch nicht berufstätig sein und erhalten keine Schulbildung.

Frauen in Burka

Nach der Machtübernahme begannen die Taliban gemeinsam mit der **Terrororganisation Al Kaida**, einen ideologischen Krieg gegen die westliche Welt. Der negative „Höhepunkt" dieses Krieges war der Anschlag auf das World-Trade-Center in New York am 11. 9. 2001. Die Taliban gewährten dem Anführer der Al Kaida – **Osama bin Laden** – Unterschlupf in Afghanistan.

Ab Oktober 2001 griffen die USA in Afghanistan militärisch ein, um Osama bin Laden zu stellen. Sie unterstützten außerdem die sogenannte **Nordallianz** in ihrem Kampf gegen die Taliban. Im Dezember 2001 wurden die Taliban gestürzt und eine Regierung unter Präsident **Hamid Karzai** eingesetzt. Seit 2006 gewinnen die Taliban aber wieder an Macht und kontrollieren einige Gebiete des Landes.

Hamid Karzai

Afghanistan

Mudschaheddin: Glaubenskrieger

Taliban: radikale Islamisten

Scharia: islamisches Recht, das vom Koran abgeleitet wird

> In **fundamentalistisch**-islamischen Ländern werden die körperlichen Strafen der Scharia auch heute noch angewandt: Auspeitschen oder Steinigen sind Strafen für Ehebruch, einem Dieb wird die Hand abgeschlagen.

fundamentalistisch: religiöse Lehre wird zur Grundlage des gesamten Lebens gemacht

Wie ist die Rechtsprechung in Österreich? Gibt es körperliche Strafen? Gibt es eine Verbindung zwischen Religion, Recht und Gesetz?

Nordallianz: lose Koalition verschiedener afghanischer Stämme; Zweckbündnis gegen die Taliban

Ayatollah Khomeini

Der Iran – ein „islamischer Gottesstaat"

Zu Beginn des Jahres 1979 wurde der amerikafreundliche iranische Kaiser Schah **Reza Pahlewi** vom islamischen Religionsführer **Ayatollah Khomeini** gestürzt. Unter seiner Führung entstand die „**Islamische Republik** Iran". Khomeini verurteilte den westlichen Lebensstil und errichtete einen „Gottesstaat". Seine Hauptfeinde waren die USA und Israel. Bei den Wahlen 2009 gewann erneut der fundamentalistische Präsident **Mahmud Ahmadinedschad**. Dieses Wahlergebnis wurde aber angezweifelt. Es kam zu heftigen Protesten und Demonstrationen, die mit Waffengewalt niedergeschlagen wurden.

Suche den Iran und den Irak im Atlas!

Saddam Hussein

Irak – Kriege um Öl und Macht

Der Erste Golfkrieg 1980 – 1988

Im September 1980 griff der **irakische Staatschef Saddam Hussein** das Nachbarland **Iran** an. Auslöser war ein Streit um Schifffahrtsrechte auf dem Schatt al-Arab, dem Grenzfluss zwischen dem Iran und dem Irak. In Wahrheit ging es aber um die **Vorherrschaft im Persischen Raum** und um die Nutzung der Ölquellen in diesem Gebiet. Keine der beiden Seiten konnte den Krieg für sich entscheiden, obwohl der Irak von den USA unterstützt wurde. Der Erste Golfkrieg endete 1988 mit einem Waffenstillstandsabkommen.

Wirtschaftssanktionen: Einschränkungen von Handelsbeziehungen; Kritiker meinen, dass unter Wirtschaftssanktionen nur das arme Volk leidet.

Der Zweite Golfkrieg 1990 - 1991

Im August 1990 besetzten **irakische Truppen** das kleine, aber reiche **Kuwait**. Anlass für den irakischen Angriff waren kuwaitische Ölbohrungen, die angeblich unter der Grenze hindurch auf irakisches Gebiet reichten. Außerdem hatte der Irak nach dem Ersten Golfkrieg bei Kuwait hohe Schulden und verlangte einen Schuldenerlass. Der **UNO-Sicherheitsrat** verurteilte die Besetzung Kuwaits. Er verhängte **Wirtschaftssanktionen** gegen den Irak und stellte Saddam Hussein ein Ultimatum. Nach Ablauf der Frist begann im Jänner 1991 die **„Operation Wüstensturm"**. In dieser befreiten von der UNO beauftragte Truppen unter der Führung der USA Kuwait.

Operation Wüstensturm

Warum spielte Öl in den Golfkriegen eine so große Rolle?

Welche Rolle spielte die USA in den Kriegen in Afghanistan und im Irak?

Der Dritte Golfkrieg 2003

Nach dem Zweiten Golfkrieg wuchs im Westen die **Angst**, dass der Irak **Atomwaffen** besitzen könnte. Die UNO verlangte Aufklärung darüber. Saddam Hussein verweigerte aber den UNO-Inspektoren den Zutritt zu den Waffenproduktionsstätten des Iraks. Daraufhin **erklärten die USA** und ihre westlichen Verbündeten (England, Italien, Spanien) **dem Irak den Krieg**. Ein weiterer **Kriegsgrund** war die angebliche Nähe des Iraks zur islamischen Terrororganisation Al Kaida. Ein **Kriegsziel** war die Beseitigung der Diktatur Saddam Husseins. Kriegsgegner warfen den USA aber vor, den Irak nur wegen der großen Erdölvorkommen im Land anzugreifen.

In **Afghanistan** errichteten die **Taliban** einen **„islamischen Gottesstaat"**. Die Terrororganisation **Al Kaida** kämpft gegen die westliche Welt. In den drei **Golfkriegen** ging es um **Öl** und die **Vormachtstellung** im Mittleren Osten.

Saddam Hussein wurde im Dezember 2003 festgenommen und nach einem Prozess wegen Verbrechen gegen die Menschlichkeit und Kriegsverbrechen zum Tode verurteil. Er wurde im Dezember 2006 hingerichtet.

Im Juni 2004 übernahm eine irakische Übergangsregierung die Führung im Irak. US-Truppen blieben aber weiter im Land. Der amerikanische Präsident **Barak Obama** kündigte kurz nach seiner Wahl den baldigen Abzug der amerikanischen Truppen an. 2010 wurde der Krieg offiziell für beendet erklärt.

Nun geht's los – Aufgaben für schlaue Köpfe!

1) Schreib deine Gedanken zu dieser Karikatur auf! ★★★

2) **Silbenrätsel** – Bilde aus folgenden Wortteilen 6 Wörter und erkläre sie! ★★

Al- ★ -ban ★ -bul ★ Bur- ★ -da ★ Got- ★ -heddin ★ Ka- ★ Kai- ★ -ka ★ Mud- ★ -ria ★ Scha- ★ -scha - ★ -staat ★ Tali- ★ -tes-

Wort	Erklärung

Nun geht's los – Aufgaben für schlaue Köpfe!

3) **Würfle um Ölquellen** – Die Buchstaben der Würfeloberseiten der rechten und der linken Seiten ergeben richtig geordnet drei wichtige Begriffe. Schreibe diese auf! ★★★★

LÖSUNGSWÖRTER: __________ __________ __________

4) **Was war wann?** Schreib zu den Jahreszahlen die richtigen Ereignisse! ★★★★

AFGHANISTAN:

1978: __________

1989: __________

1996: *Taliban übernehmen die Macht in Afghanistan.*

2001: __________

IRAK:

1980: *Erster Golfkrieg – Saddam Hussein greift den Iran an.*

1988: __________

1990: __________

1991: __________

2003: __________

2004: __________

2006: __________

Weltpolitik NEWS

Das erste Lebewesen im All

Einen Monat nach Sputnik 1 schickte die Sowjetunion Sputnik 2 mit der Hündin Laika an Bord in den Weltraum.
Die Hündin überlebte dieses Abenteuer nicht, doch konnten wichtige Daten für die spätere bemannte Raumfahrt gesammelt werden.

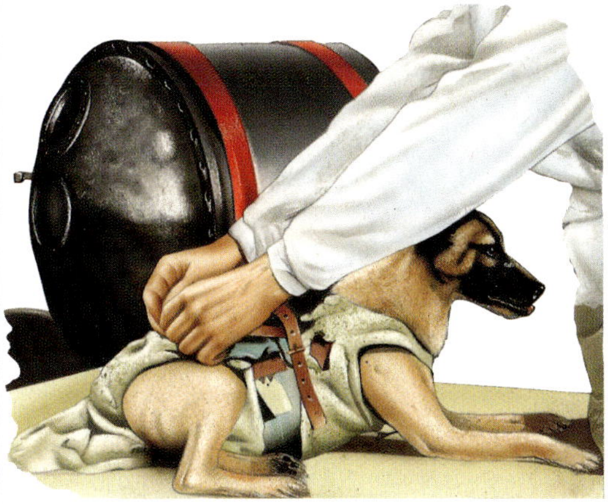

Der erste Mensch auf dem Mond

21. Juli 1969: Etwa 500 Millionen Menschen sahen die Liveübertragung der Mondlandung. Mit dem Raumschiff „Apollo 11" waren die US-Astronauten Neil Armstrong, Edwin Aldrin und Michael Collins in die Mondumlaufbahn eingetreten. Armstrong und Aldrin stiegen in die Mondfähre „Eagle" um. Nach der Landung auf dem Mond funkten sie den Spruch: „The Eagle has landed" zur Erde. Anschließend betrat Neil Armstrong als erster Mensch den Mond, hisste die US-Flagge und sagte: „Es ist ein kleiner Schritt für einen Menschen, aber ein großer Sprung für die Menschheit". Zwei Stunden lang nahmen die beiden auf der Mondoberfläche wissenschaftliche Messungen vor, ehe sie mit der Fähre wieder zum Mutterschiff zurückkehrten. Nach der Abstoßung der Fähre traten sie die Rückreise zur Erde an. Vom Start auf Kap Kennedy bis zur planmäßigen Landung im Pazifik dauerte die Mondreise neun Tage.

Kurzmeldungen

Missbildungen durch Contergan

In den Jahren von 1958 bis 1962 wurden in Westeuropa ca. 10 000 Babys ohne Arme geboren. Ursache der Missbildungen war ein rezeptfrei erhältliches Schlaf- und Beruhigungsmittel. Bei der Einnahme durch Schwangere kam es zu Entwicklungsstörungen des Embryos. Nach Bekanntwerden dieser Wirkung wurde das Medikament Contergan vom Markt genommen.

James Bond jagt Dr. No

1962: Als der Bikini 1946 zum ersten Mal in einem Pariser Bad der Öffentlichkeit präsentiert wurde, zeigte er so viel nackte Haut, dass er einen Skandal auslöste und weltweit verboten wurde. Seinen Namen erhielt er nach dem Bikini-Atoll, auf dem die Amerikaner im gleichen Jahr ihre Atombomben testeten. Erst Ursula Andress, als erstes James Bond-Girl, machte den Bikini mit dieser Filmszene salonfähig.

Trauernde Witwe

Am 22. November 1963 fiel John F. Kennedy bei einer Fahrt im offenen Wagen durch Dallas einem Schussattentat zum Opfer. Drei Tage später folgte seine Witwe Jacqueline Kennedy mit den beiden Kindern dem Sarg des Präsidenten. Noch vor der Beerdigung wurde der festgenommene Attentäter Lee Harvey Oswald – trotz Polizeischutz – von dem Barbesitzer Jack Leon Rubinstein mit einem Pistolenschuss getötet. Die genauen Hintergründe der beiden Morde wurden nie ganz aufgeklärt.

Weltpolitik NEWS

Filmtipps:

Spielbergs Welt

Steven Spielberg schuf einige der berühmtesten Filme des 20. Jh. Der „Weiße Hai" schockte 1974, mit „E.T." feierte er 1982 den größten Erfolg. Filme wie „Jurassic Park" und „Schindlers Liste" waren in den 1990ern große Kinoerfolge. „Schindlers Liste" gewann 7 Oscars.

Das Musical „Hair" spiegelt das Lebensgefühl der Hippies wider, es kritisiert aber auch die Grausamkeit des Vietnamkrieges. 1979 wurde es von Milos Foreman verfilmt und ein Welterfolg.

In den Golfkriegen wurde Öl auch als Waffe eingesetzt. Saddam Hussein ließ Ölfelder anzünden. Amerikanische Militärhubschrauber überflogen die brennenden Ölquellen. Der giftige, gesundheitsschädliche Rauch der brennenden Ölfelder bedrohte die gesamte Region.

Was gibt es Neues?

1949: **Simone de Beauvoir schreibt ihr feministisches Buch „Das andere Geschlecht" und erregt damit Aufsehen.**
1959: **„Xerox 914" – die erste automatische Kopiermaschine kommt auf den Markt.**
1974: **Der erste PC wird entwickelt.**
1977: **Der Film „Star Wars" von George Lucas bricht alle Rekorde. Er spielte 350 Millionen Dollar ein.**

Buchtipps

Arnulf Zittelmann: Keiner dreht mich um. Die Lebensgeschichte des Martin Luther King (Beltz Verlag).
Hanna Jansen: Über tausend Hügel wandere ich mit dir. Eine erschütternde Kindheit in Afrika (Droemer Knaur).

Katastrophenmeldung aus Tschernobyl

26. April 1986: Im ukrainischen Kernkraftwerk Tschernobyl kam es zu einer Explosion. Radioaktivität wurde in großen Mengen freigesetzt und verteilte sich mit dem Wind über ganz Europa. Heute weiß man: 33 000 Menschen starben, 9 Millionen gelten als von der Strahlung betroffen.

Thriller – das meistverkaufte Album der Welt

Das sechste Soloalbum von Michael Jackson machte ihn 1982 zum „Megastar". 2006 wurde Jackson mit 104 Millionen verkauften Tonträgern ins Guinness-Buch der Rekorde aufgenommen.

Der 15 min lange Videoclip zu „Thriller" trug viel zum Erfolg der Single bei. Er ist auch heute noch der international meistverkaufte Videoclip der Welt.

Reise in die Vergangenheit:

1978: Das erste Retortenbaby, Louise Brown, wird in England geboren.
1982: Es kommt zum Krieg zwischen Argentinien und Großbritannien um die Falklandinseln, den die Briten für sich entscheiden.
1997: Nach fast 100 Jahren unter britischer Herrschaft fällt Hongkong, einer der wichtigsten Handelsplätze, wieder an China zurück.
1997: Schottische Wissenschaftler klonen zum ersten Mal ein Schaf, das den Namen „Dolly" bekommt.
25. Juni 2009: Fans trauern weltweit – Michael Jackson an Herzversagen gestorben.

Weißt du noch ...

... was du in diesem Schuljahr in Geschichte gelernt hast?

Teste dein Wissen! Je ein rotes und ein blaues Kärtchen passen zusammen.
Wenn du alle Paare findest, erhältst du einen Lösungssatz.

Heimwehr und Schutzbund
2

Amnesty International
7

Apartheid
15

05
5

Martin Luther King
10

Solidarnosc
18

Holocaust
4

Olympe de Gouges
13

Blauhelme
6

Watergate-Affäre
11

Kaiser Karl I.
1

26.10.1955
8

Perestroika und Glasnost
17

Dalai Lama
16

Reichskristallnacht
3

Woodstock
12

NATO, Warschauer Pakt
9

Musikfestival in den USA 1969
L

Mahatma Gandhi
14

Bewaffnete Wehrverbände der Ersten Republik
I

System der Rassentrennung in Südafrika
E

Militärbündnisse
C

Umgestaltung und Transparenz
N

Politisches und religiöses Oberhaupt Tibets
I

Erste freie Gewerkschaft in Polen
E

Soldaten der UNO
H

Völkermord an den Juden
M

Der österreichische Nationalrat beschließt das Neutralitätsgesetz.
S

Rücktritt des amerikanischen Präsidenten Richard Nixon
U

Letzter Kaiser der Habsburgermonarchie
N

„Gewalt ist die Waffe des Schwachen; Gewaltlosigkeit die des Starken."
K

Menschenrechtsorganisation
R

Zerstörung von jüdischen Geschäften, Häusern, Synagogen
E

Französische Frauenrechtlerin (Ende 18.Jh.)
E

Anführer der amerikanischen Bürgerrechtsbewegung
H

Zeichen des österreichischen Widerstands gegen den Nationalsozialismus
E

ÖSUNG: . . . . , ... !
1 2 3 4 5 6 7 8 9 10 11 12 13 14 15 16 17 18 8 9 10 11 12 13 4 5 6 7

(Falco)

ÖSTERREICH

REGIERUNGEN

Jahr	Regierungen	Ereignisse
	Renner: 1918–1920 Renner	**1918:** Ausrufung der Republik **1920:** Name: „Republik Österreich"
1920	Koalitionen unter christlich-sozialer Führung ohne sozialdemokratische Beteiligung	**1922:** Wirtschaftskrise; Wien wird eigenes Bundesland **1924:** Bankenkrach: Schilling löst Krone ab **1927:** Schüsse in Schattendorf; Brand des Justizpalastes **1929:** Zusammenbruch der Banken
1930	Dollfuß: 1932–1934 Schuschnigg: 1934–1938 Seyß-Inquart: 1.3.–13.3.1938	**1933:** Ausschaltung des Parlaments; Verbot der NSDAP in Österreich **1934:** Bürgerkrieg in Österreich **1934:** Mord an Dollfuß **1936:** Juliabkommen mit Deutschland; Garantie der Souveränität Österreichs **1938:** Einmarsch deutscher Truppen
1940	Anschluss an Deutschland	Österreich wird Teil des Deutschen Reiches **1945:** Österreich wird unabhängig **1945:** Provisorische Regierung unter Karl Renner **1948:** Marshallplan
1950	Figl: Konzentrationsregierung 1945–1953 Raab: Konzentrationsregierung 1953–1961	**1955:** Staatsvertrag, immerwährende Neutralität
1960	Gorbach: 1961–1963 Klaus: 1964–1966 Klaus: 1966–1970	**1963:** Habsburg-Krise **1964:** Olah-Krise **1965:** Borodajkewycz-Krise
1970	Kreisky: Minderheitsregierung 1970–1971 Kreisky: 1971–1983	**1972:** Ortstafelsturm **1973:** Geiselnahme von Marchegg **1975:** Anschlag auf die OPEC in Wien **1978:** Volksabstimmung über Zwentendorf **1979:** Wien wird UNO-Stadt **1980:** AKH-Skandal
1980	Sinowatz: 1983–1986 Vranitzky: 1986–1997	**1981:** Mord an Heinz Nittel **1981:** Anschlag auf Synagoge in Wien **1984:** Besetzung der Hainburger Au **1985:** Weinskandal und Noricum-Affäre **1986:** Causa Waldheim; Haider wird FPÖ-Obmann **1990:** Lucona-Skandal
1990	Klima: 1997–2000	**1991:** Rücktritt Haiders in Kärnten **1993:** Ausländervolksbegehren-Lichtermeer **1993:** Beginn der Briefbombenattentate **1995:** Österreichs Beitritt zur EU **2000:** Sanktionen gegen Österreich
2000	Schüssel: 2000–2007 Gusenbauer: 2007–2008 Faymann: ab 2008	**2002:** FPÖ-Parteitag in Knittelfeld, Bruch der Koalition, Neuwahlen **2005:** Abspaltung des BZÖ von der FPÖ **2008:** Bruch der Koalition durch die ÖVP
2010		

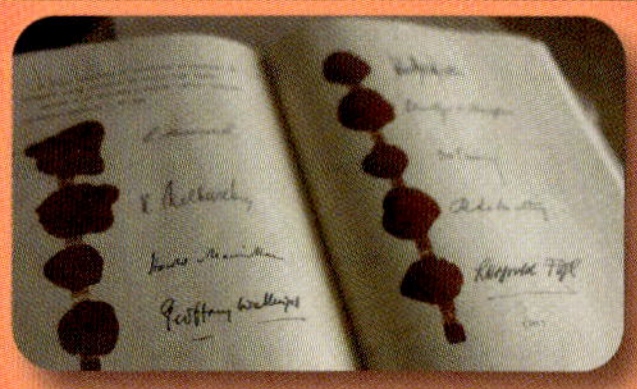

INTERNATIONAL

KRIEGERISCHE AUSEINANDERSETZUNGEN

1920

1920: Gründung der NSDAP (D)
1920: Prohibition (USA)
1921: Hitler wird Führer der NSDAP (D)
1922: Gründung der UdSSR
1923: Putschversuch der NSDAP (D)
1924: Tod Lenins, Stalin wird Führer (UdSSR)
1925: Hindenburg wird Reichspräsident (D)
1926: Micky Maus
1929: Weltwirtschaftskrise

1930

1932: NSDAP stimmenstärkste Partei (D)
1932: USA: „New Deal“
1933: Hitler wird Reichskanzler; Reichstagsbrand in Berlin (D)
1934: Hitler wird Reichspräsident (D)
1935: Nürnberger Rassegesetze (D)
1936: „Achse Rom-Berlin“
1936: Beginn von Säuberungswellen (D)
1938: Novemberpogrome
1939: Angriff auf Polen
1939: Einmarsch in Böhmen und Mähren

Kriegerische Auseinandersetzungen: Spanischer Bürgerkrieg

1940

1941: Angriff auf die UdSSR
1941: Japan griff Pearl Harbour an
1943: Landung der Alliierten in Italien
1944: Landung der Alliierten in d. Normandie
1945: Konferenz von Jalta
1945: Atombomben auf Hiroshima und Nagasaki
1945: Gründung der UNO
1947: Teilung Indiens
1948: Gründung Israels
1949: Teilung Deutschlands (BRD-DDR)
1949: Gründung des Europarates
1950: China besetzt Tibet

Kriegerische Auseinandersetzungen: Zweiter Weltkrieg; Israelisch-Arabischer Krieg

1950

1951: Gründung der EKGS-Montanunion
1953: Tod Stalins
1956: Aufstand in Ungarn
1957: Gründung der EWG
1957: erster Satellit (Sputnik)
1959: Beginn des Kampfes der ETA in Spanien

Kriegerische Auseinandersetzungen: Korea-Krieg

1960

1961: Bau der Berliner Mauer
1961: erster Mensch im Weltall
1962: Kubakrise
1963: Mord an John F. Kennedy
1964: Gründung der PLO
1965: Wahlrecht für Afroamerikaner
1967: Gründung der EG
1968: „Prager Frühling“
1968: Mord an Martin Luther King
1969: Woodstock-Festival
1969: erster bemannter Mondflug

Kriegerische Auseinandersetzungen: Vietnam-Krieg; 6-Tage Krieg

1970

1972: Terror-Anschlag in München
1972: Watergate-Skandal (USA)
1973: „Ölschock“
1974: Nixon tritt zurück (USA)
1979: Revolution im Iran

Kriegerische Auseinandersetzungen: Jom-Kippur-Kr.

1980

1985: Gorbatschow wird Staatschef (UdSSR)
1987: Beginn der Intifada
1989: Osteuropa wird unabhängig
1989: Fall der Berliner Mauer
1990: Deutsche Wiedervereinigung

Kriegerische Auseinandersetzungen: Afghanistan-Krieg (UdSSR); 1. Golfkrieg (Iran-Irak)

1990

1991: Zerfall der UdSSR
1991: Zerfall Jugoslawiens
1992: Vertrag von Maastricht, EU
1994: Schengener Abkommen
1994: Freie Wahlen in Südafrika

Kriegerische Auseinandersetzungen: Afghanistan-Krieg (Taliban); 2. Golfkrieg; Slowenien; Kroatien, Bosnien; Kosovo-Krieg

2000

2001: Anschlag auf das World Trade Center
2002: Einführung des EURO
2008: Wirtschaftskrise durch Immobilienspekulationen
2009: Vertrag von Lissabon tritt in Kraft

Kriegerische Auseinandersetzungen: Israel-Libanon; 3. Golfkrieg

2010

PERSONEN- UND SACHREGISTER

BILDQUELLEN:

90061 / KPA / picturedesk.com: 170/1
A0236 Gutberlet / dpa / picturedesk.com: 134/1, 136/3
A2270 epa Ctk Libor Hajsky / dpa / picturedesk.com: 128/3
akg-images: 24/1, 24/2,24/3, 26/1, 30/4, 30/5, 32/2, 39/2, 46/2, 47/1, 47/3, 47/4, 48/1, 48/2, 48/4, 49/1, 49/2, 50/1, 50/2, 51/1, 51/2, 51/4, 52/1, 53/1, 53/3, 54/3, 54/4, 54/5, 55/1, 55/4, 56/1, 56/2, 58/2, 61/1, 63/3, 122/7, 132/4, 137/1,
akg-images / Alfred Hennig: 63/2
akg-images / AP: 152/3
akg-images / Erich Lessing: 30/6
akg-images / Ernst Kutzer: 48/3, 50/3
akg-images / NordicPhotos: 69/3
Andreas Morlock / pixelio.de: 140/6
ANDREAS TROESCHER / APA / picturedesk.com: 125/1
Anonym / Imagno / picturedesk.com: 5/2, 41/3, 43/3, 49/3, 65/5, 141/3
Antonello Nusca / Gamma / picturedesk.com: 76/4
Archiv Gerstenberg / ullstein bild / picturedesk.com: 34/3, 39/1, 39/3, 81/2
Aris Mihich / TIPS / picturedesk.com: 141/2
B. Friedrich / ullstein bild / picturedesk.com: 140/4
BARBARA GINDL / APA / picturedesk.com: 82/2
Barbara Pflaum / Imagno / picturedesk.com: 90/2, 123/3, 124/3
Bernhard J. Holzner / APA / picturedesk.com: 96/1, 102/3
Between The Wars Personalities / TopFoto / picturedesk.com: 65/7
Bezirksmuseum Margareten: 17/2, 19/2
Bildarchiv Pisarek / akg-images: 53/2, 56/3
BKA/Andy Wenzel: 103/4
BKA/BPD: 77/2, 81/3, 85/2, 85/3, 85/4, 85/5, 89/3, 95/2, 96/3
BKA/Kainerstorfer: 105/4
BKA/Peter Lechner: 103/2
BMLFUW/Bernhard Kern: 105/3
Boness / ullstein bild / picturedesk.com: 74/3
Brückl, Hans: 51/5, 51/6
Bunk / ullstein bild / picturedesk.com: 137/6
Cédric Gerbehaye / Agence Vu / picturedesk.com: 147, 148/1, 151/2, 154/2
DANIEL VIDES. / efe / picturedesk.com: 150/4, 153/3
Dave Penman / Rex Features / picturedesk.com: 58/3, 59/3
Die Grünen: 105/2
Dieter Schütz / pixelio.de: 88/3
Erich Sokol Privatstiftung: 91/1, 93/4, 93/6, 94, 124/1
Ernst Weingartner / picturedesk.com: 103/3
Erwin Schuh / picturedesk.com: 95/1
Everett Collection / picturedesk.com: 29/1, 37/1, 51/3, 124/4, 138/4
F1 Online / picturedesk.com: 116/3, 117/5, 120/3, 122/8, 140/7
First Look / picturedesk.com: 87/1
Fischer / ullstein bild / picturedesk.com: 148/6
Förderverein PRO ASYL e.v.: 104/2
FPÖ: 105/1
Franz Neumayr / picturedesk.com: 116/4, 117/4
Gamma-Rapho / picturedesk.com: 69/4, 92/2, 92/3, 93/2, 134/4, 136/4, 136/7, 148/3, 156/3, 158/2, 165/2
General / TopFoto / picturedesk.com: 138/1
Georges Schneider / APA / picturedesk.com: 101/3
Gerhard Haderer: 102/1, 102/2
GERT EGGENBERGER / APA / picturedesk.com: 90/3, 93/5
Giribas / ullstein bild / picturedesk.com: 136/6, 165/3
GR / ullstein bild / picturedesk.com: 28/1
Hans Klaus Techt / APA / picturedesk.com: 109/1
Hans Ringhofer / picturedesk.com; 91/3
Harish Tyagi / EPA / picturedesk.com: 145/2
Heinz-Willi Frey / pixelio.de: 88/6
Helmut Baar / Imagno / picturedesk.com; 65/6
Herbert Pfarrhofer / APA / picturedesk.com: 101/1
Hilscher, Albert / ONB Bildarchiv / picturedesk.com: 77/1
Hoffmann, Heinrich / ONB Bildarchiv / picturedesk.com: 44/1
Ian Waldie / AFP / picturedesk.com: 170/5
IMAGNO / Austrian Archives: 18, 20/2, 82/1
INTERFOTO / picturedesk.com: 16/1, 29/2, 29/3, 33/1, 33/3, 46/3, 52/2, 54/1, 55/3, 58/1, 59/2, 59/4, 61/2, 63/1, 65/1, 66/2, 66/3, 69/1, 70/1, 80/3, 81/1, 120/1, 122/3, 125/2, 125/3, 126/1, 132/2, 139/2, 148/2, 169/3, 169/4,
Internet: 119/2, 121/8, 132/1
Ireneusz Sobieszczuk / PAP / picturedesk.com: 156/2, 158/4
Josef Lada: 28/2
Jupiterimages Corporation 2010: 13/2, 13/3, 25, 26/2, 27/4, 30/1, 30/2, 30/3, 35, 40/1, 40/2, 40/3, 40/4, 40/5, 40/6, 40/7, 40/8, 40/9, 40, 10, 43/1, 65/ 65/3, 71/1, 84/1, 85/1, 88/1, 88/2, 97, 98/6, 98/7, 98/8, 98/9, 99/1, 99/2, 99/3, 99/4, 99/5, 99/6, 99/7, 99/8, 108/1, 108/2, 108/3, 108/4, 108/5, 114/1, 114/2, 114/3, 115/1, 115/2, 115/3, 115/4, 115/5, 115/6, 117/1, 117/2, 117/3, 121/1, 121/2, 121/3, 121/4, 121/5, 121/6, 121/7, 122/4, 122/6, 127/1, 127/2, 130, 136/1, 136/2, 138/2, 138/3, 153/5, 159/2, 168
Jüschke / ullstein bild / picturedesk.com: 155/2, 158/1
Kleine Zeitung: 101/2
Kronenzeitung: 13/4
Kunsthistorisches Museum, Wien: 122/1
Margrit / pixelio.de: 140/5
Mary Evans / picturedesk.com: 139/1
MATTHEW CAVANAUGH / EPA / picturedesk.com: 134/3, 136/8
McPHOTO / vario images / picturedesk.com: 170/3
McRae Books Srl: 13/1, 27/1, 27/2, 27/3, 27/5, 28/3, 32/3, 34/2, 37/2, 38/3, 60, 61/3, 64/1, 66/1, 70/2, 73/3, 87/2, 88/4, 126/3, 126/4, 126/5, 127/4, 128/1, 128/2, 128/4, 131/4, 133/2, 133/3, 137/3, 137/4, 138/5, 140/1, 142/2, 146/1, 146/2, 148/7, 150/1, 150/3, 151/3, 152/1, 152/2, 152/5, 153/1, 153/4, 155/4, 156/4, 156/5, 164/2, 165/1, 166/1, 166/2, 166/3, 169/2, 170/2, 170/6
Monyk, Christian: 5/1, 7, 9/2, 11, 20/1, 23/31/1, 31/2, 33/4, 55/2, 62, 64/2, 67/1, 68/2, 71/2, 74/2, 75/2, 78, 80/1, 80/2, 99/9, 100, 107, 110, 116/1, 116/2, 117/6, 117/7, 125/4, 126/2, 127/3, 129, 131/1, 131/2, 131/3, 137/5, 141/1, [illegible] 159/3, 160/2, 162, 165/4, 170/4,
Monyk, Elisabeth: 15/6, 38/1, 38/2, 104/1, 109/2
Münze Österreich: 14/3, 15/1, 15/3, 15/5, 16/3, 65/4
Museo Che Guevara, Havana, Kuba: 149/2
Museum für Verhütung und Schwangerschaftsabbruch, Wien: 89/4
Norbert Svojtka / pixelio.de: 19/1
Nowosti / ullstein bild / picturedesk.com: 31/3, 67/3, 69/2, 134/2
O. Fischer / pixelio.de: 73/2
Oesterreichische Nationalbank, Geldmuseum: 14/2, 15/2, 15/4, 15/7, 16/2
Olympe Verlag GmbH: 47/2, 88/5, 88/7, 88/8
ONB Bildarchiv / picturedesk.com: 46/1, 67/2, 123/5
ÖNB/Wien, 1366495: 17/4
ORF Archiv / ONB Bildarchiv / picturedesk.com: 82/3, 91/4, 123/7
Osprey Publisching Limited, 2002, The Moors: 163/1
Österreichischer Gewerkschaftsbund: 85/6
Österreichisches Filmarchiv: 123/1
P.A.WILHELMER / APA / picturedesk.com: 91/2, 93/3
panos pictures / Visum / picturedesk.com: 148/5
Personalities / TopFoto / picturedesk.com: 32/1, 133/1
Peter Kurz / CONTRAST / picturedesk.com: 93/7
Petro Domenigg u. Jürgen Olczyk: 124/5
photononstop / picturedesk.com: 140/8, 145/4, 148/4
picturedesk.com: 92/1, 95/3, 146/3, 148/8, 149/3, 153/2
Probst / ullstein bild / picturedesk.com: 136/5
Profil: Nr. 17, 26. April 1983: 98/3; Nr. 18, 4. Mai 1987: 98/4; Nr. 29, 15. Juli 1985: 98/5, Nr. 47, 21. November 1983: 98/2; Nr. 53, 22. Dezember 1984: 98/1
Rainer Unkel / vario images / picturedesk.com: 76/2, 76/3, 150/2
Rex Features / picturedesk.com: 169/1
Robert Jäger / APA / picturedesk.com: 102/4, 156/1
Roger Schmidt: 167
Röhnert / ullstein bild / picturedesk.com: 59/6
Roland Muehlanger / picturedesk.com: 119/1
ROYAL PRESS EUROPE / Action Press / picturedesk.com: 152/4, 154/1
Rühe / ullstein bild / picturedesk.com: 145/1, 148/9
Schering Archiv, Bayer AG: 140/3
Schikola / First Look / picturedesk.com: 123/6
Schirner X / ullstein bild / picturedesk.com: 123/2
Schnarr Ulrich / APA / picturedesk.com: 96/2
Schreiner, Alois: 83
SCIENCE PHOTO LIBRARY / picturedesk.com: 33/2
Stary / ullstein bild / picturedesk.com: 46/4
STRINGER / EPA / picturedesk.com: 164/3
Strowa / pixelio.de: 124/2
Süddeutsche Zeitung Photo / picturedesk.com: 93/1, 120/2, 122/5, 159/1, 163/2, 163/3
SZ Photo / ullstein bild / picturedesk.com: 44/2, 72
SZ-Photo / picturedesk.com: 122/3, 122/5, 160/1
Tamara Beckwith / Rex Features / picturedesk.com: 164/1
Tessloff Verlag, Nürnberg: WAS IST WAS, Völkerwanderung: 122/2
TopFoto / picturedesk.com: 137/2
ullstein - AP / Ullstein Bild / picturedesk.com; 132/3
ullstein - LEONE / Ullstein Bild / picturedesk.com: 73/1
ullstein - ullstein bild / Ullstein Bild / picturedesk.com: 54/2
ullstein bild / picturedesk.com: 17/3, 28/4, 34/1, 59/1, 68/1, 86, 152/4, 154/3
Ulrich Baumgarten / vario images / picturedesk.com: 164/4
Ulrich SCHNARR / picturedesk.com: 124/4
United Archives / picturedesk.com: 59/5, 68/3, 29/4
Unkel / ullstein bild / picturedesk.com: 76/1
UNO: 74/1
Verein für die Geschichte der Arbeiterbewegung: 6, 9/1, 10, 21/1, 21/2, 22/, 41/1, 41/2, 42/1, 42/2, 42/3, 43/2, 89/1
VISUAL / Action Press / picturedesk.com: 75/1
Wienbibliothek im Rathaus, Plakatsammlung: Signatur P 1132: 8/1; Signatur P 987: 8/2; Signatur P 1061: 8/3; Signatur P 13306: 14/1; Signatur P 439: 17/1; Signatur P 3571: 79; Signatur P 4440: 84/2; Signatur P 3722: 89/2; Signatur P 40365: 90/1; Signatur P 8078: 91/5
Wirtschaftskammer Österreich: 85/7
WITTENSTEIN / ullstein bild / picturedesk.com: 57
www.emma.at: 140/2
Z5456 Arno Burgi / dpa / picturedesk.com: 155/3, 158/3

TEXTQUELLEN:

Goldinger, Walter; Binder, Dieter A.: Geschichte der Republik Österreich: 1918-1938 (Wien 1992) S. 13: 5
Schüle, Klaus: Die Pervertierung des internationalistischen Handelns, der Demokratie und der Menschenrechte: Argumente und Dokumente (Berlin/Hamburg/Münster 2008) S. 122: 9
Bundeskanzleramt Österreich: Bundesverfassungsgesetz. Stand 1. Juli 2008, S.171: 10
Petzold, Alfons: Das raue Leben. In: Magie der Industrie. Leben und Arbeiten im Industriezeitalter. Ausstellungskatalog, hg. Amt der NÖ-Landesregierung (München 1989) S. 129: 12
Wagner, Wilhelm W.: Der große Bildatlas zur Geschichte Österreichs (Wien 1995) S. 122: 13
Weihsmann, Helmut: Das Rote Wien. Sozialdemokratische Architektur und Kommunalpolitik 1919-1934 (Wien 2002) S. 51: 17
Portisch, Hugo: Österreich I: Die unterschätzte Republik (Wien 1989) S. 226/227: 21
gekürzt und vereinfacht nach Andics, Hellmut: 50 Jahre unseres Lebens. Österreichs Schicksal seit 1918 (Wien/München/Zürich 1968) S. 145/146: 22
Portisch, Hugo: Österreich I: Die unterschätzte Republik (Wien 1989) S. 308: 22
Möller, Horst: Europa zwischen den Weltkriegen (München 1998) S. 28: 23
Joachimsthaler, Anton: Hitlers Liste: ein Dokument persönlicher Beziehungen (München 2003) S. 89: 24
Daten der Weltgeschichte (Gütersloh 2004) S.717: 34
Immer mehr Arbeitslose in Österreich. In: online Kurier vom [illegible]
Arbeitslosigkeit in USA auf Rekordstand. In: online Kurier vom 9.1.2009: 36
Zu wenig Bildung macht arbeitslos. In: online Standard vom 23.1.2009: 36
Das Gespenst 1929. In: online Standard vom 8.10.2008: 36
Arbeitslose stürmen Blogs und Social Networks. In: online Standard vom 4.2.2009: 36
Bullock, Alan; Hitler. Eine Studie über Tyrannei (Bielefeld 1971) S. 139: 37
Goebbels, Joseph: Wesen und Gestalt des Nationalsozialismus. Schriften der deutschen Hochschule für Politik, Heft 8, (Berlin 1934) S. 6: 37
Aly, Götz: Die Verfolgung und Ermordung der europäischen Juden durch das nationalsozialistische Deutschland 1933-1945, Band 1: Deutsches Reich 1933-1937 (München 2008) S. 102: 38
Rauschning, Hermann: Gespräche mit Hitler (Wien 1988) S. 16/17: 38
Andics, Hellmut: 50 Jahre unseres Lebens. Österreichs Schicksal seit 1918 (Wien/München/Zürich 1968) S. 223: 42
Emmerich Tálos, Wolfgang Neugebauer: Austrofaschismus. Politik – Ökonomie – Kultur 1933-1938 (Berlin/Hamburg/Münster 2005): 42
Dusek, Peter; Weinzierl, Erika; Pelinka, Anton: Zeitgeschichte im Aufriß. Österreich seit 1918 (Wien 1995) S. 226: 42
Wiener Zeitung online_ www.wienerzeitung.at: 42
gekürzt und vereinfacht nach Andics, Hellmut: 50 Jahre unseres Lebens. Österreichs Schicksal seit 1918 (Wien/München/Zürich 1968) S. 283: 43
Frass, Otto: Quellenbuch zur österreichischen Geschichte (Wien 1967) S. 225: 44
gekürzt und vereinfacht nach Schulz, Helmut: Mord in Wien. Dollfuß tot – Nazis gescheitert. In: Ein Volk, ein Reich, ein Führer. Zeitgeschichte in Wort, Bild und Ton. 1933-1937 (Hamburg 1989) S. 172/173: 46
Doderer, Klaus: Erich Kästner: Lebensphasen – politisches Engagement – literarisches Wirken (Weinheim 2002) S.41: 47
Tidl, Georg: Die Frau im Nationalsozialismus. (Wien 1984, S. 37: 48
Die große Chronik der Weltgeschichte; Bd.16: Nationalsozialismus und Zweiter Weltkrieg: 1933-1945 (München 2008) S. 50: 49
Klose, Werner: Generation im Gleichschritt (Oldenburg 1964) S. 71: 49
Fritz Langour: Anschleichen, Tarnen, Melden. Ein Pimpf erinnert sich. In: Zeitgeschichte in Wort, Bild und Ton. 1933-1937 (Hamburg 1989) S. 324: 50
Klusacek, Christine; Steiner, Herbert; Stimmer, Kurt: Dokumentation zur Österreichischen Zeitgeschichte. 1938 – 1945 (Wien/München 1980) S. 92: 50
Klönne, Arno: Jugend im Dritten Reich. Die Hitlerjugend und ihre Gegner (Köln 2008) S. 144f: 52
Zeitgeschichte in Wort, Bild und Ton. 1933-1937 (Hamburg 1989) S. 327: 52
Plenk, Stefan: Der Reichstagsbrand und die deutsche Presse (München 2007) S. 11: 53
Blask, Falk u.a.: Menschenbild und Volksgesicht: Positionen zur Porträtfotografie im Nationalsozialismus (Berlin/Hamburg/Münster 2005) S. 182: 54
Pätzold, Kurt: Verfolgung, Vertreibung, Vernichtung: Dokumente des faschistischen Antisemitismus 1933-1942 (Köln1984) S. 168: 54
Lawton, Clive A.: Die Geschichte des Holocaust (Hamburg 2002) S. 20: 56
Pohl, Nele: Die weiße Rose – Einordnung in ausgewählte Widerstandsdefinitionen (München 2009) S. 10: 57
Scholl, Inge: Die Weiße Rose (Frankfurt am Main o.J.) S. 78: 57
Selle, Gert: Design im Alltag: Von Thonet Stuhl zum Mikrochip (Frankfurt am Main 2007) S. 114: 61
Barth, Reinhard: KdF – Freizeit für die Volksgnossen. In: Ein Volk, ein Reich, ein Führer. Zeitgeschichte in Wort, Bild und Ton. 1933-1937 (Hamburg 1989) S. 231: 61
Schönbrunn, Günter: Weltkriege und Revolutionen, 1914-1945 (München 1961) S.456: 62
Harris, Whitney R.: Tyrannen vor Gericht (Berlin 2008) S. 64: 62
Besser, Joachim: Charlie David gegen Adolf Goliath oder wie Lächerlichkeit tötet. In: Ein Volk, ein Reich, ein Führer. Zeitgeschichte in Wort, Bild und Ton. 1933-1937 (Hamburg 1989) S. 207: 66
Bruckner, Karl: Sadako will leben (Wien o. J.) S. 100: 68
Reicheis, Käthe: Unser Hund und der Krieg. In: Bruckner, Winfried: Damals war ich vierzehn: Jugend im Dritten Reich: Berichte und Erinnerung (Wien 1978) S. 31: 69
De Zayas, Alfred M.: Anmerkungen zur Vertreibung der Deutschen aus dem Osten (Stuttgart 1993) S.152f: 70
„Allgemeine Erklärung der Menschenrechte". Sonderdruck aus: „Um die Erklärung der Menschenrechte". Ein Symposion. Vorwort von Jaques Maritain, herausgegeben unter dem Patronat der UNESCO (1948), S. 4: 73
Gebauer, Matthias: Flucht aus Afrika: Mir blieb nichts anderes, als es zu versuchen; Spiegelonline: 13. April 2006: 76
Dusek, Peter; Pelinka, Anton; Weinzierl, Erika: Zeitgeschichte im Aufriß. Österreich seit 1918, 50 Jahre Zweite Republik (Wien 1995) S. 256: 77
Bundesministerium für Unterricht (Hrsg.): Freiheit für Österreich. Dokumente (Wien 1955) S. 62: 78
Schwimmer, Walter: Der Traum Europa: Europa vom 19. Jahrhundert in des dritte Jahrtausend (Berlin 2004) S. 55: 81
Stöckl, Eva: Privatisierungspolitik der OEVP-FPOE-Regierung 2000 bis 2006 als Ausdruck einer neoliberalen Wirtschaftspolitik (München 2007) S. 61: 91
Wiener Zeitung online_ www.wienerzeitung.at: 107
Klemme, Heiner F.: Immanuel Kant (Hamburg 2004) S. 113: 107
Enkelmann, Nikolaus B.: Rhetorik Klassik (Offenbach 1999) S. 22: 133
Burger, Sina: Eindrücke einer Unbeteiligten. Die Amerikaner und ich (Ingelheim am Rhein 2003) S. 85: 145
Oltmanns, Reimar: Spurensuche auf verbrannter Erde. Reportagen, Berichte, Erzählungen zur Zeitgeschichte (Norderstedt 2009) S. 254: 150